Al filo de la navaja

Una vida como reportero de guerra

Alfonso Rojo López

Título original: *Al filo de la navaja*

Primera edición: Abril 2017
© 2017   Editorial Kolima, Madrid
www.editorialkolima.com

Autor: Alfonso Rojo López
Dirección editorial: Marta Prieto Asirón
Maquetación de cubierta: Sergio Santos Palmero
Maquetación: David Alonso M. y Carolina Hernández A.

ISBN: 978-84-16994-08-3
Depósito legal: M-4860-2017
Impreso en España

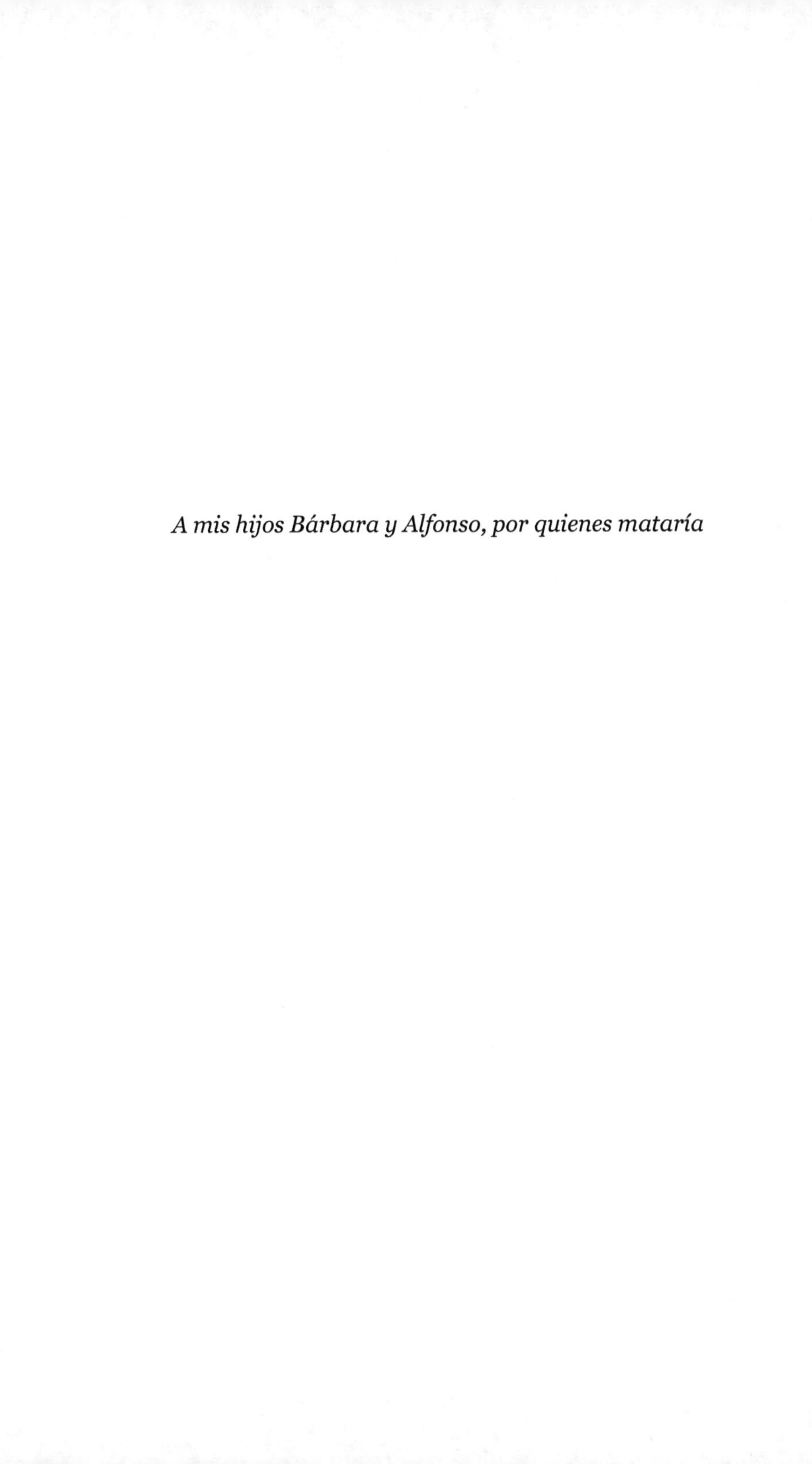

A mis hijos Bárbara y Alfonso, por quienes mataría

ÍNDICE

A LA CONQUISTA DEL MUNDO

1

La figura de mi madre, levemente inclinada sobre la barandilla blanca de la terraza, fue lo último que vi cuando abandoné la casa familiar para descubrir el mundo. Permaneció en silencio, muda, agitando la mano en un gesto que era más una bendición que una despedida.

Al final de la cuesta, donde está el cartel que pone Molinaseca, miré hacia atrás y seguía allí, enmarcada por la dorada luz del atardecer. Después pasé la escuela del pueblo, doblé la curva, apreté el acelerador del traqueteante Seat 600 y cerré para siempre esa parte de mi vida.

Hacía calor y partí con la impresión de que era el momento ideal para buscar aventuras. Era un día de septiembre de 1978.

Tras cuarenta y un años de abstinencia electoral, los españoles habían podido elegir de nuevo a sus representantes políticos. Hacía apenas un año que la UCD de Adolfo Suárez se había impuesto por primera vez al PSOE de Felipe González, y veteranos como Manuel Fraga, Santiago Carrillo, Tierno Galván y Josep Tarradellas seguían siendo las figuras más descollantes del firmamento político.

Yo tenía veinticinco años, conservaba cierto aire adolescente y mucha blandura en el alma, pero en mi interior alimentaba ya una confianza ciega en mi buena fortuna.

Llevaba conmigo un par de botas Timberland, dos cámaras fotográficas, tres objetivos Nikon, un saco de dormir, cuatro camisas de algodón, una cazadora de cuero, una máquina de escribir portátil, una radio de onda corta y el talón por valor de cien mil pesetas que mi madre había deslizado en mi bolsillo en el momento de la despedida.

Me sentía eufórico. Era libre y tenía el destino en mis manos. Estaba impulsado por las mismas fuerzas que durante siglos han empujado a millones de jóvenes a evadirse y ni siquiera se me pasó por la cabeza que miles de aspirantes a reportero de guerra habían recorrido esa senda antes que yo.

El primer empleo

El 27 de agosto de 1792, el *Times* de Londres publicó el siguiente anuncio:

> *«Se necesita inmediatamente caballero capaz de traducir el idioma francés. Para evitar problemas, debe dominar perfectamente el inglés, tener cierto conocimiento de la situación política de Europa y ser competente.*
>
> *Su empleo será permanente y ocupará una considerable porción de su atención, para lo que se le asignará un salario adecuado. Las solicitudes deben enviarse a la redacción de este periódico entre las cinco y las seis de esta tarde o mañana por la mañana entre las once y las doce».*

Hacía tres años que el populacho parisino había asaltado la Bastilla y faltaban exactamente un año y cincuenta días para que la cuchilla de la guillotina cercenara la delicada cabeza de la reina María Antonieta.

La Revolución Francesa consumía los módicos recursos de los editores británicos y John Walter I, el comerciante de carbones que había fundado *The Times* en 1785, llegó a la conclusión de que un enviado especial sobre el terreno le ahorraría buena parte de los costes.

Hasta entonces, casi todas las notas procedían de artículos publicados previamente en Francia, pero la creciente turbulencia social y la proliferación de incidentes bélicos al otro lado del canal de la Mancha, tan cerca de Londres, estimulaban la curiosidad de los ingleses. Y las posibilidades de negocio.

Los lectores dejaron de conformarse con la propaganda habitual, exigieron verdadera información y a los diarios británicos de la época –*The Times, The Sun, The Morning Chronicle, The True Briton, The Oracle...*– no les quedó otro remedio que actuar para satisfacer esa demanda. Fue así como cada gaceta comenzó a crear su propia red de corresponsales, mensajeros y traductores y *The Times* inició su ascensión hacia la cumbre.

Mi ingreso en la restringida cofradía de los periodistas profesionales también ocurrió en un momento de vertiginoso cambio e igualmente gracias a un anuncio. En la Universidad de Santiago de Compostela, mientras estudiaba la carrera de Derecho, había colado en el *Ideal Gallego* un par de artículos.

Más adelante hice un mes de prácticas en un informativo de Televisión Española, pero en el verano de 1976 me consagraba a jugar al tenis y a rematar cansinamente el Derecho Mercantil y el Administrativo, las dos asignaturas que me quedaban pendientes en la Facultad de Derecho.

Hacía escasamente un año que había fallecido en su cama el Generalísimo Francisco Franco, la transición democrática iba viento en popa y Adolfo Suárez dominaba la escena política. El diario *El País*, que había nacido el 31 de marzo, progresaba a pasos agigantados, el semanario *Cambio 16* disfrutaba de una hegemonía innegable y se proyectaba el lanzamiento de nuevos periódicos. En contraste con la agitación de los círculos políticos, la capital de España languidecía bajo una ola de calor.

Con otros tres estudiantes de provincias, compañeros de fatigas en Ciencias de la Información, habíamos transformado un descalabrado piso del borde del barrio de Salamanca en una jaranera comuna zamorana donde se compartía casi todo, nadie limpiaba y era quimérico estudiar.

Una tarde, cuando estábamos debatiendo arduamente si era preferible refugiarse en el aire acondicionado de un cine o montar una expedición a los colegios mayores –que en verano albergaban a cientos de despistadas alumnas norteamericanas–, apareció un conocido aseverando que Juan Tomás de Salas, el dueño de *Cambio 16*, iba a poner en marcha un periódico. En la cabecera llevaría las palabras «*Diario 16*» y estaban buscando gente.

Con esa osadía que da la ignorancia, uno llamado Juan de Dios y yo decidimos ir a ofrecernos. Él como fotógrafo, porque en Navidades le habían regalado una cámara, y yo, que paseaba regularmente bajo el brazo un ejemplar de *Le Monde Diplomatique*, chapurreaba el inglés y había leído As *I walked out one Midsummer Morning* de Laurie Lee, como supuesto experto en política internacional.

Aterrizamos boquiabiertos en la redacción, nos quedamos extasiados con el físico de alguna secretaria, miramos con envidia a los que pululaban por allí con aspecto de sabios, facilitamos nuestros nombres, dejamos el número de teléfono del piso y partimos al cine convencidos de que no teníamos la menor posibilidad de ser contratados. Una semana después una voz femenina dejó el recado de que telefoneaba de parte de *Diario 16*.

Como no sabíamos qué querían exactamente, vibrando de emoción nos presentamos los dos y descubrimos que necesitaban un pinche para el laboratorio de fotografía. Ofrecían un contrato temporal de tres meses y veinticinco mil pesetas de sueldo.

Desde los nueve años de edad, cuando vi en el internado alemán cercano a Aquisgrán una película de Alfred Hitchcock titulada *Foreign Correspondent* —en la que el protagonista iba ataviado con una gabardina cruzada, llevaba en la sobaquera una pistola *Luger* y besaba hasta hartarse a una espectacular rubia— siempre di por supuesto que el Periodismo era una profesión creada por Dios para mí. Quería ser como Joel McCrea, que en la ficción desarticulaba una red de espionaje nazi, sobrevivía a un accidente de avión y conquistaba el corazón de Laraine Day.

La palabra «reportaje» era para mí sinónimo de «hazaña» y el hercúleo Miguel de la Quadra Salcedo —cuya pista por el Amazonas había seguido siendo niño en las páginas dominicales a todo color del suplemento del diario— ya era en mi mente infantil el equivalente de lo que hoy representa Indiana Jones para millones de muchachos.

Con el tiempo, esas aficiones no hicieron más que acrecentarse. Como les sucede a algunos de los que no van por la vida en pantalones bermudas, los viajes ordinarios y las vacaciones organizadas siempre me han aburrido un poco.

La violencia humana es uno de los rasgos
principales de este planeta. Es asombrosa la
capacidad que tenemos los hombres para crear
conflictos y convertir lo que podría ser un lugar
bucólico y levemente tedioso en un infierno,
buena parte de cuyos residentes subsisten
marcados por el horror, las náuseas y el miedo.

En consecuencia, desde el inicio tuve claro que sería un despilfarro renunciar a echar una ojeada a esos embrollos que pueden hacer de la Tierra un lugar tan asqueroso, y además te pagaban por hacerlo.

En el anuncio del *Times* se requería un caballero que dominase perfectamente el inglés, tradujera el francés, fuera competente y tuviera cierto conocimiento de la situación política.

Los de *Diario 16* no exigían dominar perfectamente cosa alguna, así que no lo pensé dos veces y dije que aceptaba la oferta. Como mi amigo también la quería, tuvimos que dirimir la cuestión tirando una moneda al aire. Gané yo.

La fortuna ayuda a los audaces... también en esto

Diario 16 salió por primera vez a la calle el 18 de octubre de 1976. Como la fortuna ayuda a los audaces, a las pocas semanas circulaba yo en Vespino por la calle Serrano de Madrid con la cámara en bandolera, en el preciso instante en que una bomba plantada por los saharauis del Frente Polisario reventaba junto a la fachada de la embajada de Marruecos.

Frené en seco y oprimí el disparador como un poseso, haciendo esfuerzos para contener la tos que me provocaba la humareda. Fue la primera vez que mi nombre –aunque en caracteres diminutos– lució en la primera página de un diario.

Recién llegado al periódico, fresco, entusiasta, con las algaradas de la Universidad Complutense todavía recientes y una dilatada experiencia en trotar delante de los antidisturbios, me brindaba encantado a cubrir manifestaciones, mítines ultraderechistas, cargas policiales y protestas callejeras. Los fotógrafos veteranos tendían a eludir esos eventos en los que había elevadas probabilidades de recibir una tanda de porrazos o un seco puñetazo en los morros, y eso me permitió ir cultivando cierta fama de intrépido.

Una noche, en plena Gran Vía madrileña y a golpe de flash, capté el momento en que unos musculosos agentes del orden ponían como un *ecce homo* a Manolo Guedán, dirigente de la minoritaria y desquiciada Organización Revolucionaria de Trabajadores.

La ORT había convocado una manifestación en el centro de la capital y el pro chino Guedán había tenido la osadía de comparecer a bordo de un Dyane 6, retirar la capota de lona del vehículo y asomar medio cuerpo por el hueco.

Armado de un megáfono, prorrumpió en una fogosa arenga instando a la ciudadanía a no participar en el inminente referéndum constitucional. Sus copiosos cardenales me valieron para obtener un puesto fijo en la plantilla de *Diario 16* y una recatada subida salarial.

Era un momento arrebatador en el que todos, desde los que optaron por la política hasta los que elegimos Periodismo pasando por los que escogieron la Enseñanza o los Negocios, hicimos carrera.

Mi primer verdadero *scoop* saltó unos meses después, cuando ya llevaba medio año largo en *Diario 16* y tuvieron la idea de enviarme de fotógrafo acompañando a Manolo Soriano a seguir la campaña de Manuel Fraga en tierras gallegas. Fue en Lugo, un 7 de mayo.

A falta de Fuerzas de Orden Público, ese día y personalmente, el ex-ministro de Información y Turismo de Franco desalojó casi la mitad del pabellón de Deportes y puso en fuga a centenares de alborotadores, que no cesaban de increparlo durante un mitin organizado por la ya extinta Alianza Popular.

Al recinto habían acudido unas 3.000 personas, y desde el principio del acto los distintos oradores fueron interrumpidos continuamente por monumentales broncas, sazonadas con música de silbato, tambor y chapa, al grito reiterado de: «¡Que salga el toro! ¡Que salga el toro! ¡Que salga el toro!»

Y salió. Presentado como «excelentísimo señor Fraga», tomó la palabra, pero ni había llegado al micrófono y trataba de hacerse oír, cuando su voz se vio opacada por un abucheo feroz: «¡Justicia Popular, Fraga asesino!»

La reacción del Secretario General de AP fue inicialmente cortés: «Deben saber que cada grito que dan son más votos para AP». Gran bronca. Fraga, micrófono en mano, serio, casi desconcertado, insistió: «Quiero decirles que se dejen las muestras de desagrado para el final o tendremos que ir a por vosotros».

Todos los periodistas estábamos en la zona del fondo, separados de la tribuna por medio centenar de filas de sillas de tijera ocupadas por público de mediana edad y aspecto inocuo.

Tuve una corazonada. Intuí que Fraga iba en serio, puse el botón de la velocidad a 1/250 de segundo porque imprevisoramente no tenía puesto el flash, abrí el obturador al máximo y me precipité como una flecha hacia el estrado. En el instante en que llegaba a la primera fila, el líder derechista empezaba a despojarse teatralmente de la chaqueta.

Después, con voz de trueno, lanzó un estentóreo «¡Vamos a por ellos!», descendió con ampulosos pisotones, y se encaminó a grandes zancadas hacia el graderío de la izquierda.

Ni uno solo de sus partidarios lo siguió, si se exceptúa al policía de escolta que balbuceaba asustado, «Don Manuel, que se pierde», y a tres muchachos cuya única intención parecía ser arroparlo.

Los quinientos alborotadores de la grada debieron sufrir una alucinación colectiva, porque en menos de medio minuto huyeron en desbandada. En su fuga bloquearon el paso y atropellaron a los fotógrafos que intentaban aproximarse. Del incidente solo hubo una secuencia de cuatro fotogramas válidos, y los cuatro estaban en mi cámara Nikon F2.

Una de las imágenes, la que se publicó a cinco columnas en primera página de *Diario 16* el 9 de mayo de 1977 y compró la revista alemana *Stern*, me permitió ganar posteriormente un premio de fotografía que, además del diploma, incluía un buen fajo de billetes de banco.

Al cambio actual y en euros, suena a miseria porque serían unos 600 euros, pero en la España de finales de los 70, la del Seat 600, las cabinas con teléfonos de fichas, las carreteras sinuosas, los váteres apestosos, el aceite a granel y los viajes en tren eternos, 100.000 pesetas eran una fortuna. Fue mi primer y verdadero golpe de suerte y un impulso decisivo a mi carrera.

En cualquier caso hay que subrayar que, además de carrera, algunos hicimos en aquellas fecha amigos magníficos:

Étienne Montes, Chris Lafaille, Enrique Cano, Leo Gabriel...
y algunos otros, entre ellos varios caídos en acción.

Había expectación colectiva, la gente quería saber, existía una desbordante ilusión y, al igual que en la época en que el *Times* publicó su primera oferta de empleo, todo cambiaba.

EL FACTOR HUMANO 2

Poco después de que apareciera el anuncio del *Times* ofreciendo un empleo profesional a un «caballero con idiomas», la meteórica escalada de Napoleón Bonaparte y la conmoción generada por sus triunfos militares intensificaron la alarma del público británico y el ansia de noticias.

Como ocurriera durante la transición española, la competencia se hizo feroz y los corresponsales –igual que en la actualidad– empezaron a arrancarse mutuamente la piel y a dejarse las pestañas o la salud en un intento enfermizo por ser los primeros en llegar a los sitios y publicar un suceso relevante antes que los demás.

Por aquel entonces, por no haber no había ni ordenadores, los supermercados una «castaña», las cámaras de fotos llevaban carrete, se revelaba en el laboratorio, los teléfonos móviles no estaban ni en la imaginación del personal y se escribían cartas para enviarlas por correo, porque el *email*, los *WhatsApp*, *Twitter*, *Facebook*, *Facetime*, *Photoshop* y esas zarandajas que tenemos hoy en día ni se vislumbraban.

Cuando arrancamos con *Diario 16*, en el otoño de 1976, hacía escasamente dos años que se había instalado en España el primer cajero automático —en una sucursal del Banco Popular en Toledo en 1974—, las crónicas se dictaban por teléfono a las secretarias, no sabíamos ni que estaba incubándose Internet, redactábamos las piezas tecleando como posesos en ruidosas máquinas de escribir, se pimplaba de lo lindo en las redacciones y, al cerrar, enviada la portada a las linotipias y cuando arrancaban las rotativas en los talleres, los había que se quedaban hasta las tantas, en una redacción sucia y sembrada de papeles, jugando al póquer o tonteando.

Ahora todo es diferente y mucho más vertiginoso. Con la ayuda de una tecnología cada día más barata y sencilla de manejar, cualquiera con dos dedos de frente y un mínimo sentido gramatical puede recabar información, jerarquizarla y transmitirla de forma efectiva a grandes masas de público sin necesidad de tener detrás una empresa periodística. Pero todo eso es un asunto que trataremos más adelante, al final.

En cualquier caso es importante recalcar que, por muy sofisticada que sea la maquinaria, por muchos electrones, pulsos y bits informáticos que existan, al final sigue siendo necesario cubrir la historia.

Antes de que la crónica llegue al ordenador central de la redacción es imprescindible que un hombre con sensibilidad, capacidad de sufrimiento e instinto —además de la resistencia de un corredor de fondo y cierta vanidad– se sumerja en el acontecimiento, tome notas y redacte una historia.

El factor humano, como hace dos siglos, sigue marcando la diferencia, aunque ahora casi todo es cuestión de segundos y rara vez se saca más de un día de ventaja a los competidores. En los orígenes de la profesión el tiempo periodístico se medía en semanas o meses.

Para hacerse una idea de cómo eran las cosas antaño, basta repasar la forma en que se difundió la información sobre la batalla de Trafalgar. El combate –en el que perdieron la vida los marinos españoles Churruca y Gravina y donde se cimentó un siglo de supremacía naval británica en el planeta– ocurrió el 21 de octubre de 1805.

El despacho oficial, firmado por el vicealmirante Collingwood, fue redactado el 22 de octubre y publicado al día siguiente en el Peñón de Gibraltar, pero hasta el 7 de noviembre, diecisiete días después de la trascendental y póstuma victoria de Horatio Nelson sobre las flotas francesa y española, no apareció en los periódicos londinenses.

La bella Lady Hamilton no se enteró de que se había quedado viuda hasta que el cadáver del almirante, sumergido en ron para que no se pudriera, embocaba el Támesis corriente arriba en un barco de guerra.

Para consuelo de los triunfantes británicos, la nueva sobre el resultado de la batalla no fue divulgada en los diarios de Francia hasta 1814, cuando Napoleón perdió el poder y fue desterrado a la isla de Santa Elena.

Sin embargo, la forma de trabajar y de recolectar la información ha variado muy poco desde entonces.

El cambio radical, lo que diferencia sustancialmente la corresponsalía de guerra en sus inicios de lo que es en el siglo XXI, estriba en la transmisión de esa información.

Ahora es vertiginosa. Durante dos siglos, hasta hace apenas cuarenta años, era bastante lenta.

En 1976, cuando arrancamos en *Diario 16*, todavía se imprimía en «caliente», todo era ruidoso y los medios –comparado con lo que tenemos cuatro décadas después– eran primitivos.

Arrancamos con el veterano Ricardo Utrilla como director y, a los seis meses, a medida que se acumulan las dificultades económicas y se hacía evidente que *El País* nos comía la tostada, nombraron a Miguel Ángel Aguilar, sin que la cosa mejorase un ápice.

Cuando Aguilar fue destituido en mayo de 1980 por el descenso de la tirada y la falta de ingresos publicitarios y ocupó el sillón Justino Sinova, yo estaba ya por Centroamérica buscándome la vida como reportero audaz.

Una de las imágenes que más vívidamente grabadas en mi cerebro dejó mi etapa de fotógrafo en la redacción, es la de Carlos Taboada –después ejecutivo de la televisión y hasta jefe de gabinete de algún ministro– con bufanda, gorro de lana y mitones, haciendo el cierre nocturno, sin calefacción ni recursos.

Pululaban por allí tipos geniales, casi todos más rojos que las amapolas, aunque en tiempos de Franco habían sido muy discretos.

Entre aquella fauna, uno de ellos había intentado ser torero y saltó al Periodismo después de hacer una faena de aúpa en el ruedo.

Imaginen una corrida de toros de finales de los 60, con sus gradas plagadas de trajes acartonados de los domingos y su palco de autoridades. El novillero, que ha ofrecido una vistosa faena, se prepara para la suerte de espadas. Templa al toro con la muleta, lo sigue en su querencia hacia las tablas y ajusta los últimos pases para acomodarse el estoque. El público está expectante de muerte y algarada; en los burladeros se respiran aires de victoria y admiración, cuando, de pronto, el matador arroja la espada al albero, se acerca desarmado al morlaco y le ofrece –ante el estupor de los presentes– una hoja de lechuga para que coma.

Algo así fue lo que debió suceder la tarde en que el extremeño Diego Bardón –para espanto y deleite de los aficionados– se cerró las puertas del parnaso taurino y se abrió las del Periodismo.

Uno que me enseñó bastantes cosas fue Paco Pérez Abellán, que venía del *Diario Pueblo* y era un maestro de la crónica negra y los sucesos (maestría que ha prolongado en el tiempo y trata de transmitir ahora como profesor en la universidad y como comentarista en los platós televisivos).

Otro que sigue en la brecha y con notable éxito es José Antonio Sánchez, quien arrancó de botones con el alias de «Totoyo», a los dos años estaba en la sección de Economía, a los siete era jefe de sección, a los diez tenía su propia empresa, a los veinte fue contratado como experto en comunicación por la Telefónica de Juan Villalonga y ahora es editor y consejero delegado de *Titania Compañía Editorial S.L.* y el alma de un *online* impresionante llamado *El Confidencial. com*.

En esta profesión, como en mucho otros ámbitos de la vida, la fortuna ayuda a los audaces y las penalidades agudizan el ingenio.

EL CAMBIO EN EL MODO DE TRANSMITIR 3

Los británicos esperaron diecisiete largos días para saber que habían ganado en Trafalgar, mientras las crónicas de los cincuenta españoles que cubrimos *in situ* y desde distintos frentes la invasión de Iraq en 2003, lo hacíamos en directo, en segundos o en minutos.

Esa es la gran diferencia entre la información de guerra del siglo XIX y a comienzos del siglo XXI. Porque la forma de trabajar y de buscarse la vida han variado muy poco.

La tecnología ha puesto en nuestras manos un arma para informar más rápido y mejor, pero el uso que se está haciendo de ella empobrece muchas veces —en vez de enriquecer— la información, y las murallas que levantan los gobiernos y los Ejércitos no solo no se han reducido, sino que se han multiplicado, pulido y reforzado.

«Hubo un tiempo en el que los corresponsales extranjeros hablaban el idioma y conocían la historia del país al que eran enviados». –El que escribe eso es Marvin Kalb en *The Media and Foreign Policy*–. «Eran verdaderos académicos en gabardina. Sus crónicas, elaboradas y documentadas cuidadosamente, se transmitían por cable o teléfono a través de líneas defectuosas y luego alguien en la redacción las repicaba. Había tiempo para revisar y cambiar frases o ideas. Todo eso se acabó. Las comunicaciones son instantáneas. Al corresponsal se le niega la labor de reflexionar. Forman parte del nuevo y espectacular circuito global de la información».

El cambio se produjo en el mundillo periodístico a *grosso modo* con el cambio de milenio.

Cuando se inició la guerra del Golfo, en enero de 1991, y los únicos corresponsales occidentales que permanecimos en Bagdad fuimos Peter Arnett y yo, arropados por Ígor Mihalev[1] y otros ocho corajudos «soviéticos» a los que los sicarios de Sadam Hussein no dejaron trabajar porque no tenían dólares para pagar «mordidas», la capital iraquí estaba sin suministro eléctrico.

En el Bagdad de las dos primeras dos semanas de guerra, yo tampoco gozaba de conexión telefónica tradicional con parte alguna. Los cazabombarderos norteamericanos habían pulverizado concienzudamente centrales, repetidores y antenas, y tuve que buscarme la vida.

---

1   Ígor, a quien me une para siempre una amistad de acero, fue quien desde la terraza del hotel Palestina hizo las fotos del primer bombardeo de la capital iraquí, que después se publicaron en medio mundo y que algún desaprensivo intentó apropiarse. El ruso, a quien la víspera de la guerra ayudé a comprar unas cámaras Nikkon de segunda mano, chalaneando a la española con los peristas locales que trataban de dar salida al botín tecnológico —incluidos relojes Brietling y Rolex— que los soldados de Saddan se habían traído del saqueado *«duty free»* de Kuwait unos meses antes, me ayudó como un hermano y eso forjó un lazo que persiste intangible tres décadas después y que se ha ido renovando cuando hemos ido juntos a Bosnia, Kosovo, Chechenia, Georgia, Kazakstán, Afganistán e incluso Sudáfrica.

Gracias a que contaba con un pequeño generador y un teléfono portátil adaptado para conectarse al satélite, el corresponsal de la CNN fue capaz de enviar cotidianamente, durante los primeros doce días de guerra, crónicas habladas a los estudios de su cadena de televisión en Atlanta, que los televidentes de medio mundo podían escuchar y a los que los espabilados empleados de Ted Turner metían imágenes para que aquello pareciera reportaje en directo.

Yo carecía de un utensilio electrónico análogo. Debido a que el competitivo e implacable Arnett se negó en redondo a permitirme utilizar el suyo —ni siquiera me dejaba arrimarme al invento—, me veía obligado a teclear los textos en mi ordenador personal, a transcribirlos manualmente en papel de carta, meter el resultado en un sobre y sobornar a un taxista iraquí —casi siempre el de la CNN, que me salía más barato porque ya había cobrado el viaje— para que recorriera los quinientos kilómetros de desierto que hay hasta la frontera jordana.

Una vez allí, sobre la raya, el «correo» negociaba con un conductor del otro lado que aceptase acarrear las misivas hasta la embajada española, en Amán. La factura final, siempre inflada, me caía a mí que andaba «canino» y hasta pasé un hambre atroz.

A pesar de todo, de la falta de una impresora, de las ingentes dificultades para recargar periódicamente la batería del ordenador, del pésimo estado de las carreteras, de la pereza congénita de los cocheros locales y de las naturales reticencias burocráticas de los diplomáticos españoles, mis escritos llegaban vía fax al Ministerio de Exteriores en Madrid y aparecían a toda página en *El Mundo*, *The Guardian*, *Observer*, *Corriere della Sera* y en una docena de exóticos rotativos menos de veinticuatro horas después de ser rematadas en la semipenumbra del hotel Rachid de Bagdad.

La demora era considerable pero insignificante si se compara con el colosal desfase entre los hechos y su publicación que era habitual en los albores de esta seductora profesión.

El asunto se aligeró cuando a las dos semanas de conflicto, los iraquíes permitieron la entrada de varios equipos de televisión —de los que habían huido en desbandada cuando comenzó el bombardeo y rumiaban en la vecina Jordania—, pero poco.

El suplicio de tener que despachar las crónicas escritas a mano y en taxi, al estilo Primera Guerra Mundial, fue sustituido por el tormento de tener que implorar a los recién llegados y, sobre todo al equipo de TVE que encabezaba Ángela Rodicio, unos minutos en sus parrillas, a menudo sin éxito alguno.

Havas y Reuters

A finales del siglo XVIII una red de torres cubría buena parte de la hermosa campiña francesa. En lo alto del torreón, apostado en una plataforma y armado de un telescopio, permanecía un hombre cuya misión consistía en recibir y transferir mensajes.

Cada plataforma solía estar emplazada en la cima de una colina y se distanciaba de la contigua una docena de kilómetros. Como herramientas de comunicación, cada torrero contaba con tres piezas de madera pintadas de negro, con las que se podían componer diferentes signos.

En un día claro, bastaban seis horas para hacer llegar un recado de Estrasburgo a París, ciudades que están a más de cuatrocientos kilómetros de distancia. Durante la noche también era posible enviar misivas, pero en lugar de las maderas móviles era necesario recurrir a las linternas y a un laborioso código de señales luminosas.

La primera vez que se empleó esta red de torres para difundir un despacho fue el 14 de junio de 1800, cuando los militares franceses informaron a París de su rutilante triunfo sobre los austriacos en la batalla de Marengo.

Menos de dos décadas más tarde, en 1812, el «semáforo telégrafo» contaba con 220 estaciones, cubría 500 kilómetros y permitía a París platicar con Marsella, Brest o Turín.

En 1830, de una forma más modesta, operaban «semáforos» similares en Alemania, Italia, los Países Bajos, Rusia, Suecia, Egipto e Inglaterra. Como ocurría en Francia, estaban controlados por el gobierno y tenían una finalidad esencialmente militar.

No hacía falta ser una eminencia científica para descifrar el código gubernamental e interceptar los mensajes, y eso fue lo que comenzó a hacer, con fines puramente periodísticos, un joven llamado Charles Havas[2].

El emprendedor Havas había instalado su propio sistema de transmisión en la trasera de un carruaje de caballos, disponía de palomas mensajeras y se convirtió en el fundador de la primera agencia de noticias de la Historia: la agencia *Havas*. Su estreno en el mundillo periodístico fue muy recatado: se dedicaba a repartir entre los diarios parisinos las noticias que le filtraban los asistentes de Napoleón.

---

2   La ascendencia y la primera etapa de la vida de Havas son bastante oscuras. Había nacido en Hungría, disipado su adolescencia en Portugal y arribado a Francia resuelto a hacer fortuna.

La invención del telégrafo eléctrico en 1844 –obra del genial Samuel Morse– y su introducción en Europa cuatro años después, facilitaron enormemente la tarea de personajes como Havas y permitieron a Paul Julius Reuter –el más notable de sus imitadores– sentar las bases de lo que hoy es la principal agencia de noticias del planeta.

Hasta los treinta y un años, Reuter no se hizo notar excesivamente. Era copropietario de una librería en Berlín, estaba casado con la hija de un banquero y, aunque alimentaba veleidades izquierdistas y era aficionado a tirar panfletos, parecía tener un prometedor futuro.

Tras el estallido revolucionario de 1848, para huir de la represión, Reuter emigró a París, donde otro exiliado político le consiguió un precario empleo como traductor en la agencia *Havas*. El diminuto y enérgico germano decidió muy pronto establecerse por su cuenta.

A los pocos meses, desde su cuarto de estar y con la inestimable ayuda de su coqueta esposa, se dedicaba a traducir recortes de los diarios franceses para abastecer de noticias a un rosario de periódicos provinciales alemanes[3].

En 1850, cuando las autoridades conectaron telegráficamente Berlín y París, el intrépido matrimonio Reuter vio desmoronarse el pequeño negocio y optó por saltar al otro lado del canal de la Mancha y establecerse en Londres.

---

3   Lo que durante muchos años se denominaba coloquialmente «el trapo», así como el campanilleo de las máquinas de teletipos o la cinta amarilla llena de perforaciones que son cosa del pasado que los jóvenes periodistas ni imaginan pero en aquella época todavía no se habían inventado.

En 1858 ya contaban entre sus clientes con el *Morning Advertiser*, y el 7 de febrero de 1859 se apuntaban su primera gran exclusiva mundial: el discurso que Napoleón III iba a pronunciar ante la Asamblea francesa amenazando a los austriacos.

Una de las genialidades de Reuter –que sirvió para hacerle universalmente famoso– fue la exigencia de que todos los periódicos incluyeran su nombre al final del texto cada vez que publicasen un artículo servido por la agencia.

> El alemán Reuter fue el primer periodista que se preocupó de que el público supiera quién era el autor de la noticia, cómo había llegado, cuándo había sido redactada y de dónde procedía el despacho.

Se trataba de algo extraordinariamente meritorio, pero el tiempo de Reuter y el reconocimiento social a su empresa todavía estaban por llegar.

Los portadores de la llama sagrada del Periodismo, los hombres que cosecharon toda la gloria en esa época turbulenta eran muy distintos del diminuto alemán y edificaron su fortuna entre el estampido de los cañones, las cargas de la caballería y los tajos de los sables.

El impacto de la tecnología

En un mundo de información escasa, como era el de Russell, Clemenceau, Smalley e incluso el de Leguineche, Meneses, De la Quadra Salcedo o el que enfrentamos en nuestros inicios, veinte años más tarde, Pérez Reverte, Julio Fuentes, Gervasio Sánchez o yo, el reportero aportaba valor por tres razones:

- Tenía acceso privilegiado a las fuentes de la información
- Contaba los hechos con talento literario, o por lo menos con interés
- Controlaba, él o a través de su periódico, la distribución de las noticias

Ya no. Para empezar, vivimos en un planeta inundado de información, en el que las fuentes –partidos políticos, empresas, personalidades, científicos, guerreros, terroristas, narcotraficantes y hasta famosillos– han descubierto que pueden llegar directamente al público sin necesidad de utilizar como intermediario al periodista.

Ahora, un listo con un ordenador y una conexión a Internet puede agitar la opinión pública con las imágenes de una ejecución atroz, como hacen cotidianamente los facinerosos del Ejército Islámico.

El gran terremoto de Haití de 2010 comenzó el martes 12 de enero de 2010 a las 16:53:09 hora local (21:53:09 UTC) y a las 17:00 h, cuando en Europa las cadenas de televisión y los periódicos comenzaban a barruntar la magnitud del desastre que se llevó por delante 200.000 seres humanos, ya había vídeos del temblor y de sus víctimas en YouTube. Los habían subido con sus teléfonos móviles de tarjeta prepago chavales analfabetos del miserable, maloliente y siempre famélico barrio de Le Salines.

Cuando arribaron los primeros reporteros extranjeros a Puerto Príncipe y empezaron a mandar crónicas los equipos de televisión, la Red estaba inundada de testimonios.

No es lo mismo ese trabajo de aficionados sin criterio que el de los profesionales, pero es un factor —el de Internet y las nuevas tecnologías— que ha alterado para siempre las reglas de juego.

Ahora, a mitad de la segunda década del siglo XXI, un enviado especial no puede desplazarse a una zona caliente sin ordenador personal, teléfono móvil, tarjeta de crédito y cámara digital, además de los aperos personales y esas cosas.

Los pioneros como Russell, Clemenceau o Smalley cargaban, además de con mucha ropa, con ungüentos varios y frascos de medicinas, recado de escribir, monedas de oro para pagar el telégrafo o los transportes. Fentón, el pionero de la fotografía de guerra, se fue a Crimea cargado de trípodes, botes de líquidos y planchas. Poco más.

Cuando yo empecé en esto, en la segunda mitad de los 70, todavía no existía el ordenador personal, el pago con tarjeta de crédito era una frivolidad, y del teléfono móvil, como lo conocemos ahora, no teníamos ni noticia.

El equipo básico del reportero de guerra de entonces solía incluir una diminuta Sony ICF-SW 1 —capaz de captar los programas en onda corta de la *BBC* desde cualquier rincón del globo—, muchos cables, variedad de enchufes, un destornillador para destripar teléfonos, «cocodrilos» metálicos para conectarse a una línea, una pequeña linterna Maglite, un buen cargamento de pilas, un cinturón con cremallera interior para esconder los dólares, un saco de dormir ligero y una navaja Victorinox, de esas que fabrican los militares suizos y llevan desde sacacorchos hasta lima de uñas.

Los que estaban más en la onda usaban también linternas Petzl, que se ajustaban con unas tiras elásticas a la cabeza y te daban cierta apariencia de minero.

Más adelante, pero ya pasada la primera guerra del Golfo, cuando se resquebrajaba el Telón de Acero y comenzaba a desangrarse Yugoslavia, surgieron como gran novedad los «Sat-fax», que pesaban unos seis kilos, tenían el tamaño de una caja de zapatos, se alimentaban eléctricamente del mechero del coche y te permitían transmitir aunque no tuvieras acceso a una línea terrestre de teléfono.

Cuesta creerlo, pero el término «computadora personal» no apareció en un artículo del *New York Times* hasta el 3 de noviembre de 1962. Y, en mi caso concreto, no vi lo que debía ser el antecesor del «portátil» hasta el verano de 1979 y fue en manos de algunos enviados especiales norteamericanos, que escribían en diminutas pantallas con una luz de fuego fatuo y caracteres verdosos donde apenas cabía media docena de líneas.

Por lo que se refiere a Internet, no sé si andaba muy despistado, pero no me hice cargo de la importancia que tendría para nosotros hasta que descubrí al jovencísimo Joel Brand[4], que «freelanceaba» desde Sarajevo para *Newsweek*, *The Times*, *The Washington Post* y cualquiera que le pagase entrar en 1992 en Compuserve.

---

4   Brand no era periodista de formación pero estaba por Centroeuropa en viaje de estudios o algo parecido cuando comenzó la carnicería balcánica y atrapó la ocasión al vuelo.

LOS «*ACTION JUNKIES*» Y EL REPORTERISMO DE GUERRA

4

Ha habido momentos durante los cuales ha dado la impresión de que el viejo corresponsal romántico que se abría paso entre las lianas de la jungla, escalaba riscos, atravesaba desiertos y retornaba con historias palpitantes, estaba a punto de extinguirse, cortocircuitado por los avances técnicos. La realidad es que los viejos corresponsales de guerra nunca mueren; como les ocurre a los rockeros añejos, solo se desvanecen.

Cuando se pasa revista a los miembros veteranos de la «tribu», a menudo da la impresión de que algunos serían incapaces de acudir a la oficina todos los días como hacen el resto de los mortales. Los más encallecidos parecen tener compulsión hacia la pólvora.

A todos nos gusta arropar en palabras rimbombantes este trabajo, aunque «trabajo» no sea precisamente la palabra más apropiada para describir esta actividad.

Somos cronistas de conflictos –gente que se dedica a ir de guerra en guerra, recalando en toda revuelta, disturbio, insurrección y cualquier muestra de locura humana que se cruce en el camino–, y no lo hacemos por un sueldo o para alimentar a una familia, sino porque es divertido.

Caminar por el filo de la navaja, escapar a la rutina y colocarse periódicamente en situaciones extremas, puede convertirse en un deseo insoportable.

Los periodistas anglosajones –que son unos maestros en el arte de acuñar términos impactantes– se suelen referir a los periodistas consumidos por este vicio como los *«action junkies»*: los adictos a la acción.

Se trata de un afán común entre los reporteros de guerra y, sobre todo, entre los fotógrafos. Como los drogadictos, hay algunos que necesitan incrementar continuamente la dosis para obtener satisfacción, y eso puede tener consecuencias catastróficas: te matan o te quemas.

Estos rasgos no son algo nuevo; existían entre los pioneros del reporterismo de guerra hace ya dos siglos. Imperceptiblemente, en el barullo de esa era, un puñado de corresponsales comenzó a moldear una forma nueva de Periodismo: el reporterismo de guerra profesional.

En general, y como ocurre ahora, eran tipos problemáticos y celosos de su libertad, aventureros fascinados con lo extranjero. Gastaban más dinero del que parecía imprescindible y uno de sus atributos comunes era una mayor preocupación por relatar crudamente lo que captaban sus ávidas pupilas que por analizar sosegadamente los acontecimientos[5].

> La facultad más valiosa de un reportero consiste en poseer el instinto o la sabiduría para estar en el lugar adecuado en el momento preciso.

---

5   Hubo notables excepciones. Uno de los mas célebres escribas del momento fue Karl Marx, quien trabajó para el *New York Tribune* como corresponsal en Londres y para quien el objetivo primordial de la actividad periodística era propagar ideas políticas.

El «primero» y el «más grande» de los corresponsales de guerra

Resulta lógico que no fuera el doctoral Karl Marx quien ahormase esa primera etapa del Periodismo, sino alguien situado fisonómica e intelectualmente en sus antípodas: William Howard Russell.

El reportero del *Times* tuvo el inmenso mérito de estar allí, en Balaclava, en el instante en que la Brigada de Caballería Ligera lanzó su suicida carga contra la artillería rusa durante la guerra de Crimea.

Este relato de William Howard Russell fue publicado en el *Times* londinense el 14 de noviembre de 1854. Si quieres descargártelo puedes hacerlo con la ayuda de este bidi:

Russell —según el epitafio que figura sobre la losa de una tumba existente en la catedral de San Pablo— fue «el primero y el más grande» de los corresponsales de guerra.

Que ha sido «el más grande» es discutible, y que fue «el primero» no se ajusta a la verdad histórica. Dos mil años antes de que se inventase la pólvora, en el 400 antes de Cristo,

Jenofonte hizo en su *Anábasis* un relato magistral sobre la retirada de diez mil guerreros griegos de Asia Menor. Y el emperador romano Julio César escribió con detalle sobre los siete años de campaña en las Galias —entre el 58 y el 51 antes de Cristo—, mucho antes de que se hubiera fundado *The Times*.

Pero la cobertura de la guerra de Crimea realizada por Russell fue el intento inaugural de informar seriamente a la opinión pública sobre el curso de un conflicto bélico utilizando los servicios de un reportero civil.

Hasta mediados del siglo XIX, los editores se limitaban a copiar las noticias de periódicos extranjeros o contrataban a precio de saldo los servicios de algún joven oficial que en los intermedios del combate se molestaba en garabatear una carta. Estos corresponsales ocasionales se consideraban mucho más soldados que periodistas, tenían una visión forzosamente escorada de los acontecimientos, y no entendían en absoluto la sutil mecánica interna de los medios de comunicación.

La irrupción de Russell supuso un salto gigantesco en la historia del Periodismo y, aunque se ponga en duda lo del «más grande» y lo del «primero», resulta innegable su carácter de pionero ejemplar. En sus propias palabras, Russell fue «el miserable antecesor de una tribu desgraciada».

William Howard Russell nació en Dublín en 1820, era protestante y desde la infancia se sintió atraído por la vida militar.

Siendo todavía un niño, acostumbraba a levantarse al amanecer para observar como desfilaban los soldados de un cuartel cercano y en su adolescencia intentó alistarse varias veces, lo que hubiera conseguido de no oponerse tenazmente su abuelo a ello.

Sopesó la posibilidad de hacerse médico pero abandonó la idea porque no soportaba la visión de los cadáveres humanos, una repugnancia que superaría con relativa facilidad posteriormente, cuando comenzó a reportear en los campos de batalla.

Recién cumplidos los diecinueve años y siendo un simple estudiante de Derecho, tuvo la ventura de que un primo suyo —al que *The Times* había enviado a Dublín a cubrir las tormentosas elecciones irlandesas— lo contratase como ayudante.

> Muchos expertos viven convencidos de que
> sus profundos conocimientos sobre una materia
> les permiten hacer un trabajo periodístico de
> altura y tienden a menospreciar al reportero.
> La experiencia demuestra que es más práctico
> tratar de manufacturar un especialista a partir de
> un periodista que meter a un académico en una
> profesión para la que habitualmente tiene poca
> capacidad, por la que siente escasa simpatía y
> que rara vez comprende.

Hay excepciones, pero son raras.

Russell demostró de inmediato sus dotes de reportero. Ante la imposibilidad material de acudir a todos los mítines y seguir todas las marchas, optó por aposentarse casi permanentemente en el hospital local.

Con bastante buen criterio, después de constatar el terror de la violencia callejera, el bisoño redactor dedujo que buena parte de los participantes en los comicios iba a requerir, más pronto o más tarde, cuidados médicos. Se apostó en la entrada de urgencias y eso le permitió escribir un par de apasionados artículos y llamar la atención de John Delane, el editor del *Times*. Delane convocó a Russell a Londres y le ofreció trabajo como *freelance*[6]. Lo asignó al equipo destinado al Parlamento.

No era una ocupación despreciable. El *Morning Chronicle* había tenido como reportero parlamentario al prestigioso Charles Dickens, quien describió esa etapa de su vida de la siguiente manera: «Me desgasté las rodillas escribiendo sobre sus señorías desde la última fila de la vieja Cámara de los Comunes». A Russell, a diferencia del exquisito Dickens, no le preocupaba desgastarse las rodillas o lo que fuera, y se esforzó al máximo.

En 1843, Delane lo despachó de vuelta a su nativa Irlanda para cubrir el juicio de Daniel O'Connell, alias el «Libertador de Dublín», un nacionalista católico acusado de sedición por la Corona británica. Ese encargo, y la forma en como lo abordó Russell, permiten hacerse idea del enorme esfuerzo físico que se requería a los reporteros de la época y de lo descarnada que era ya la competencia entre colegas.

Tras veintitrés días de seguir minuto a minuto el proceso y, antes de la publicación del veredicto, Russell logró

---

6   Periodista independiente que cobra por pieza publicada.

hacerse con una copia de la sentencia y, sin pensárselo dos veces, salió pitando hacia Londres.

Pero el exhausto Russell, tras haber informado a Delane y seguro de llevar una insalvable ventaja en tiempo a sus competidores, se echó a dormir. Había pensado publicar la exclusiva en la edición del día siguiente, pero a la mañana, cuando todavía estaba adormilado, oyó golpes en la puerta.

Acudió a abrir y se encontró con uno de los mensajeros del periódico que traía una nota de la dirección en la que textualmente se decía: «¡Muy mal! *El Morning Herald* consiguió el veredicto»[7]. Russell, como suele ser normal en esta profesión tan apasionante, divertida y desventurada, tenía los días contados en el *Morning Chronicle* después de semejante patinazo.

---

7   Así es como contó el propio Russell lo que pasó: «*Tanto The Times como el Morning Herald habían contratado expresamente barcos de vapor para llevar a Londres lo más rápidamente posible los resultados del juicio. El sábado por la noche, cuando el jurado se retiró a deliberar, era ya muy tarde y el resto de los corresponsales optó por salir a comer algo y descansar. Yo permanecí en la puerta del tribunal, y estaba pensando en marcharme a la cama cuando irrumpió un muchacho y me dijo que se aproximaban los miembros del jurado. Traían un fallo de culpabilidad y, apenas lo oí, salí de los juzgados, me encaramé en un carruaje y partí hacia la estación, donde todo se había organizado para que hubiera un tren especial esperándome. Llegue a Kingstown a bordo del Iron Duke y media hora después estaba navegando hacia el mar abierto con la satisfacción suplementaria de ver que el vapor alquilado por el Morning Herald seguía plácidamente anclado en el muelle. Llegue a Holyhead, partí a toda velocidad hacia Londres en tren y traté de dormir. Me apretaban las botas y decidí quitármelas. Al llegar a la capital, el hombre del Times me estaba esperando con un taxi. Por mucho que peleé con mis botas, tenía los pies tan hinchados que solo logré calzarme una de ellas, por lo que llegué a las oficinas del Times con una bota bajo el brazo. En el momento en que enfilaba hacia la puerta, un individuo en mangas de camisa, que yo tomé por uno de los tipógrafos del Times, me abordó y dijo: Encantado de verlo bien, señor; así que los han encontrado culpables. –Sí, culpables, mi amigo, pero en diferentes grados – contesté. Desafortunadamente resultó ser un hombre del Morning Herald, un emisario del enemigo, como descubrí al día siguiente al leer los diarios. Estaba en los periódicos de la competencia la noticia y había hasta caricaturas burlescas del sentenciado O'Conell, dibujado como si fuera el rey de Irlanda y con los campesinos postrados a sus pies*».

Pero tenía prestigio, era el mejor, y gracias a las dotes de persuasión, la insistencia y la habilidad de John Delane, terminó volviendo al redil del *Times*. Para suerte del Periodismo, del reporterismo de guerra y de todos los que aman esta profesión.

De la anécdota a la categoría

Como muchos de los miembros de la «desventurada tribu» que procreó, Russell era profundamente inseguro. Delane solo lograba mantenerlo activo con un continuo flujo de alabanzas a su estilo literario, a su espíritu de iniciativa y a su perspicacia.

Entre las habilidades del precursor Russell se incluía su destreza para recrear vívidamente una historia sin haber sido testigo directo de ella.

Uno de sus trucos consistía en parar a todo soldado u oficial que retornaba de la acción e inquirir el máximo de detalles, lo que sigue siendo parte del *modus operandi* de todos los corresponsales de guerra del planeta.

Descubrió —como nos ha ocurrido a todos— que los relatos de los testigos directos de un mismo hecho suelen diferir y a menudo son contradictorios. En la capacidad de equilibrar los testimonios, separando el grano de la paja, reside el talento de cada uno.

Ya en ese tiempo emergían dos técnicas distintas de corresponsalía de guerra. Russell se centraba en el panorama general y explicaba al lector como se había desarrollado la batalla y lo que había conducido a la victoria o a la derrota.

Otros, como el joven Edwin Lawrence Godkin, que cubrió la guerra de Crimea para el *Daily News* londinense –un diario fundado por Charles Dickens en 1846–, construía sus relatos en torno a los efectos del conflicto en individuos concretos.

Soy de los convencidos de que esta segunda técnica –ir de la anécdota a la categoría–, como hacía el genial Ernie Pyle durante la Segunda Guerra Mundial, es mucho más efectiva, aunque entraña siempre el riesgo de que los estirados y estreñidos que engordan el culo en la redacción te acusen de sensacionalista o superficial.

La inmortalidad

Sería pretencioso establecer paralelismos, pero hubo un tiempo en que experimentaba un insano placer al evocar que Russell había estudiado Derecho antes de lanzarse al Periodismo, al igual que yo. Y también había entrado en la profesión de forma casual y tenía la misma edad que el director al que unió su suerte, como me ocurría a mí con Pedrojota.

Esas coincidencias irrelevantes me daban alas cada vez que entornaba los ojos y soñaba con convertirme en uno de los grandes del Periodismo mundial.

Son la cosas de la juventud, ensoñaciones que desaparecen cuando echas canas y, en lugar de comerte el mundo, el mundo comienza a comerte a ti.

Cuando John Delane pegó el salto hacia arriba y accedió a la dirección del *Times*, apenas llevaba un año trabajando en el periódico, pero eso no preocupó a John Walter II, su propietario.

Delane era hijo de un abogado de renombre, se había licenciado en la Universidad de Oxford, acababa de cumplir veintitrés años y –como Pedrojota en *Diario 16*– asumió el máximo cargo del *Times* sin pestañear, convencido de ser el hombre marcado por los hados para conducir al diario a la cima del planeta.

La era victoriana se aproximaba a su apogeo y el *Times* a su máxima cota de influencia. Cuando en 1845 el gobierno francés bloqueó los correos que transportaban regularmente ejemplares del periódico hacia la India, el *Times* organizó su propio servicio de dromedarios entre Suez y Alejandría, además de contratar un barco de vapor para hacer llegar las copias hasta Trieste, sorteando el territorio controlado por los franceses.

Ese era el periódico al que William Howard Russell ató su destino. Con el celo del purasangre, se lanzó de cabeza a las turbias aguas del Periodismo de acción, cubriendo un día un ahorcamiento público, otro la revuelta de los patriotas húngaros y al siguiente una manifestación política.

Su primera experiencia bélica tuvo lugar en 1850, durante la batalla de Idstedt, cuando los daneses luchaban para hacerse con Schleswig-Holstein. El bautismo de fuego de Russell incluyó una herida leve, que no llegó a intimidarlo.

> Siempre se dice –parafraseando al ex primer ministro británico Winston Churchill– que en Periodismo hay que ir «lo mas rápido y lo mas lejos posible», pero eso no sirve de nada si no vuelves al hotel entero y en condiciones de escribir y transmitir tu crónica.

Salir intacto del primer rifirrafe de tu vida ayuda bastante a imbuir en tu mente la idea de que la muerte, la mutilación y la tortura, les tocan siempre a otros.

En esta profesión, tras la visita a la morgue –y efectúas muchas a lo largo de los años–, siempre se experimenta una mezcla de angustia, satisfacción y remordimiento, unido todo ello a la sospecha de que uno, aunque lleve carnet de periodista en el bolsillo superior del chaleco, es perecedero. Por el bien del oficio debo confesar que ese golpe de lucidez es fugaz y se evapora como por encanto.

> Para poder trabajar a conciencia, el reportero de guerra necesita moverse convencido de que circula por el mundo envuelto en un aura de inmortalidad.

Es algo irracional que no soporta una mínima prueba estadística y se viene al suelo cuando se repasa la larga lista de periodistas caídos en acción, pero todos los que se dedican a esto dan por supuesto –o lo han dado en algún momento de su existencia– que nunca les «tocará la china».

La verdad sobre todo lo que veas

En 1850, cuando resultó herido y sobrevivió, Russell llevaba más de un decenio al servicio del *Times* y parecía en la cresta de la profesión, aunque todavía le quedaba mucho que ascender.

Una fría noche de febrero de 1854, Delane le hizo llamar y le notificó que había pensado en él para que acompañase a una fuerza expedicionaria que se dirigía al mar Negro. Estaba a punto de empezar la guerra de Crimea.

En teoría todo se presentaba como una disputa de Francia, Gran Bretaña y Turquía con Rusia sobre la custodia de los Santos Lugares. En realidad, franceses y británicos intentaban impedir que las tropas zaristas pulverizaran el tambaleante Imperio Otomano.

Las instrucciones que Delane impartió a Russell fueron simples, directas y un sueldo para todo corresponsal de guerra digno de tal nombre: «La verdad sobre todo lo que veas».

Aunque la historia oficial del *Times* describe a Russell como «un irlandés genial y fanfarrón, grande, *bon vivant*, desorganizado pero resuelto en el trabajo y con una infinita capacidad para hacer amigos», las evidencias indican que también era un duro y coriáceo competidor.

Apenas desembarcar en Galípoli, se vio abordado por un oficial y conducido expeditivamente a presencia de lord Raglan.

«¿Qué conoce usted de este tipo de trabajo y qué hará cuando entremos en acción?», le espetó con voz tronante el general, quien compartía el mando de la expedición con el mariscal francés Saint-Arnaud.

Sin alterarse un ápice, Russell replicó: «Es cierto que tengo escaso conocimiento de este negocio, pero sospecho que les ocurre lo mismo a muchos de los que están aquí».

Al general le hizo gracia la salida del periodista y fue así como Russell consiguió hacerse un hueco y asistir desde primera fila a las sucesivas escaramuzas.

Puedes seguir leyendo sobre el estilo de reporterismo de guerra de Russell descargándote el contenido de este bidi:

El cuarto poder

El diario *The Times* de Londres —institución británica que algunos ingleses consideran de igual peso que la Monarquía o el té de las cinco— celebró el 1 de enero de 2015 el 230 aniversario de su nacimiento. Fue desde sus inicios un periódico con todas las de la ley y marcó siempre camino.

Durante el asedio de la ciudad de Sebastopol, en 1854-1855, el príncipe Gorbachov, comandante en jefe de las tropas rusas sometidas a asedio, y su oponente británico, lord Raglan, leían ya *The Times* para mantenerse al corriente de los incidentes y detalles de su conflicto y atisbar cómo se lo estaban tomando los mandamases y la ciudadanía de sus respectivas naciones.

Los reportajes de William Howard Russell sobre la malhadada carga de la Brigada Ligera en Balaclava, por ejemplo, tuvieron en la opinión pública británica de la época un impacto igual al que tuvo la televisión sobre el público norteamericano durante la guerra de Vietnam. Russell no dudaba en denunciar las carencias del Estado Mayor británico, lo que hacía temblar al gobierno de su Majestad.

Convertido en encarnación del «cuarto poder», el de la Prensa, *The Times* fue calificado de «publicación execrable» por la reina Victoria, mientras el Primer Ministro británico de la época mascullaba irritado en cuanto le daban ocasión que la buena salud del Reino Unido y su imperio dependían de la desaparición del rotativo.

Contra viento y marea, *The Times* mantuvo la posición, aguantó el tirón y con el tiempo se convirtió en el gran periódico del *«establishment»* de la exigente élite británica.

El primer número del diario, que en pocos años se convertiría en el más influyente del mundo —entonces se denominaba *Universal Dady Register*—, fue impreso el 1 de enero de 1785.

The Times se declaró «independiente» desde su arranque y —según un editorial insertado en 1854— no se consideraba responsable ante los ministros y los lores, «sino solo ante el pueblo de Inglaterra».

ENBUSCADERIESGO,FORTUNA Y GLORIA 5

En 1978 llegué a la conclusión de que mi etapa de fotógrafo de un diario había concluido. Se aproximaba el momento de dar un salto cualitativo y probar si era capaz de imitar al protagonista de *Foreign Correspondent*.

En Centroamérica las mujeres no son rubias y hace demasiado calor para lucir una gabardina cruzada, pero era el lugar del mundo donde parecía estar fraguándose una revolución y decidí ir a comprobarlo.

Con el talón que me regaló mi madre en un bolsillo y las 100.000 pesetas que recibí por la foto de Fraga en otro, partí hacia el Nuevo Mundo.

Me sentía entusiasmado y distinto a todos mis colegas. Iba atraído por el olor acre de la pólvora y el deseo de hacerme famoso.

Al llegar a Nicaragua comprobé que otros, de otras nacionalidades y orígenes, habían tenido ideas parecidas. Cuando se bucea en la hemeroteca se descubre que ese proceso se repite desde hace doscientos años desde que William Howard Russell rompió el fuego y puso los cimientos en Balaclava.

Cinco años después de la conclusión de la guerra de Crimea estalló la guerra de Secesión norteamericana (1861-65) y más de mil intrépidos candidatos a reportero acudieron en tropel a cubrir la contienda, cautivados por el afán de riesgo, el lógico deseo de hacer fortuna y la enfermiza ambición de cosechar la gloria.

La guerra de Secesión creó una tremenda demanda de noticias. La circulación de los diarios se disparó hacia arriba y crecieron las ventas. Se incrementaron notablemente los ingresos, pero eran editores de otra pasta diferente a los actuales, y en lugar de repartir dividendos entre sus accionistas y parientes, prefirieron reinvertir sus ganancias y despachar más reporteros hacia los campos de batalla[8].

La fotografía, que menos de diez años antes, en Crimea, había sido algo balbuceante —con Roger Fenton como único protagonista—, cogió vuelo y prueba de ello es la fabulosa colección de más de 7.000 imágenes del conflicto que conserva la biblioteca del Congreso de los Estados Unidos.

«Fue durante la guerra de Secesión —reseñó en 1901, en un artículo de fondo, el sesudo New York Times— cuando los diarios de Nueva York tomaron conciencia de los dos principios básicos que han hecho posible lo que son hoy: uno es la importancia de lograr noticias en exclusiva, y otro lo fundamental que resulta responder a la demanda popular con informaciones adecuadas sobre lo que ocurre en el mundo para ampliar la circulación».

---

8   Un buen ejemplo de esta tendencia fue el *New York Herald*, que destacó sesenta y tres hombres en los distintos frentes e invirtió un millón de dólares en la cobertura del conflicto. El *New York Tribune* y el *New York Times*, sus más directos competidores, utilizaron cada uno los servicios de una veintena de corresponsales, y hasta los periódicos humildes de localidades como Boston o Cincinnati tenían a gala contar con su propia gente en las trincheras.

Si quieres leer más sobre el Periodismo en la guerra de Secesión norteamericana, puedes hacerlo descargándote el contenido de este bidi:

EL AUDAZ «BANG-BANG CLUB» 6

Se juegan el pellejo en cada disparo, como lo demuestran los casos de Patrick Chauvel, Juantxu Rodríguez, John Hoagland, Miguel Gil, Kurt Schork, Tim Hetherington, Chris Hondros, Joao Silva, Anja Niedringhaus, Christian Poveda y tantos otros.

Son quienes nos enseñan gráficamente el espanto y arriesgan como nadie la vida en el empeño. De todos los testigos de la espeluznante realidad bélica, el fotógrafo —y el camarógrafo televisivo— es el único que no puede mirar hacia otro lado en momento alguno.

Los siempre temerarios miembros de eso que en el argot profesional se denomina con cariño y admiración el «Bang-

Bang Club», son nuestros ojos sobre el terreno. Nos enseñan lo que no queremos ver. Son ellos, con su valor y entrega, quienes aportan la prueba irrefutable de los estragos de la violencia.

Concentran su mirada en el pequeño visor de la cámara mientras llueven las balas. Prestan a veces más atención al encuadre que a su propia seguridad.

> No hay actividad periodística más peligrosa en la guerra y prueba de ello es el elevado porcentaje de reporteros gráficos que pierden la vida bajo el fuego, mucho más alto que el de los que solo escriben o analizan.

El pionero en esa actividad singular fue Roger Fenton, quien, en 1855 y mediante la técnica del colodión húmedo, capturó durante la guerra de Crimea las primeras fotografías jamás hechas de un conflicto bélico[9].

Lo que no ha cambiado mucho es la afición de los reporteros de guerra a hacerse fotos a sí mismos en los preludios de la acción, sugiriendo que en el fondo de su alma presienten que cualquier jornada puede ser la última y haya que dejar, previsoramente, un recuerdo para la posteridad[10].

Fenton eludió de forma consciente el morbo y el espanto del conflicto. En contraste, quien no se andaba con rodeos

---

9   En *All World Wars* podemos ver un sinfín de estas inmortales y pioneras escenas de valor histórico incalculable. No son imágenes de acción y rara vez retratan de forma cercana muertos o heridos, como si al autor le acongojase presentar al público la bestial realidad de la batalla.

10   Una modalidad que practicaba divertido el francés Chris Lafaille hace tres décadas consistía en retratarse a sí mismo cada mañana mirando el espejo del cuarto de baño de la habitación del hotel, pero hay muchas variantes. El propio Fenton, con fusil y vestido dezuavo, se hizo un famoso autorretrato durante su estancia en Crimea.

era Russell, quien, en contra de lo que parecía natural en la época, no se dedicó a redactar tronantes loas sobre la gloria de los victoriosos soldados de su Majestad[11].

Juantxu Rodríguez

El 21 de diciembre de 1989, durante la invasión de Panamá, varios reporteros quedaron atrapados en un violento fuego cruzado en las cercanías del hotel Marriott.

Entre los fotógrafos estaba el experimentado Patrick Chauvel, quien, al comprobar que los soldados norteamericanos apostados frente al hotel abrían fuego a discreción contra un convoy, sin darse cuenta de que los recién llegados eran también estadounidenses, se encaró con uno de los militares y le solicitó cobertura para tener una oportunidad, aunque fuera mínima, de cobijarse en el edificio.

El soldado, presa del pánico al igual que sus compañeros, respondió a voces que él se había alistado en el Ejército «para poder estudiar gratis», que los panameños estaban atacándolos, que nunca había pensado que terminaría envuelto en semejante ensalada de tiros, y que se fuera al diablo[12].

---

11   Día tras día, martilleó a su parroquia con artículos sobre las penosas condiciones en que se obligaba a vivir a la tropa acantonada al Sudoeste de Sebastopol: «...en el hospital no se presta la menor atención a la decencia o la limpieza, la fetidez es espantosa y, por lo que puedo observar, estos hombres mueren sin que se haga el mínimo esfuerzo para salvarlos... los enfermos parecen ser atendidos por los enfermos y los moribundos por los moribundos...»

12   Lo de los militares tanto o más despistados que los periodistas en-

Al francés Chauvel le metieron aquel día dos balazos en la barriga y se salvó porque tuvo la entereza de mojar sus dedos en la herida y garabatear con sangre, sobre su propia frente, su grupo sanguíneo.

Fruto horrendo del susto de algunos rasos inexpertos y de oficiales poco curtidos fue, en el Panamá del general Noriega, la muerte del fotógrafo español Juantxu Rodríguez, que tenía treinta y dos años, estaba allí con la insufrible Maruja Torres y trabajaba para *El País*.

Juantxu Rodríguez Moreno[13] nació para ser periodista. Cuando apenas tenía veinte años y el firmamento mediático ya estaba poblado de buenos fotógrafos, él se empeñó en estar entre los mejores.

El 21 de diciembre de 1990, Juantxu retornaba al hotel Marriott para recoger sus pertenencias. El edificio, que se hallaba en poder de los norieguistas cuando lo había abandonado por la mañana, ya estaba bajo control de tropas estadounidenses.

Al ver llegar a Juantxu y otros periodistas, los novicios soldados norteamericanos los conminaron a voces a marcharse. Justo en ese instante, se acercó un convoy de los marines por la avenida que bordea el mar y giró en dirección al Marriott y a los periodistas que montaban guardia enfrente.

Alguien abrió fuego, probablemente de los que llegaban, incapaces de distinguir a los suyos, entre otras cosas porque

cargados de cubrir sus peripecias ha sido bastante corriente a lo largo de la historia bélica.

13   Había nacido en Casillas de Coria (Cáceres) en 1957 y en 1981 dividió su vida profesional entre Bilbao y Madrid. Trabajaba entonces para el diario *Hierro* de Bilbao y pronto se incorporó al gabinete de prensa de la Universidad Internacional Menéndez Pelayo. En 1983 entró a formar parte de la agencia *Cover* y desde aquel momento intensificó su colaboración en distintos medios internacionales, como *Newsweek, The New York Times, Liberation,* y españoles, como *La Vanguardia, Tribuna Vasca y El País*. Fruto de su trabajo y de su vocación fueron también algunos libros, como el volumen en el que recopiló sus retratos de españoles en Nueva York.

Estados Unidos había proporcionado los uniformes del Ejército panameño.

Empezó un tiroteo sin tino ni objetivo claro. El blanco más sencillo eran los periodistas y, en la distancia, atenazado por los nervios y el pánico, una cámara con teleobjetivo le puede parecer un arma a un tipo novato, a uno de esos que se enrola creyendo que jamás tendrá que mirar de frente a la muerte.

Juantxu y los que estaban con él no tenían donde cubrirse. Una bala atravesó el ojo izquierdo del reportero español, matándolo al instante.

Si no es cerca, no es verdad

En la jerga de los corresponsales de guerra, según escribe Arturo Pérez Reverte, «territorio comanche» es el lugar donde el instinto dice que pares el coche y des media vuelta:

> *«El lugar donde los caminos están desiertos y las casas son ruinas chamuscadas; donde siempre parece a punto de anochecer y caminas pegado a las paredes, hacia los tiros que suenan a lo lejos, mientras escuchas el ruido de tus pasos sobre los cristales rotos; donde no ves los fusiles, pero los fusiles te ven a ti».*

Robert Capa –quien según los clásicos de la profesión ha sido el mejor fotógrafo de guerra del mundo– tenía como frase favorita la de: *«If your photographs aren't good enough, you're not close enough»*[14].

En otras palabras y en castellano: que hay que acercarse al motivo y sumergirse en el cuadro, porque la clave de la veracidad de una imagen periodística estriba en la cercanía al objeto. Basta repasar la lista de los premios *World Press* para comprobar que la historia del Periodismo da reiteradamente la razón a Capa.

Una vez formulado el principio general y aceptado como válido, el problema es llevarlo a la práctica.

> El perenne dilema en «territorio comanche» es que demasiado lejos no consigues la imagen y demasiado cerca no queda salud para contarlo.

Con los avances ópticos, el desarrollo de lentes de luminosidad inaudita, la cámara digital y la incertidumbre que conlleva arrimarse demasiado, no se debe menospreciar alegremente un potente teleobjetivo, pero en Lugo, durante la agitada campana electoral de 1977, tuve ocasión de comprobar las virtudes de un gran angular y de la proximidad física.

En esa época todavía yo no había hecho una sola fotografía de guerra, ni había olido otra pólvora que la de los cartuchos de la escopeta de caza o la de las cinco docenas de balas del 7,65 que disparé con el viejo fusil Cetme durante el servicio militar, pero ya sabía quien era Robert Capa. En aquella etapa esencial –y estoy hablando de los años 70–, los modelos para un aspirante a periodista de acción como era yo, se llamaban Manu Leguineche o Capa.

---

14   Si tus fotos no son lo suficientemente buenas es que no te has acercado lo suficiente.

No era Ryszard Kapuscinski –como dicen ahora los «exquisitos» reescribiendo desvergonzadamente hasta su memoria– porque entonces no sabíamos quién era. El genio polaco llevaba ya un tiempo en circulación, pero ni *La Guerra del Fútbol*, *El Sha* o *El Emperador* habían sido traducidos o estaban en nuestra librerías[15].

Hay otros, como el ya fallecido Enrique Meneses, que fueron también grandes, pero publicaban casi siempre en medios foráneos tipo *Paris Match* y eso hizo complicado a gente como yo que pudiéramos seguirlos.

Robert Capa en blanco y negro

Capa fue un fotógrafo excepcional, valiente y capaz. En 1954, cuando ya se consideraba «retirado», la editorial *Mainichi Press* lo invitó a viajar a Japón para participar en el lanza-

---

15   Kapuscinski había estudiado Historia. Eso ayuda a entender la brillantez de su prosa y explica la facilidad con la que progresó en el Periodismo «oficial». Entre las claves de su meteórico ascenso profesional tampoco hay que desestimar que fuera acérrimo militante comunista pues eso contaba mucho en los países satélites de la Unión Soviética. Estuvo afiliado al Partido Obrero Unificado Polaco desde 1954 hasta 1981. En 1964, tras hacer gala de indudables habilidades para reportear en asuntos domésticos, fue designado por los jerarcas de la Agencia de Prensa Polaca (PAP) «único corresponsal en el extranjero». A comienzos de 2007 falleció a causa de un paro cardíaco después de una operación para extirparle un cáncer, pero antes dejó páginas memorables, aunque en mi modesta opinión –como le pasaba a Hemingway–, fue esencialmente un creador literario, un novelista de enorme talento y no un reportero de guerra, a pesar de haber escrito –y maravillosamente– sobre la guerra y de haber recibido en 2003 el Premio Príncipe de Asturias de Comunicación y Humanidades «por su preocupación por los sectores más desfavorecidos y por su independencia frente a presiones de todo signo, que han tratado de tergiversar su mensaje».

miento de una nueva revista ilustrada, pero finalmente se suspendió el viaje a finales de abril.

Howard Sochurek, el fotógrafo de *Life* que cubría desde hacía varios meses la Guerra de Indochina, tuvo que regresar a Estados Unidos y el editor de la revista convenció a Robert Capa para que le reemplazara en el frente.

En la madrugada del 25 de mayo, mientras acompañaba a una expedición del Ejército francés, junto con dos corresponsales más por una espesa y peligrosa zona boscosa bajo fuego, Capa decidió bajarse del jeep y adelantarse a pie para fotografiar el avance.

Entonces el pelotón escuchó una explosión: había pisado inadvertidamente una mina que le voló la pierna y le produjo una grave herida en el pecho.

Fue llevado en ambulancia pero murió camino al hospital, siendo el primer corresponsal estadounidense muerto en esa guerra y terminando así una azarosa vida profesional.

Robert Capa dejó un legado de 70.000 negativos: un testimonio visual apabullante reunido a lo largo de veintidós años de intensa carrera profesional. De esas 70.000 imágenes, fue la foto del miliciano español, con los brazos abiertos y la cabeza proyectada hacia atrás, la que, además de catapultarle a la fama, ha tenido más trascendencia.

Así como Guernica se convirtió en la alegoría de la barbarie fascista en la Guerra Civil española de 1936, la foto de Robert Capa sobre la muerte de un miliciano «rojo» en plena carga contra las trincheras enemigas, se transmutó en emblema del sacrificio republicano. La fotografía, la más reproducida del conflicto, apareció en dos revistas francesas en 1936, pero no se hizo internacionalmente famosa hasta que no salió en *Life*, en julio de 1937.

Capa, que escribió muchas cosas sobre otras fotos, apenas dejó testimonio alguno sobre la *Muerte del miliciano*. Y una de las particularidades de esa foto es que apenas revela nada. Ni siquiera se sabe dónde estaba Capa en el momento de pulsar el disparador[16].

Algún cínico ha señalado que si la foto hubiera llevado por pie algo así como «un miliciano resbala y cae durante un entrenamiento», carecería de valor. No deja de ser paradójico que la autenticidad de lo que, según los peritos, es la mejor fotografía de guerra de la Historia, dependa hasta ese extremo del texto escrito en su margen inferior.

John Hersey, también corresponsal de guerra y ganador del Premio Pulitzer, publicó en su día un artículo sobre Capa en el que manifestaba que el fotógrafo le había confesado haber captado la imagen en agosto de 1936.

Según esta versión, unas docenas de milicianos fanatizados intentaban desalojar a los nacionales de una trinchera cercana pero, cada vez que escalaban el parapeto aullando vivas a la República, eran frenados en seco por las ráfagas de una ametralladora.

Repitieron la operación dos veces y siempre con resultados similares. A la tercera intentona, según está versión, Capa izó tímidamente la cámara, elevó los brazos todo lo que pudo y, cuando oyó el tableteo de la ametralladora, oprimió varias veces el disparador.

No sabía lo que había captado y facturó la película sin revelar a París. Dos meses después, desde la agencia *Magnum* le informaron que *Muerte del miliciano* se estaba publicando en todos los diarios del mundo y que tanto su fama como su cuenta bancaria habían iniciado un ascenso meteórico.

Nunca se han despejado todas las dudas. En el anecdotario de O.D. Gallagher, corresponsal del *Daily Express* y durante cierto tiempo compañero de habitación de Capa,

---

16   En *Life* se explicaba que había sido tomada en el frente de Córdoba y que registraba el momento en que un miliciano se desplomaba con la cabeza atravesada por una bala.

se incluye lo ocurrido un día en que se quejaron de la falta de acción y un comisario político republicano los condujo a unas trincheras cercanas al hotel Florida, en Madrid, para asistir a unas maniobras. Capa volvió encantado con el material que había conseguido.

Más adelante, cuando Gallagher alabó el realismo de *Muerte de un miliciano*, el fotógrafo recalcó que lo borroso de la faz del hombre la hacía todavía más genuina[17].

El autor explicó divertido que una verdadera foto de acción nunca debe aparecer perfectamente a foco: «Si te tiemblan un poco las manos, la imagen mejora sensiblemente».

Gallagher no llegó a insinuar que *Muerte de un miliciano* fuera una escena tomada en esas u otras maniobras, pero tampoco se molestó en iluminar todas las sombras al respecto.

Es intrincado separar la realidad de la vida de Capa y los mitos que han crecido en torno a él[18]. De lo que no hay duda alguna es de que Robert Capa era un fotógrafo sublime, un periodista de raza y un reportero de guerra excepcional.

---

17   No sabemos quién es el sujeto. Su rostro aparece borroso, pero es aventurado afirmar con certeza que se debe al tropezón, al brutal impacto directo de una bala o a la onda de una explosión. El miliciano conserva incluso su gorro. Tampoco se puede determinar el escenario porque no hay en el cuadro accidente geográfico alguno que permita distinguir su localización.

18   El hombre que sigue siendo punto de referencia obligado de todos los reporteros gráficos que quieren dedicarse a este oficio, era mucho más complejo de lo que se supone. Su propio nombre —Robert Capa— es una invención. En realidad se llamaba Endre Friedman y había nacido en 1913 en Budapest, donde sus padres poseían un taller de costura. La idea de cambiar de patronímico surgió en París, en la primavera de 1936, cuando él y su novia acordaron inventarse un fotógrafo imaginario, supuestamente norteamericano, para sacar más dinero por las copias que vendían a las agencias. La fullería funcionó perfectamente, pero faltaba un tiempo para que la inmensidad profesional, la maestría del pequeño húngaro, eclosionara con todo su potencial. Consiguieron colocar un buen puñado de fotos a 150 francos la unidad, tres veces su precio normal, y cuando Endre Friedman cruzó los Pirineos para cubrir la guerra civil que acababa de estallar en España, enterró para siempre su pasado húngaro y renació como el triunfal e imbatible Robert Capa.

LAS«GRANDESENTREVISTAS»YEL «SÍNDROME DEL CAMARERODEL *COUNTRY CLUB*»

7

Las denominadas «grandes entrevistas», género al que se abonan numerosos redactores, quedan lustrosas una vez impresas en las páginas del periódico, pero son de dudosa utilidad informativa.

Los Jefes de Estado y las figuras trascendentes del escenario internacional no han llegado donde están por decir la verdad a los periodistas.

A eso es preciso añadir que los personajes importantes declaran siempre lo mismo, se ajustan rigurosamente a un guión y basta oír sus peroratas un par de veces para saber lo que han previsto responder a cada pregunta.

Los reporteros suelen conocer a muchos más camareros, recepcionistas y telefonistas que a estadistas o políticos. Cuando se invierte la proporción es que algo va mal.

Algunos –los más mediocres y los inexpertos– pueden caer en el error de creer que estar cerca de algo o alguien importante los hace importantes.

Es lo que los veteranos denominan «síndrome del camarero del *country club*»: cuando el que sirve los martinis se olvida de que la barra tiene dos lados y que los papeles son diferentes en cada flanco.

La intuición hacía sentir a Russell que no estaba preparado para moverse en la nueva época y empezó a replegarse. Todavía cubrió la guerra franco-prusiana. Cuando falleció, a los ochenta y cinco años, ya había otros en su trono.

De todos los «bohemios» que siguieron la guerra, el más estrambótico y notable era un bostoniano, enviado especial del *New York Tribune*, llamado George Washburn Smalley. Era hijo de un pastor protestante, licenciado en Derecho por Yale y un corredor excepcional.

En otras palabras, cumplía con creces los requisitos incluidos en la definición del corresponsal de guerra hecha en su día por Robert Gascoyne-Cecil, tercer marqués de Salisbury: «Un hombre que combina la habilidad de un saltador de vallas con la de un escritor de primera clase».

> Casi todos los reporteros calculan muy ajustadamente cuanto pueden correr en un determinado espacio de tiempo, por la simple razón de que su vida depende a menudo de eso.

A sus notables facultades físicas, Smalley sumaba otra de las cualidades esenciales del reportero de acción: buena suerte a raudales.

Durante la batalla de Antietam[19] dos balas le atravesaron la ropa sin llegar a rozarle la piel, y otra alcanzó de lleno a su caballo, pero él logró salir indemne, transmitir su crónica y apuntarse un *scoop*.

En 1867, concluida la guerra de Secesión, Smalley fue enviado a Europa para dirigir desde Londres el trabajo de todos los corresponsales europeos del *New York Tribune*. Ya funcionaba el primer cable submarino transatlántico y el abogado-periodista se erigió en el primer *bureau-chief*, delegado regional, de la Historia.

A esas alturas, los editores de ambas orillas del océano ya se habían convencido de que lo esencial para imponerse a los competidores era contar con un reportero audaz y avispado sobre el terreno.

> En contra de la opinión de muchos norteamericanos y en contraste con la guerra de Crimea, la de Secesión no fue uno de los momentos gloriosos del Periodismo mundial, pero sirvió para convertir definitivamente el reporterismo de guerra en un género específico.

Estableció también una categoría nueva de corresponsal, justificaba los enormes costes que conlleva su actividad, y abrió el paso a lo que se conoce como la «Edad de Oro».

---

19   Conocida también como la batalla de Sharpsburg.

LA EDAD DE ORO 8

Cada ciclo periodístico está caracterizado por su parafernalia técnica imprescindible. La firma norteamericana Remington puso en el mercado la primera máquina de escribir en 1872 y diez años después no había periodista que no poseyera una.

A los reporteros, como a los militares, nos fascinan los inventos. En 1876, Alexander Graham Bell patentó el teléfono, y antes de transcurrido un año, el *Boston Globe* recibió su primera crónica telefónica de un redactor enviado a cubrir una información a treinta kilómetros de distancia.

El teléfono, la máquina de escribir y, sobre todo, el uso generalizado del telégrafo, tienen mucho que ver con lo que se conoce como la «Edad de Oro» de la corresponsalía de guerra. Esa etapa, en la que coincidieron hallazgos técnicos notables con la eclosión de la prensa popular, abarca el periodo comprendido entre la guerra de Secesión norteamericana y la Primera Guerra Mundial.

Debido a la difusión del telégrafo, empezó a ser física y financieramente posible publicar crónicas de sus propios reporteros a las pocas horas de concluida la batalla, en lugar de esperar semanas o meses.

Los editores descubrieron que el lector devoraba esas reseñas, siempre que tuvieran cierta calidad narrativa, una buena dosis de aventura y eludieran introducirse en los pantanosos meandros de lo moral o lo político.

Una de las peculiaridades de buena parte de las guerras de esta fase es que no afectaban al futuro de Gran Bretaña o Estados Unidos, los dos países con prensa más boyante. Eso permitía a los diarios tratar las contiendas como meras historietas de acción y capitalizar la desbordante fantasía de los lectores[20].

Excitantes informes sobre combates, con detalles de las masacres y la fiereza de los guerreros de ambos bandos, permitían que el lector no se identificase con nadie que no fuera el intrépido corresponsal y terminaron convirtiendo a los reporteros en los auténticos héroes de casi todas las historias.

No había incidente violento en el globo, por remoto que fuera, al que no acudiera un escriba a lomos de camello, en caballo, burro, barco de vapor o tren, y cargando en su equipaje monedas de oro o un par de pistolas para defenderse si llegaba el caso[21].

La nota «de nuestro propio corresponsal» se desvaneció en las páginas de la prensa popular y fue reemplazada por el verdadero nombre de los autores, entre los que adquirió la máxima relevancia un escocés llamado Archibald Forbes[22].

---

20   En la actualidad las cosas son muy diferentes. Al público le apasiona un conflicto siempre que sus intereses estén en juego y tiende a dejar de prestarle atención cuando le resulta ajeno o distante.

21   Cuando el general Armstrong Custer perdió su rubia cabellera en *Little Big Horn* estaba con él un periodista de la *Associated Press* llamado Mark Kellog. Cuando el general Charles George Gordon fue alanceado en Jartum, entre los suyos se contaba Frank le Power, corresponsal del *Times*. La guerra de Cuba, en la que el agotado Imperio español malogró las últimas perlas de su Corona, comenzó con el inefable estímulo de Richard Harding Davis, enviado del *New York Journal*.

22   El escocés había estado cinco años alistado en los Dragones Reales y había escrito una novela sobre los motines indígenas en la India.

A pesar de sus éxitos, la «tribu» periodística no se destacaba precisamente por su sofisticación o sus cuidadas maneras. En palabras de alguno de sus contemporáneos: «El whisky y el clarete corrían como un *leitmotiv* en las vidas de unos individuos que buscaban andanzas para huir del tedio impuesto por la incipiente revolución industrial, solían irse al lecho con las botas puestas, y a menudo escribían sobre la guerra porque no habían podido dedicarse a hacerla».

Un meridiano ejemplo de esta actitud cínica, que discurre como una constante a lo largo de la historia del reporterismo bélico, es una nota publicada por Ernest Bennett en la *Westminster Gazette* sobre una escaramuza protagonizada por soldados británicos:

«Un buen número de tommies nunca había estado bajo fuego antes, pero en sus rostros aparecía un gesto de contenida emoción... Como ocurre siempre, sorprendí en sus ojos la curiosa mirada que produce el júbilo de derramar sangre, ese misterioso impulso que, a pesar de todo el barniz de la civilización, sigue enraizado en la naturaleza humana».

Se dice que la guerra es mala para todo el mundo menos para los taxistas, los fabricantes de armas, los cristaleros y los periodistas.

La realidad es que los veteranos que llevan años en la profesión viendo muertos, mutilados y soldados que se creen Rambo y llaman a su madre cuando caen heridos, suelen detestar profundamente la violencia.

Forbes y los valientes sin entrañas

Los corresponsales de guerra de la «Edad de Oro» eran un grupo colorista y valiente, pero hicieron gala de escasa humanidad y carecían de perspectiva histórica. Con raras excepciones, compartieron el gusto por la sangre de la época y reseñaron la muerte atroz de miles de personas sin más preocupación que enviar reportajes arrebatadores. Fueron, en el sentido más literal del término, «mirones profesionales de la miseria humana».

Archibald Forbes, quien inició su ascensión a la cumbre durante la guerra franco-prusiana y fue el corresponsal más notable de su generación, era muy diferente.

El escocés Forbes poseía amplia experiencia militar y, desafiando los pronósticos de los expertos, dio por supuesto que los prusianos iban a ganar. Sobre esa conjetura obró como todo reportero sagaz debe hacer para incrementar sus probabilidades de salir indemne de un conflicto y cubrirlo con cierta seguridad: desplazarse con el vencedor.

Una ventaja adicional del escocés fue hablar alemán, lo que le permitió establecer estrechas relaciones con algunos oficiales germanos, incluido el canciller Otto von Bismarck.

El Canciller de Hierro, precoz antecesor del siniestro nazi Paul Joseph Goebbels en el uso de la información, era consciente del valor propagandístico de una prensa amistosa: «Nada será más favorable a nuestra posición en Inglaterra y América que la aparición en los diarios influyentes de estos países... de un detallado relato de la actuación de nuestro Ejército sobre el terreno».

La primera batalla importante de la guerra, librada en agosto de 1870 en Gravelotte-Saint-Privat, concluyó con dos hechos de extraordinaria relevancia: uno bélico —la desbandada masiva de los franceses— y otro periodístico: el nacimiento del *press-pool*.

El responsable de esta revolucionaria innovación fue George W. Smalley, que había escrito para el *New York Tribune* durante la guerra de Secesión y tuvo la idea de proponer que su rotativo y el *London Daily News* firmaran un acuerdo para compartir los despachos enviados por todos los corresponsales destacados en el frente por ambas publicaciones.

Para rentabilizar al máximo su montaje, Smalley ordenó a los reporteros que, antes de redactar sus historias, remitieran a toda prisa y desde el telégrafo más cercano un sumario de lo acontecido.

Una consecuencia inmediata de esto fue la introducción de un nuevo estilo, mucho más conciso, directo y repleto de datos. El periodista se veía forzado a explicar en pocas líneas el «quién, qué, cómo, cuándo y dónde» de la noticia.

> Es lo que en las escuelas de Periodismo y en las universidades se conoce como las «seis W» —también como las «cinco W y una H»—: *Who?* (¿Quién?) *What?* (¿Qué?) *Where?* (¿Dónde?) *When?* (¿Cuándo?) *Why?* (¿Por qué?) *How?* (¿Cómo?)

Las «cinco W (y una H)» fueron resaltadas por Rudyard Kipling en su trabajo *Just So Stories* (1902), en donde un poema que acompaña a la historia de *The Elephant's Child* abre con:

Tengo seis honestos sirvientes
(me enseñaron todo lo que sé);
sus nombres son Qué y Por qué y Cuándo
y Cómo y Dónde y Quién.

Esa concreción, que sigue siendo norma básica del Periodismo actual sobre todo en las agencias de noticias, no formaba parte del estilo de Forbes. El éxito del escocés fue el resultado lógico de la mezcla de planificación, dinero, capacidad de observación y destreza narrativa[23].

La fortuna fue adversa a los franceses en Gravelotte y siguió siendo penosa para ellos a todo lo largo del conflicto. En la batalla de Sedan quedaron rodeados por los prusianos y Napoleón III fue hecho prisionero. Forbes, que tuvo el raro privilegio de contemplar con sus propios ojos la captura del emperador galo, se centró a partir de entonces en la cobertura del asedio de París.

Al igual que ahora cualquier reportero con dos dedos de frente soluciona antes de nada el problema de la transmisión telefónica o por Internet, la primera medida que adoptó el escocés fue organizar una ruta rápida y segura para hacer llegar sus crónicas a Londres.

Aprovechando su amistad con la oficialidad prusiana, consiguió que le garantizasen que cualquier carta que depositase en una estafeta militar alemana sería despachada en un tren hacia Sarrebruck y desde allí, a través del telégrafo, rebotada hacia Londres.

---

23   Basta leer su descripción de un episodio de la batalla de Gravelotte para captar su singular pericia: *«El viejo rey, con la espalda apoyada en el muro, aguardaba sentado en una escalera, un extremo de la cual descansaba en un destrozado carro de artillería y el otro en un caballo muerto. Bismarck, intentando reforzar su imagen de frialdad, pretendía estar ensimismado leyendo una carta. El rumor de la cercana batalla iba hinchándose hasta hacer temblar el suelo detrás de nosotros. Los cascos de un caballo al galope traquetearon en el sendero. Al cabo de un rato, el general Moltke, con el rostro estremecido por la emoción, saltó de la silla, corrió hacia el rey y gritó: '¡Hemos tomado la posición y la victoria es de su Majestad!' El rey se incorporó, pronunció un ferviente '¡Gracias a Dios!' y rompió a llorar. Bismarck, con evidentes síntomas de alivio, arrugó la carta en el hueco de su mano...»*

Tan eficiente era ya el correo germano entonces que las crónicas de Forbes llegaban regularmente al *Daily News* en las veinticuatro horas siguientes a su escritura.

Otra de las habilidades de Forbes, imitada posteriormente por centenares de corresponsales de guerra, fue escribir «en adelanto».

Tuvo la inconmensurable fortuna de acceder a los detallados planes alemanes para bombardear el barrio parisino de Saint-Dénis y los envió al *Daily News*, donde los tipógrafos se encargaron de dejar el material listo para ser impreso en cualquier momento.

Al amanecer, cuando sonó el primer cañonazo, Forbes, que esperaba en el quicio de la puerta de la oficina de telégrafos alemana, dictó al operador dos palabras: *«Go ahead»*.

Apenas llegó ese «adelante» a Londres, la imprenta se puso en marcha y al mediodía de esa misma jornada el periódico estaba en la calle, batiendo espectacularmente a todos sus competidores.

El premio Pulitzer y la excelencia en periodismo

A diferencia de lo que logró Januarius Aloysius MacGahan en Bulgaria, y por desgracia para esas mujeres de las que hablaba Borislav Herak y para miles de civiles inocentes, los artículos de Roy Gutman, los que escribió John Burns para el *New York Times,* o las miles de notas que envió Kurt Schork a través del teléfono por satélite de la agencia *Reuters*, no cambiaron apenas el curso de la Historia en la antigua Yugoslavia.

Afortunadamente para el Periodismo, sí permitieron al menos que dos grandes profesionales como son Gutman y Burns ganaran sendos premios *Pulitzer* por su trabajo en los Balcanes.

Todo reportero de guerra que se precie parece obligado a menospreciar los galardones (aunque en el fondo del corazón, como les ocurre a los militares sobre los que escribimos, todos anhelemos fervientemente una condecoración).

Cuando a uno no se los dan y cree sinceramente que los merece —como me ocurrió a mí cuando retorné de Bagdad tras la guerra del Golfo— se disimula la frustración con bromas como que «para ser reina de las fiestas lo único que se requiere es un pariente concejal», pero eso es una burda maniobra de distracción.

Los premios periodísticos son un símbolo de que los simples mortales aplauden tu esforzada labor y se necesitan como una especie de absolución. En ese sentido, y a pesar de ser una recompensa puramente norteamericana, el Premio Pulitzer es considerado por toda la profesión como el indulto por antonomasia.

Paradójicamente, el creador del galardón no era norteamericano. Joseph Pulitzer nació en Hungría en 1847, emigró muy joven a Estados Unidos, participó en la guerra de Secesión, empezó a trabajar como reportero y con sus primeros ahorros adquirió un diminuto diario de San Luis llamado *St. Louis Post Dispatch*.

Cuando hizo dinero se mudó a Nueva York, donde compró el *New York World*, organizó una suscripción popular para trasladar la Estatua de la Libertad de Francia a Estados Unidos, y se hizo construir su propio rascacielos en Park Avenue.

Basaba gran parte de su éxito en no eludir problema alguno. Prueba de su talante son las palabras que publicó en la primera página del *World* al día siguiente de hacerse con la propiedad del rotativo:

«En esta gran y creciente ciudad hay espacio para un diario dispuesto a poner al descubierto todos los fraudes y falsedades, un periódico decidido a luchar sinceramente contra los abusos y males públicos en favor de la ciudadanía».

Anclado en este credo, el abrasivo Pulitzer se convirtió en una de las personalidades dominantes del Periodismo norteamericano y sentó las bases para que su apellido haya quedado unido para siempre a la excelencia profesional.

Aunque a diferencia de Pulitzer, su nombre no apadrina premio alguno y no influyó en la Historia de su tiempo como hizo MacGahan o el escocés Archibald Forbes, quien también emergió de la guerra ruso-turca con honores.

Fue el primero, por ejemplo, que informó al mundo sobre la decisiva victoria rusa en el Paso de Shipka, que marcó el camino para la independencia de Bulgaria e hirió de muerte al Imperio Otomano.

Fue en agosto de 1877, y el momento crucial llegó cuando un grupo de 5.000 voluntarios búlgaros y 2.500 baqueteados soldados rusos rechazaron un asalto en toda regla del grueso de las tropas turcas contra la cumbre.

Para adelantarse a sus competidores, tras asistir a la batalla agazapado en una trinchera, Archibald vadeó el río Danubio, cabalgó sin descanso durante tres días y tres noches, llegó a Bucarest, ordenó que le trajeran una botella de champaña, se la bebió a morro para no desperdiciar una burbuja convencido de que el gas lo ayudaría a mantenerse despierto, y escribió de un tirón una larga crónica que apareció en la mañana a cuatro columnas en el *Daily News*.

El siguiente trabajo de Forbes consistió en acompañar a los británicos en sus acciones de castigo contra los zulús, tarea en la que hizo nuevamente gala de su profesionalidad y finas dotes de observación.

Una vez concluido el periplo sudafricano, Forbes se retiró a Londres, donde permaneció inactivo hasta su muerte en 1900. En el momento de agonizar, transido por el delirio y fiel a su propia leyenda, exclamó a grandes voces: «¡Esos cañones! ¡Esos cañones! ¿No oye usted el estampido de los cañones?»

Se refería posiblemente a las piezas de artillería utilizadas veinte años antes para segar a miles las vidas de los guerreros nativos que habían osado, sin éxito, oponerse a la expansión imperial británica en África.

En el continente negro fue donde los militares de su Majestad lograron por primera vez acotar con relativo éxito la actuación de los corresponsales de guerra.

El pionero en esas actividades fue lord Herbert Kitchener, comandante del Ejército que ascendió desde Egipto hasta Sudán siguiendo la ribera del Nilo para castigar al Mahdi y sus derviches por haber dado muerte al general Gordon.

El militar hizo todo lo que pudo para dificultar la labor de los reporteros, entre los que se contaba un joven y ambicioso oficial llamado Winston Churchill.

Si quieres leer más sobre un gigante polifacético llamado Winston Churchill, puedes hacerlo con ayuda de este bidi:

El gran Archibald Forbes no fue el único as del *Daily News* durante la guerra franco-prusiana.

Mientras el escocés exprimía a los sitiadores, en el interior de París actuaba Henry Labouchère, autor de deliciosas crónicas sobre la miseria de la vida cotidiana en la asediada capital.

Labouchère era hijo de un banquero, había estudiado en la Universidad de Cambridge, había arruinado su porvenir en la carrera diplomática por empeñarse en actuar como segundo secretario de la embajada británica en Buenos Aires sin moverse de Baden-Baden, y en el momento en que apostó por el Periodismo acumulaba deudas de juego por valor de seis mil libras esterlinas.

Era pequeño accionista del *Daily News* y, cuando la guerra lo sorprendió en París, se las arregló para convencer al timorato corresponsal de plantilla de que lo más conveniente para su salud era que empaquetase sus bienes, reuniera a su familia y escapase a toda prisa en el primer tren.

Una vez despejado el terreno, Labouchère empezó a enviar crónicas utilizando globos llenos de aire caliente. Para protegerlo de posibles represalias, el *Daily News* solía firmar sus artículos con las palabras «Residente Sitiado».

Labouchère andaba mucho más sobrado de inteligencia que de valor y dio fe de ello hasta por escrito:

«Confieso que no soy una de esas personas que inhalan en la distancia el aroma de la batalla y sienten la irresistible tentación de correr para meterse en medio de ella. Verse golpeado en la cabeza por un proyectil por el simple placer de satisfacer la curiosidad ajena me parece el colmo del absurdo...»

En consonancia con sus «principios vitales» eludió siempre que pudo los mortíferos bombardeos y se concentró en describir el afán diario de los parisinos y su determinación para sobrevivir una vez agotadas las reservas de alimentos, cuando comenzaron a cocinar animales del zoológico y a deglutir sustancias impensables.

Una de las ediciones mejor vendidas del *Daily News* fue la que incluyó la lista de productos seleccionados por Labouchère para confeccionar el menú de una de sus últimas cenas:

«El gato tiene un sabor a medio camino entre el conejo y la ardilla y lo encuentro delicioso, sobre todo si es cachorro y se suaviza con cebollas o en ragú; el burro sabe a cordero y el salami de rata recuerda un poco a la mezcla de conejo y rana»[24].

París se rindió a finales de enero de 1871 y una de las primeras cosas que hizo Forbes, en cuanto pudo acceder a la ciudad, fue buscar a Labouchère y entregarle cuatro kilos de jamón ahumado.

---

24   Como buen inglés, Labouchère profesaba un rendido amor a los perros y, aunque confesó haber probado en una ocasión un filete de spaniel y haberlo encontrado muy similar al cordero, afirmó haberse sentido «un poco caníbal por haber devorado al mejor amigo del hombre».

La entrada de Forbes en París –como casi todo lo suyo–, fue consecuencia de una abundante dosis de buena suerte con surtidas raciones de valor e inconsciencia.

Había cincuenta corresponsales aguardando en Versalles. Forbes, al cerciorarse de que las barricadas de esa zona eran infranqueables, hizo un largo rodeo, entró por el Norte de la capital y avanzó hasta el centro, a base de ignorar a todos los gendarmes que se interponían en su camino exigiendo salvoconductos.

Permaneció en la ciudad dieciocho horas, recogió todo el material que pudo, salió de nuevo y envió una exclusiva al *Daily News.*

Un genio a imitar.

LA CONJURA DEL EMBUSTE

9

Januarius Aloysius MacGahan no fue el único corresponsal cuyos artículos actuaron como catalizador de conflictos bélicos a finales del siglo XIX, ni Winston Churchill fue el singular político-periodista enamorado de un sueño imperial y resuelto a meter a su nación en la batalla.

Hubo otros, como el reportero Richard Harding Davis o el editor del *New York Journal*, William Randolph Hearst, cuya intervención fue decisiva en el desastre del 98 y en el inicio de la guerra hispano-norteamericana.

Ambos estaban mucho menos preocupados por el sufrimiento humano que MacGahan y eran bastante más inmorales que Churchill.

La muestra más evidente de la deshonestidad de Hearst es su intercambio de telegramas con Frederic Remington, el artista que mejor reflejó el indómito Oeste, al que el editor había despachado a Cuba para que ilustrase con sus dibujos lo que el embustero Davis reflejaba con palabras.

Remington desembarcó en la isla y, sorprendido por la paz reinante, envió un mensaje al periódico:

«Todo está tranquilo; no hay problemas aquí; no habrá guerra; deseo regresar».

Hearst no perdió un minuto en abalanzarse sobre el telégrafo y teclear personalmente la respuesta:

«Permanece ahí, por favor; tú manda las imágenes; yo suministraré la guerra».

Obediente, Remington ilustró, con tanta maestría como imaginación, todo lo que se le puso a tiro, incluida la «heroica» carga de los Rough Riders del futuro presidente

Theodore Roosevelt contra una columna donde se habían atrincherado los españoles leales a la metrópoli.

Hearst, como Davis o Roosevelt, consideraba que Estados Unidos debía intervenir en ayuda de los rebeldes cubanos que intentaban independizarse de la Corona española y quedarse con los despojos.

> El famoso artículo *La muerte de Rodríguez* es un saludable ejemplo de la forma en que reportero y editor aprovechaban la menor ocasión para inflamar a la opinión publica estadounidense.

Tras una escaramuza en la que la suerte fue adversa para los insurgentes, Rodríguez cayó en manos de los españoles, que lo condenaron a muerte y lo remitieron al paredón.

La crónica de Davis, quien asistió a la ejecución, concluía así:

«...cuando miré hacia atrás, la figura del joven cubano, que ya no formaba parte del mundo de Santa Clara, yacía en la húmeda hierba con los brazos inmóviles atados a la espalda, el escapulario enredado sobre el rostro y la sangre del pecho hundiéndose en la tierra que había tratado de liberar».

El *New York Journal* sostenía una descarnada batalla por el liderazgo periodístico con *The World*, el rotativo de Joseph Pulitzer, y el dramático relato del fusilamiento de Rodríguez hizo subir las ventas.

Hearst era un lince y, como casi todos los editores con dos dedos de frente, sabía que una buena guerra dispara automáticamente la circulación. En consecuencia, hizo todo lo posible por provocarla.

Otra de sus proezas consistió en convertir a Evangelina Cisneros, una muchacha de diecisiete años, en la Juana de Arco cubana.

Hearst aportó hasta el dinero que sirvió a uno de sus reporteros para sobornar a los guardianes de la prisión donde se marchitaba Evangelina y la presentó en el Madison Square Garden como «víctima de la rapacidad sexual de los pervertidos españoles».

El 15 de febrero de 1898, a las 21:40 horas, un inesperado accidente vino a turbar el bullicio noctámbulo de La Habana. Una explosión en el acorazado estadounidense USS Maine, atracado en el puerto, lo hundió irremediablemente... dos oficiales y 266 marinos perdían la vida[25].

Cambió el curso de la Historia y EEUU lo utilizó como excusa para intervenir en Cuba, algo que el entonces inexperto «gigante del Norte» ya planeaba en su carrera para convertirse en la primera potencia militar del siglo XX.

Los planes estadounidenses se vieron favorecidos por la inestabilidad económica española, la debilidad del gobierno del liberal Práxedes Mateo Sagasta y los aires de independencia que soplaban cada vez con más intensidad en Cuba.

Las autoridades españolas insistieron en que había sido un accidente y sugirieron la posibilidad de establecer una comisión investigadora.

Hearst, sin prueba sólida alguna, atribuyó la voladura a una «máquina infernal», puso de moda la frase «*Remember the Maine*», engordó la veta chauvinista estadounidense, y logró proporcionar a sus corresponsales la guerra que les había prometido.

---

25 Después de 117 años, aquel episodio sigue siendo objeto de controversia y misterio, ya que no se sabe aún a ciencia cierta qué o quién produjo la deflagración.

Dos días después de la explosión del acorazado, el *New York Journal* titulaba a toda plana: «La destrucción del acorazado Maine fue obra del enemigo», «los oficiales de la Marina piensan que el Maine fue destruido por una mina española».

Iba acompañado de un dibujo del barco explotando sobre unas minas conectadas por cable con las fortalezas de La Habana.

Cuatro días después pedía la intervención militar en la isla y llamaba «cerdos» a los que daban más importancia a la caída de sus acciones en la Bolsa de Wall Street que al «asesinato de (266) marineros norteamericanos».

El entusiasmo bélico del *New York Journal* llevó a que se bautizara el conflicto como «*The Hearst War*» (la guerra de Hearst).

Para los reporteros norteamericanos fue una campaña ideal. No había límite de gastos y marchaban con el bando vencedor. El que precisó una lancha, la tuvo, y el que deseó ocupar el telégrafo durante horas, pudo hacerlo. A la búsqueda de la conmoción, los editores fueron ampliando los caracteres hasta que unas pocas palabras llenaron la portada.

Como el material de los corresponsales debía ajustarse a los desmesurados titulares, muchos terminaron exagerando grotescamente las noticias, lo que no pareció importar excesivamente ni al público ni a los que pagaban las dietas.

Esa conjura del embuste entre editores, reporteros y lectores había cristalizado con anterioridad, se reprodujo posteriormente, y sigue acaeciendo de vez en cuando.

En las horas siguientes a la caída de Anastasio Somoza, en julio de 1979, algún enviado especial extranjero mandó reportajes en los que se describía con todo lujo de detalles el «foso con leones donde el dictador nicaragüense arrojaba a sus presos políticos».

Sus lectores disfrutaron y sus jefes lo felicitaron, indiferentes al hecho de que los únicos animales salvajes que poseía Somoza eran loros y guacamayos[26].

Reporterismo de guerra en Oriente

Tras Cuba, la siguiente oportunidad de lucimiento para los reporteros de guerra se originó en China, donde bandas de boxers, imbuidos de la suposición de que eran inmunes a las balas de los paganos occidentales, se alzaron en armas en 1900.

En ese conflicto –que ha inspirado películas como *55 días en Pekín*– alcanzaron celebridad universal personajes como el médico australiano George Chinese Morrison, corresponsal del *Times*, o Luigi Barzini, el tímido y nervioso italiano enviado del *Corriere della Sera*.

---

26   Para mí, la cobertura de la revolución sandinista en Nicaragua fue un rito de iniciación, una etapa mágica que me permitió dar un brinco descomunal en la profesión. En septiembre de 1978, en la trastienda de una librería de San José de Costa Rica, había entrevistado a Edén Pastora, el mítico Comandante Cero. Dos semanas antes, Pastora había encabezado el asalto al Palacio Nacional nicaragüense y obligado a Somoza a liberar a sesenta presos y aflojar diez millones de dólares. Pastora fue conciso pero dejó entrever que pronto correría la pólvora en la vecina Nicaragua. Al día siguiente tomé el avión a Managua. En esa época, la primera gran generación de reporteros de guerra integrada por Miguel de la Quadra Salcedo, Manu Leguineche, Vicente Talón, Jesús González Green, Enrique Meneses, Vicente Romero, Juan Carlos Algañaraz, Javier Nart... llevaba ya más de una década en el tajo. Ahora, la moda, lo «guay» es qué te había inspirado Ryszard Kapuściński, lo que era más falso que un duro de madera porque no estaba traducido al castellano, no leíamos polaco y ni sabíamos quién era. Nuestro maestro –y hay que decirlo con orgullo–, era producto nacional, estaba gordo, jugaba al mus, cazaba perdices y se llamaba «Manu».

Barzini, a diferencia de sus camaradas contemporáneos, no veía la guerra como algo glorioso y ejemplar. Era un reportero inusual, para el que la guerra connotaba más carnicería que heroísmo. El italiano poseía la rara cualidad de percibir las implicaciones a largo plazo del conflicto chino, más allá de los cañonazos y las cargas de caballería.

Describió la conflagración con los «boxers» en toda su brutalidad y aprovechó su acerada pluma para describir en tonos ajustados, veraces y sombríos la furia empleada por las tropas expedicionarias enviadas por varios países europeos para ahogar en sangre la revuelta.

La alianza de las ocho naciones fue el nombre dado a la unión de tropas del Imperio británico, del Imperio del Japón, del Imperio ruso, de la Tercera República francesa, el Imperio alemán, los Estados Unidos, el Imperio austro-húngaro, y el Reino de Italia, enviadas a China para aplastar el *levantamiento de los boxers*.

Fueron implacables y llegaban dispuestas a imponer el orden a sangre y fuego. Lo que hicieron, lo hicieron en buena medida como venganza, porque durante el estallido de la sangrienta revuelta en las regiones septentrionales de China fueron asesinados numerosos misioneros religiosos de origen europeo, así como comerciantes y diplomáticos extranjeros. También miles de chinos convertidos al cristianismo.

Tras contar el aplastamiento de los «boxers», Barzini retornó en 1904 al Extremo Oriente para cubrir la guerra ruso-japonesa.

Allí coincidió con el escritor Jack London y, a pesar de la asfixiante censura aplicada por los nipones, fue capaz de vislumbrar las tremendas implicaciones políticas que iba a tener en la mentalidad de todo un continente el que un pueblo asiático se impusiera por primera vez en la Historia a una potencia blanca y occidental.

Una de las escasas contribuciones de los japoneses a la historia del Periodismo mundial ha sido la institucionalización del censor profesional y la aplicación sistemática del *pool* como instrumento de control.

Además de someter a lodos los corresponsales extranjeros a estricta vigilancia, limitar la extensión de las notas a 150 palabras, prohibir el envío de crónicas antes de la conclusión de la batalla con los rusos y censurar meticulosamente sus contenidos, los militares nipones implantaron la diabólica costumbre de autorizar a un reducido grupo de periodistas afines el acceso al escenario de los hechos e impedir por la fuerza la llegada de otros. Fue una innovación aviesa que se ha consolidado como *modus operandi* de todos los ejércitos del mundo.

Los privilegiados que forman parte del reducido *pool* tienen el inconveniente de actuar bajo la estricta supervisión de los militares, pero fechan sus notas en el lugar de la batalla y se fotografían con el telón de fondo de carros de combate, humo de explosiones y soldados sudorosos, a diferencia del resto de la «tribu», que permanece anclada en los hoteles de la retaguardia.

A veces se ve más de lo que estaba previsto o se descubren aspectos inéditos, pero escribir algo desagradable para los anfitriones conlleva la expulsión inmediata del *pool* y la condena a seguir el conflicto desde la distancia.

El temor a ese castigo hace que la tendencia generalizada de los que acceden a un *pool* sea eludir controversias y procurar, por todos los medios, agradar a los oficiales del Ejército anfitrión.

El conflicto ruso-japonés marcó el eclipse de la
«Edad Dorada» del reporterismo bélico, una etapa
en la que la vida humana apenas tuvo importancia. Fue un periodo durante el cual la filantropía o
la piedad fueron irrisorias y la guerra se veía como
algo alejado y romántico.

El trabajo del corresponsal ha sido siempre una aventura personal fascinante, pero en esa etapa daba la impresión
de que los cañones centelleaban, las bayonetas brillaban al
sol, los oficiales eran galantes, los soldados eran bravos y la
muerte parecía un accidente que solo les ocurría a los otros.

Todo ello, incluido ese estilo de Periodismo ampuloso,
estaba condenado a desaparecer, y lo hizo de manera brusca
en 1914, en las embarradas trincheras de la Primera Guerra
Mundial.

LA MENTIRA ORGANIZADA 10

La Primera Guerra Mundial fue distinta a todas las anteriores. Estalló con la habitual promesa de esplendor, honor y
gloria, pero se metamorfoseó precipitadamente en un conflicto genocida e insensato en el que los contendientes pa-

recían incapaces de detener la carnicería. Solo concluyó cuando los que se mataban con saña sin igual quedaron exhaustos.

Las guerras exigen sacrificios, despiertan pasiones y muchos ciudadanos se prestaron inicialmente para marchar voluntarios al frente.

El drama comenzó cuando los generales, que tenían a su mando los ejércitos mas numerosos de la Historia, quedaron atorados y no atisbaron otro modo de aprovechar a sus hombres que en forma de carne de cañón.

Para permitir que la refriega siguiera su curso era imprescindible engañar a la ciudadanía, negándole la verdad sobre lo que ocurría a diario en las trincheras, y así se generó una gran conspiración de la que fueron cómplices editores y periodistas. Cuando el chino Sun Tzu escribió *El arte de la guerra*, quinientos años antes del nacimiento de Cristo, ya dedicó varios párrafos de su obra a la propaganda.

> El propio Alejandro Magno, que era un estratega de altura y había estudiado con detalle las trifulcas del Peloponeso, sostenía que la primera víctima de todo conflicto bélico era la verdad, pero fue en la Primera Guerra Mundial cuando la mentira se empleó por primera vez de forma organizada y científica.

Entre sus damnificados primordiales, además de la certeza, se contaron los periodistas. Los corresponsales de guerra se transformaron en su inmensa mayoría en diseminadores de triunfantes y engañosos comunicados oficiales.

La tradicional apatía del inglés común ante los acontecimientos del continente y la actitud pacifista de diarios como *The Guardian* o el *Daily News* hizo que la opinión pública iniciase el verano de 1914 con la absoluta convicción de que Gran Bretaña no debía involucrarse en el pandemónium que se gestaba al otro lado del Canal de la Mancha.

El 4 de agosto, cuando el Gabinete declaró la guerra, se volvió vital dar una razón para combatir al amplio contingente de ciudadanos liberales y no conformistas. Para ganar una lid es imprescindible contar con el apoyo entusiasta de la nación y el gobierno británico se puso con denuedo a la tarea.

El Ejército, integrado por profesionales, no planteaba dificultad alguna. De la noche a la mañana, los mandos cambiaron el nombre del enemigo: Alemania en lugar de Francia.

Lo complicado eran los paisanos, las familias que debían suministrar reclutas para el frente, los habitantes de los barrios que enviaban obreros a las fábricas de armamento, y la ciudadanía que debía soportar las penalidades sin protestas o disensiones.

La única solución era montar una campaña publicitaria eficaz, lo que se logró con total perfección. Al final de la contienda, Gran Bretaña contaba con un aparato de propaganda tan desarrollado que sirvió de modelo al nazi Joseph Goebbels veinte años más tarde.

La guerra se hizo aparecer en los medios de comunicación como una epopeya defensiva ante un agresor equiparable a las hordas de Gengis Kan. El enemigo fue identificado popularmente con el epíteto de «huno».

Se jugó con todo, y de forma primordial, por primera vez en la Historia, con las imágenes. Las llamadas «fotos trofeo» sacadas para humillar y degradar al enemigo son tan viejas como la presencia de cámaras en el frente, pero en la

Primera Guerra Mundial tuvieron gran difusión, convirtiéndose en un fenómeno viral.

Paradójicamente, los «maestros» en el juego del engaño y la demonización fueron los británicos, quienes desde el inicio presentaron al jefe de los alemanes como un personaje bestial.

En un artículo publicado en el *Daily News* el 22 de septiembre de 1914, se cita sucesivamente al Káiser Guillermo como «lunático», «bárbaro», «loco», «monstruo», «Judas moderno» y «monarca criminal». Sus tropas son descritas como «violadores de monjas», «mutiladores de niños» y «destructores de la civilización».

> Al igual que en la antigua Yugoslavia a principios de los años noventa, una vez agitado el espectro del nacionalismo, periodistas, historiadores, intelectuales y políticos se sumaron gustosos a la orgía. En el caso de los periodistas, aceptando sin pestañear las mentiras oficiales, desparramando infundios a sabiendas de que eran falsos y ocultando a sus lectores la autenticidad de lo que ocurría en el frente.

El *Financial News*, supuesto prototipo del rigor, publicó el 10 de junio de 1915 en su página editorial que el Káiser había asistido a la tortura de un niño de tres años, había ordenado a los pilotos alemanes esforzarse en matar a los hijos del príncipe Alberto y adjudicaba una prima doble a los submarinistas si hundían barcos con mujeres e infantes a bordo.

Una comisión de juristas e historiadores liderada por lord Bryce, antiguo embajador en Estados Unidos, elaboró un informe que fue traducido a treinta idiomas y en el que se describía con lujo de pormenores como un grupo de oficiales alemanes había deshonrado a veinte muchachas en la plaza del mercado de Lieja, como ocho soldados germanos habían ensartado en sus bayonetas a un niño de dos años y como le habían cercenado las tetas a una joven de Malinas. Los miembros de la comisión no habían entrevistado a un solo testigo presencial. Los hechos, relatados aparentemente por refugiados belgas, eran apócrifos, como se demostró al término de la guerra, cuando se templaron las pasiones.

En cualquier caso, el informe cumplió el propósito de espolear el odio contra los alemanes y puede considerarse como un prodigio de propaganda bélica.

No solo fueron probos funcionarios y estrictos historiadores los que entraron en el juego de la propaganda. La guerra se convirtió en una cruzada y, con el objetivo de unir a las fuerzas del bien contra las del mal, se apeló a todos los «hombres de honor». Un entusiasta participante fue Rudyard Kipling, quien escribió: «...solo hay dos grupos en el mundo actual, seres humanos y alemanes».

La Primera Guerra Mundial fue un matadero de una escala nunca vista: diez millones de personas murieron en los combates, veintiún millones resultaron heridas y los mutilados y ciegos fueron incontables. La píldora era demasiado amarga para ser tragada sin sobresaltos por la población y los gobiernos se lanzaron con denuedo a la tarea de introducírsela hasta las entrañas.

La era del periodista-propagandista

En el caso de Gran Bretaña, las autoridades se dieron cuenta, apenas iniciarse la Primera Guerra Mundial, de que los medios de comunicación —cuyos integrantes sabían como explotar el vocabulario y los prejuicios del hombre de la calle— eran un vivero fértil donde reclutar expertos propagandistas.

Los editores del *Times, Express, Daily Mail, Evening Post, Chronicle,* e incluso de la *Agencia Reuter,* que puso todos sus recursos a disposición de la causa aliada, aceptaron sin rechistar la propuesta.

La práctica les había enseñado que para convencer al público es menos importante apelar a la lógica que desgranar una buena historia, y aplicaron su talento sin excesivos miramientos.

Como reacción al horror de la guerra de trincheras se amplificó la cobertura de la guerra del aire.

Asqueados por una inmolación descabellada en la que apenas se ganaba un metro, muchos corresponsales encontraron cierto alivio en escribir sobre una actividad bélica que todavía no había mostrado su pavoroso poder letal.

La consecuencia fue convertir en románticos caballeros del aire a personajes como el barón Manfred von Richthofen, Rene Fonck o Albert Ball.

La mortandad siempre ha sido un buen negocio
para los medios de comunicación.

Los combates no solo producen noticias. También estimulan su demanda y disparan las ventas. Desgraciadamente para los reporteros, las autoridades militares no cooperaban[27].

Para superar el muro de las prohibiciones, algunos editores británicos acudieron en demanda de auxilio a Winston Churchill, ex reportero de guerra y flamante lord del Almirantazgo. No tardaron en descubrir que no hay mejor cuña que la de la misma madera.

Churchill, que había sufrido en carne propia la intransigencia de Kitchener, les clarificó que los navíos de la flota británica no llevaban camarotes específicos para periodistas, que la guerra debía librarse en la penumbra, y que el sitio idóneo para un corresponsal era Londres.

Hubo periodistas arriesgados que intentaron romper el cepo de la censura y se expusieron en los campos de batalla a la caza de noticias, pero la máquina propagandística era demasiado poderosa.

---

27   Lord Kitchener, que en Sudán saludaba a los periodistas al grito de «¡fuera de mi camino!» adornado con el calificativo de «patanes borrachos», se resistió cuanto pudo a dejarlos pasear entre las tropas francesas y británicas del frente occidental. Los oficiales zaristas no permitían a los corresponsales rusos aproximarse a las trincheras durante los combates. Los alemanes ni siquiera autorizaban las visitas en momentos serenos e intentaron que toda la información se canalizase a través de las dos ruedas de prensa que semanalmente conducía el Estado Mayor. El contenido de estas conferencias era supervisado previamente por seis censores y se organizaba bajo el lema: «Es menos importante la exactitud de una noticia que su efecto». En el frente austriaco los corresponsales neutrales –españoles, holandeses, suecos, suizos y sudamericanos– recibían todo lo que deseaban menos noticias.

Las páginas de los diarios aparecían plagadas de adjetivos, sentimientos y proclamas, pero vacías de hechos[28].

¿Cómo hubiera reaccionado la gente si le hubieran dicho que los aliados habían sacrificado estúpidamente seiscientas mil vidas en la Batalla del Somme? ¿Qué habrían dicho los británicos si hubieran sabido en 1915 que habían perdido más oficiales que en todas las guerras de los anteriores cien años?

Había que ocultar la verdad y el testimonio directo más usual de un reportero solía circunscribirse a puntualizar que el clima era bueno aunque las noches seguían frías, que los cadáveres enemigos continuaban en tierra de nadie o que los soldados habían recibido su bautismo de fuego.

Lloyd George, por aquel entonces Primer Ministro británico, confesó en 1917 al editor del *Guardian* que si los ciudadanos hubieran sabido lo que estaba ocurriendo la guerra habría finalizado inmediatamente.

«La realidad es horrible más allá de lo que puede soportar la naturaleza humana. Los corresponsales no escriben y, si lo hicieran, la censura bloquearía sus textos».

Hubo individualidades como Luigi Barzini —el antiguo enviado del *Corriere della Sera* a China y a la guerra ruso-japonesa— que redactaron crónicas memorables.

---

28   Nadie narró que los franceses despacharon a primera línea compañías de novatos negros procedentes de sus colonias africanas que ni siquiera sabían lanzar una granada o encastrar la bayoneta en el fusil. En la Batalla de Stalingrado, durante la Segunda Guerra Mundial, la Wehrmacht alemana desplegó 230.000 hombres. Solo en la Batalla de Verdun, durante la Primera Guerra Mundial, los germanos sufrieron 350.000 muertos y heridos. Por cada soldado británico caído entre 1939 y 1945, fallecieron tres entre 1914 y 1918. Los franceses perdieron medio millón de hombres en los primeros cuatro meses de combates. Esa cifra había subido al millón a finales de 1915 y alcanzó los cinco millones en 1918.

El australiano Charles Bean efectuó un trabajo eminente en la Península de Galípoli, negándose a aceptar información de segunda mano.

Ernest Hemingway bastante hizo con sobrevivir a la campaña italiana y con escribir *Adiós a las armas* con la experiencia acumulada al volante de una ambulancia.

El norteamericano Hanry Wales –al que ya nadie recuerda– tuvo el privilegio de asistir a la ejecución de Margaretha Zelle, una danzarina holandesa fusilada por los aliados bajo la acusación de espionaje, y fue el creador de ese mito eterno que es la legendaria y fatal Mata Hari.

El británico Philip Gibbs percibió todo el espanto y no se dejó engatusar, pero la forzada proximidad entre Estado Mayor y corresponsales fue devastadora para los periodistas y el Periodismo. No es asequible escribir sin tapujos sobre la labor de alguien que es a la vez tu amigo, confidente y censor.

Las historias impresas en los periódicos y las que narraban los mutilados que retornaban del frente tenían muy poco en común. En unas se describía a muchachos ansiosos por lanzarse al asalto, vibrantes de patriotismo e ilusión. En otras se transparentaba la angustia y el sufrimiento sin esperanza de toda una generación condenada a muerte.

El efecto de la distorsión fue inmenso. Hasta la Primera Guerra Mundial, el lector británico consideraba que el simple hecho de que algo apareciera en letra de molde era sinónimo de veracidad. Ahora, sumergido hasta los corvejones en el acontecimiento más grandioso y terrible de su vida, descubría que la verdad de la prensa tenía poco que ver con su propia experiencia o con la de sus parientes, amigos y conocidos. Se produjo una pérdida de confianza de la que jamás se ha recuperado nuestra profesión.

Durante la Primera Guerra Mundial todos los bandos castigaban con el pelotón de fusilamiento a cualquiera que fuera descubierto tomando fotografías sin permiso.

Los estados mayores prohibían publicar imágenes en las que aparecieran cadáveres propios, pero los fotógrafos y dibujantes salieron mejor librados que los plumillas. Ellos, al menos, no eran imprescindibles para bestializar al enemigo despojándole de cualquier rasgo humano.

Esta vieja táctica —presente en todas las guerras— exige responsabilizar al antagonista del desencadenamiento de las hostilidades y atribuirle depravaciones y crueldades sin cuento.

Los británicos, que se revelaron como auténticos maestros del género, instalaron una casa de huéspedes junto a su Estado Mayor y se dedicaron a invitar a personalidades del mundo de la cultura, la religión, los sindicatos o la política a breves giras por el frente. Una vez concluida la visita, el «huésped» se iba de vuelta a casa ratificando la«naturaleza despiadada del enemigo». Sir Arthur Conan Doyle se presentó engalanado con un uniforme de teniente tan cargado de entorchados que los coroneles se cuadraban a su paso[29].

El escritor H. G. Wells contribuyó creando etiquetas como «Frankenstein Germany» y hasta el pacifista George Bernard Shaw sucumbió a la presión y terminó predicando la «inmediata necesidad de aplastar a los boches».

A los reporteros ordinarios se les dejó la ingrata tarea de difundir las historias sobre atrocidades. Hubo episodios de un salvajismo inusitado, pero la mayor parte de los casos propalados durante la contienda eran pura invención.

Un ejemplo clásico fue el de la supuesta «factoría de cadáveres». Con diversas variaciones, se venía a decir que los alemanes habían instalado en su retaguardia destilerías en las que cocían los cadáveres de sus soldados para obtener glicerina destinada a sus fábricas de munición.

El *Times* rompió el fuego el 16 de abril de 1917 con un párrafo suficientemente ambiguo: «Uno de los cónsules norteamericanos, evacuados de Alemania en febrero, declaró en Suiza que los alemanes destilan glicerina de los cuerpos de sus muertos». El relato no tardó en prender.

El propio *Times* apuntaló su informe original reproduciendo un despacho del corresponsal alemán Karl Rosner en el que se hablaba del *kadaververwertiingsansalt* militar. El rotativo británico tradujo el término como «establecimien-

---

29   La experiencia sirvió al creador de Sherlock Holmes para completar un delicioso librito titulado *Cuentos de la vida militar* y a los jefes militares para contar con un nuevo propagandista.

to de explotación de cadáveres», y a partir de ese momento, diarios de todo el mundo tomaron el relevo.

Los alemanes cargaron con ese baldón hasta siete años después de extinguido el conflicto, cuando el general John Charteris, ex jefe del Servicio de Inteligencia británico, admitió haber sido el inventor del bulo y que las factorías únicamente recibían caballos muertos.

A pesar del disgusto que les produjo que el mundo creyera que profanaban los restos de sus propios combatientes, los alemanes no tenían sobrados motivos de queja. Sus periódicos abundaban en falsedades truculentas: El *Weser Zeitung* citó a un niño de diez años que había visto un caldero repleto de ojos de soldados germanos; *Die Zeit in Bild* publicó la historia de un cura católico francés que se paseaba por su parroquia con un collar hecho con los anillos de las manos que había cercenado personalmente; el *Hamburger Fremdenblatt* aseguraba que los civiles belgas facilitaban cigarrillos explosivos a los soldados alemanes.

En la Primera Guerra Mundial, tras la firma del armisticio el 11 de noviembre de 1918, comenzaron a circular rumores sobre el inicio de una revolución en Alemania, impulsada por comunas de obreros y soldados.

La confusión era inaudita, pero la mayor parte de los prudentes corresponsales británicos y franceses permanecieron al Oeste del río Rin, retratándose unos a otros.

El contraste digno lo aportaron cinco reporteros norteamericanos que, desafiando la normativa oficial, se adentraron en Alemania, llegaron a Frankfurt, y se plantaron en el cuartel general del mariscal Paul von Hindenburg.

Al advertir que el general Wilhelm Groener, jefe de gabinete del mariscal, tenía la cabeza vendada, uno de ellos preguntó en alemán si había sido herido, a lo que el militar respondió: «No, simplemente acabo de perder una guerra mundial y eso me ha dado jaqueca».

El efecto Ronald Reagan

Aunque no son magnitudes comparables, lo ocurrido durante la Primera Guerra Mundial recuerda lo que pasó en Estados Unidos durante los años en que Ronald Reagan ocupó la Casa Blanca.

En 1983-1984, cuando estuve como corresponsal de *Diario 16* en Nueva York, una de las cosas que más me llamaban la atención era que la opinión publica creía más a Reagan que a los medios de comunicación.

Al presidente-actor le bastaba enviar un mensaje directo a la ciudadanía usando la pantalla para contrarrestar las críticas de analistas, columnistas y programas de debate.

En el momento en que Reagan accedió a la presidencia existían ya centenares de emisoras locales de televisión. Raro era el norteamericano que no había sido en alguna ocasión objeto, sujeto o testigo de las noticias que divulgaban los informativos.

Todos nos vemos mejor de lo que nos representan. Si a eso se añade la alteración ocasionada por los cortes del montaje y la simplificación del mensaje televisivo, se comprende que mucha gente no se reconozca en el reportaje o considere que se ha alterado la realidad.

En 1984 bastantes estadounidenses saltaban de lo particular a lo general y concluían que no se podía confiar en los medios de comunicación, porque ellos habían sido testigos directos o protagonistas de una noticia alguna vez y lo que vieron no se ajustaba a la realidad.

Si eso ocurre cuando la polémica afecta a una huelga laboral, un atasco de tráfico o un expediente escolar, no es difícil imaginar lo que cavilarían hombres que veían morir como moscas a sus compañeros y permanecían meses enterrados en el fango de las trincheras. Un desastre para el Periodismo.

LA CENSURA 11

Una de las inestimables ventajas con que contaron Russell, Godkin y los pioneros del reporterismo de guerra, fue la ausencia de censura organizada. No es que a lord Raglan y sus oficiales les agradara la presencia de los periodistas –y de buena gana los hubieran corrido a cartuchazos por la estepa rusa–, pero el fenómeno del corresponsal bélico profesional era tan nuevo que los ejércitos no se habían preparado para afrontarlo.

La muerte de Raglan –víctima de una mezcla de disentería y depresión diez días después de su desastrosa ofensiva contra Sebastopol en junio de 1855– provocó un súbito cambio de actitud en Gran Bretaña.

La reina Victoria no ocultó su disgusto con el *Times* por sus feroces ataques contra Raglan; el príncipe Alberto llegó al extremo de calificar públicamente a Russell de «miserable escritorzuelo», y el Secretario de la Guerra sugirió que el diario y su reportero estaban cercanos a la traición.

Aprovechando la marea, y con todo tipo de parabienes gubernamentales, el nuevo comandante en jefe, sir William Codrington, promulgó el 25 de febrero de 1856 una orden que ha pasado a la Historia como el origen de la censura militar.

Codrington prohibió la publicación de detalles que pudieran ser «valiosos al enemigo» y autorizó la expulsión inmediata de todo corresponsal sospechoso de haberlo hecho.

Cuando los envarados oficiales británicos destacados en Crimea dieron ese histórico paso era ya muy tarde para ellos porque estaban a punto de cesar las hostilidades, pero su decisión sentó un pecaminoso precedente.

El concepto de «detalles valiosos al enemigo» es tan etéreo y maleable que permite solapar todo tipo de arbitrariedad.

Cuando Gran Bretaña entró de nuevo en guerra –en esta ocasión contra los indómitos boers sudafricanos–, los oficiales de Su Majestad aplicaron la censura como algo «justo y necesario», y desde entonces la desigual pugna contra los censores militares se ha convertido en uno de los principales rasgos del reporterismo bélico.

Cuando Howard Russell desveló el penoso estado de las tropas, lord Raglan y los miembros del gabinete replicaron acusando al reportero y al *Times* de ayudar al enemigo y ser antipatriotas: la vieja táctica utilizada desde la noche de los tiempos por los poderosos para justificar sus intentos de ocultar la verdad.

En septiembre de 1993, poco después de que publicase en *El Mundo* una serie de documentos «secretos» del Ministerio de Asuntos Exteriores sobre Guinea Ecuatorial, el ministro Javier Solana se presentó en el Parlamento y acusó a la persona o personas que me habían filtrado los papeles de «atentar contra los intereses de España y poner en peligro la integridad física de los españoles residentes en la ex colonia».

Posteriormente, en su despacho, Solana me repitió en persona los reproches, a pesar de que lo único que ponían en evidencia mis artículos era que España estaba harta del dictador Teodoro Obiang y respaldaba una salida democrática.

Durante la guerra de Crimea, el incansable Russell contraatacó argumentando que no había escrito nada que no fuera ya sobradamente conocido por los rusos y que eran únicamente los ciudadanos británicos quienes ignoraban las desastrosas condiciones de su cuerpo expedicionario.

Tenía razón. Fueron sus crónicas y la presión ejercida por la opinión pública sobre el gobierno lo que condujo finalmente a modificar la línea política y permitió salvar a las tropas de un desastre total.

Cuando el reportero retornó a Londres fue recibido por el propio Primer Ministro y colmado de galardones. Fue nombrado Caballero, se casó con una condesa y saturó su casa —como suelen hacer todos los reporteros de guerra— de artilugios bélicos y despojos recogidos en distintos campos de batalla[30].

Si quieres ver como se perfeccionó la censura en la guerra de Secesión americana, puedes hacerlo descargándote el contenido de este bidi:

---

30   Esa es otra constante de los corresponsales veteranos. A mediados de 1993, Julio Fuentes se presentó en la sala de reuniones de la redacción de *El Mundo*, justo en el momento en que litigábamos sobre la foto más idónea para la edición del día siguiente, vestido de reportero audaz y con los restos de un cohete katiuska al hombro. Como todos nosotros —aunque algunos de la «tribu» no lo reconozcan porque les da vergüenza—, volvía de cada conflicto con un recuerdo. El que yo guardo con mayor cariño, más que el chaleco antibalas o el casco de keblar, es un pequeño icono con la cabeza de San Juan Bautista en una bandeja, que saqué de la catedral ortodoxa de Grozny cuando el templo ardía por los cuatro costados y los milicianos chechenos se desbandaban machacados por la artillería rusa una heladora tarde del invierno de 1994. En mi propia casa, además de ese precioso icono, hay, desde una bayoneta de kalashnikov recogida en Afganistán, hasta un revólver Webley que me regaló el sandinista Sergio Ramírez, pasando por un casco de marine recuerdo de la guerra del Golfo, y máscaras africanas, marionetas checas, binoculares de campana, alfombras del Cáucaso, la katana de un capitán japonés acribillado en Filipinas y todo tipo de quincallería. Yo guardo todo eso como oro en paño. Lo que acumulaba Julio Fuentes solo Dios sabe dónde habrá ido a parar, pero en su caso —porque vivía con intensidad suprema su condición de reportero de guerra—, eran sus memorias, una especie de autobiografía escrita únicamente para rememorar los momentos de gloria, obviando las esperas, los fracasos y las trampas.

Códigos secretos

Durante la Primera Guerra Mundial, los estadounidenses, mucho más insumisos por naturaleza que sus educados primos británicos, tenían a gala burlar la censura y solían desplazarse a las zonas calientes con códigos secretos que les permitían comunicar con sus redacciones.

Se trata de un hábito muy arraigado entre los profesionales previsores y, a partir de la gran carnicería de la trincheras, se convirtió casi en una costumbre entre los veteranos de esta profesión tan apasionante y desventurada.

El 17 de julio de 1936, Lester Ziffren envió desde su despacho madrileño un largo mensaje que comenzaba así: «*Mothers everlastingly lingering illness likely laryngitis, aunt Flora ought return even if goes north later...*» En la oficina londinense de la *United Press International* hubo quien se quedó de piedra.

El operador estuvo un buen rato rezongando. Le importaba un comino que la persistente enfermedad de la madre de Ziffren fuera laringitis o que su tía Flora tuviera que volver al Norte.

Hasta que no apareció el redactor jefe no se aclaró que aquello era un aviso secreto. Se descifraba tomando la primera letra de cada palabra: «*Melilla Foreign Legion revolted martial law declared...*»

De esta manera, Ziffren notificó furtivamente a su agencia que el general Francisco Franco, al mando de la Legión, se había rebelado contra Manuel Azaña y el gobierno de la II República Española. Se dice que la fuente de su gran exclusiva fue un aristócrata.

Ziffren murió, paradójicamente, un mes de noviembre, el de 2007, y en la cama como Franco, aunque no en un hospital público sino en su piso neoyorquino. Tenía 101 años.

Cuando Ziffren llegó a la Península Ibérica tres años antes de 1936 lo había hecho convencido de aterrizar en un destino tranquilo, en el que pasar sus días bebiendo manzanilla y hablando de toros con Ernest Hemingway.

La convulsa España de la época haría que no tuviera un minuto de descanso desde que tomó posesión de la oficina de *United Press* en Madrid.

Ziffren siguió informando de cada paso que tomaba la guerra desde el levantamiento del 17 de julio, en el que las tropas del Ejército al mando de Franco se rebelaron en Melilla, hasta que el Gobierno republicano salió huyendo de Madrid y se trasladó a Valencia.

En ese momento y por miedo a represalias, salió a toda prisa de España y, cuando le preguntaron cómo se había atrevido a asumir tantos riesgos burlando los servicios de inteligencia de Franco, contestó: «No podía dejar escapar esta historia por nada del mundo. ¿Para qué si no ser periodista?»

FACTURAS Y CHUPATINTAS 12

En la actualidad, cuando el alcohol estimula su sinceridad, los veteranos de la «tribu» suelen decir que lo más peligroso de esta profesión es justificar las cuentas de gastos ante el gerente de la empresa. Ocurre desde tiempos inmemoriales.

Cuando Henry Villard, reportero del *New York Tribune* y uno de los mejores corresponsales norteamericanos, presentó su primera cuenta de gastos al editor, este, en lugar de pagarle, le sacudió un puñetazo en el mentón y le dejó tendido en el suelo del despacho.

En la guerra solo es posible moverse repartiendo dinero y no hay tiempo ni ganas de ir requiriendo justificantes, tampones y sellos.
No hay tiendas abiertas ni cabinas de teléfono ni agua caliente ni semáforos, y la gente te dispara.
Y, sobre todo, hay que relacionarse con gentuza.
El agobiado contable encargado de supervisar las cuentas no suele entender nada de eso.

A veces sospecho que sería mas útil para esta profesión que enseñaran a los muchachos a escribir notas de gastos en vez de editoriales.

Arturo Pérez Reverte cuenta que, en una ocasión, apremiado por un puntilloso auditor, hizo que una de sus sobrinas rellenase una minuta. La niña, con su caligrafía infantil, simuló escribir en serbo-croata y firmó la nota uniendo los nombres propios de los presidentes de Bosnia, Serbia y Croacia.

Reverte cobró la factura —incluida la docena de huevos pagada a precio de oro que sirvió para hacer una tarta de cumpleaños a José Luis Márquez, su camarógrafo favorito—, pero tuvo que dejar RTVE a renglón seguido.

Algún burócrata ramplón y varios chupatintas envidiosos realizaron el fútil intento de estigmatizar a Reverte como «chorizo», pero cualquiera que conozca un poco esta profesión y se haya movido por los campos de batalla sabe que no hay otra alternativa que recurrir a ese tipo de estratagemas si la empresa no es rumbosa y se aspira a sobrevivir.

De trapacerías contables para driblar al gerente de la empresa, como la que Arturo atribuye a su sobrina, todos tenemos decenas en nuestro haber.

Yo recuerdo una de 1997, que no solo fue espectacular sino además colectiva, porque implicó a más de media docena de colegas y de varias nacionalidades.

Tuvo como escenario el Zaire, lo que actualmente se denomina República Democrática del Congo. La incipiente rebelión de los tutsis que había comenzado en Goma y Bukabu en noviembre de 1996 había crecido y avanzado desde la región de los Grandes Lagos hacia el Oeste.

La llamada Alianza de Fuerzas Democráticas para la Liberación del Congo-Zaire tomó Kisangani, el 15 de marzo y Lubumbashi, el 9 de abril.

Era un temazo, porque los indisciplinados soldados de Mobutu Sese Seko solo saqueaban y huían antes de la llegada del enemigo y aquello pintaba que iba a concluir con la caída del dictador, que llevaba en cargo desde 1965 y figuraba como uno de los personajes más ricos del planeta.

No sé en qué andaba, pero fui retrasando la salida, y eso que en aquella época tenía tal autonomía en *El Mundo* que podía decidir dónde y cómo me iba a los sitios. Cuando arranqué ya acudían los corresponsales de guerra en masa hacia el jaleo.

Volé desde Bruselas con Enrique Serbeto, el corresponsal de *ABC*, y con Ramón Lobo, el de *El País*. Los tres estábamos convencidos de que Mobutu caería antes de que nuestro avión lograra aterrizar. Como adivinos no tuvimos precio: fueron casi seis semanas en Kinshasa antes de regresar a casa.

Un mes y medio en el que me harté de jugar al tenis, compré piezas de marfil y ébano al por mayor y casi todo se limitaba a relatar la descomposición del régimen, a especular sobre lo cerca que estarían los guerrilleros tutsis e ir de noche a antros como Sabanana donde las divertidas pelandruscas se teñían de rubias y cenábamos ancas de rana a granel.

Cayó Mobutu, que escapó en avión hacia Marruecos, y las nuevas y tiránicas nuevas autoridades no nos daban permiso para salir. Aquello se volvió opresivo, tanto que tomé la decisión de salir por las bravas, alquilando una lancha para cruzar el río y pasar a Brazaville.

No tuve suerte en el Club Naútico, porque los colonos belgas, escaldados de experiencias anteriores, no quisieron ni mojarse. No quedaba más remedio que recurrir a los pescadores autóctonos, y eso hice. Por 800 dólares nos llevaban a todos en una piragua de esas enormes, con un motorcito en popa y dos tripulantes.

El embarque fue pavoroso, porque un enjambre de congoleños, decididos a sacar tajada de unos blancos en apuros, nos cayó encima y la única manera de hacer que soltaran la piragua era pisarles las manos y tirar billetes al agua para que tuvieran que alejarse a buscarlos.

Nos costó Dios y ayuda zarpar y lo hicimos, pero cuando íbamos a mitad de trayecto —y allí el río tiene más de tres kilómetros de ancho—, nos interceptó una lancha con milicianos tutsis armados hasta los dientes.

Gritaban como posesos, pero no parecían muy agresivos. El jefe, un chaval que chapurreaba en inglés y parecía no entender ni papa de francés, que es el idioma escolar del Congo, nos demandó tajante los pasaportes y el permiso de salida.

No había opción: metí la mano en la bolsa, rebusqué entre los papeles, cogí la factura que me habían dado en el hotel Intercontinental de Kinshasa y se la extendí muy serio.

Debía ser analfabeto, porque estaba del revés y el muchacho la «leyó» imperturbable. Diez segundos de angustia y nada: asintió solemne y nos dejó seguir.

Al llegar a Brazaville, antes de abandonar el embarcadero, en las hojas de mi cuaderno de notas, tras darle los 800 dólares pactados, pedí al timonel que escribiera a mano ocho facturas. Cada una de 800 dólares, que fue lo que pasó a su empresa, como parte de la cuenta de gastos zaireña, cada uno de los periodistas que iban a bordo.

Como alguno sigue en activo, solo detallaré que, además de uno de *El Mundo*, que era yo, cruzamos así el río uno de *ABC*, otro de *RNE*, otro de *El País* y cuatro colegas italianos.

También hay que añadir —aunque produce sofoco—, que todo aquel esfuerzo en lancha fue una frivolidad porque a la hora de que completáramos la accidentada travesía, el caprichoso y voluble Laurent Kabila, nuevo hombre fuerte del Congo, había reabierto la frontera y todos los periodistas cruzaban tan tranquilos en ferry.

En el corazón de las tinieblas

En 1869, cuando James Gordon Bennett —propietario del *New York Herald* y organizador de los primeros partidos de tenis y polo en Estados Unidos, además de promotor de carreras de yates interoceánicas— contrató al escocés Henry Morton Stanley y le asignó la misión de encontrar a David Livingstone —el misionero geógrafo escocés desaparecido en las profundidades de África tres años antes—, el joven y arrogante editor no reparó en gastos.

«Le voy a decir lo que debe hacer —explicó Bennett al atónito Stanley, quien acababa de llegar de España, donde seguía las guerras carlistas—: Coja ahora mil libras esterlinas y, cuando se le acaben, tome otras mil, y cuando termine con estas pida otras mil y otras mil… y otras, pero ¡encuentre a Livingstone!»

Así fue como una noche de octubre, en una habitación del Gran Hotel de París, Stanley fue enviado a África. En aquellos instantes el reportero explorador tenia veintiocho años. Medía poco más de metro y medio y, según sus biógrafos, parecía un huérfano sacado de un relato de Charles Dickens.

Era de origen galés, nació en un hospital londinense, nunca conoció a su padre y a los cuatro años fue internado en un asilo infantil, donde permaneció hasta cumplir los quince.

En el puerto de Liverpool intimó con un marinero, logró que lo aceptaran como grumete en un barco que zarpaba hacia Nueva Orleans y, cuando estalló la guerra de Secesión Americana, se enroló en el Ejército confederado.

Fue hecho prisionero, liberado cuando manifestó su voluntad de cambiar de bando y alistado de nuevo, pero esta vez en las filas de la Unión como miembro de la tripulación de un barco. Hasta entonces todo en la vida le había sido adverso, pero de repente cambió la rueda de la fortuna.

Alguien en la US Navy tuvo la idea de crear una especie de «gabinete de prensa» para suministrar material a los periódicos. Stanley no era analfabeto, tenía una voluntad de hierro y fue encumbrado a la flamante categoría de «escritor naval».

Al término del conflicto logró un precario empleo en el *Missouri Democrat*, uno de los diarios de San Luis. Allí se fraguó profesionalmente, escribiendo notas sobre el exterminio de los sioux, los apaches y otros indios norteamericanos.

Podía haberse quedado en San Luis, pero amaba la vida del vagabundo. Cuando se enteró de que los británicos iban a despachar una expedición a Abisinia para castigar al emperador Teodoro, viajó a Nueva York y se ofreció a todos los editores de la ciudad.

El único que manifestó un moderado interés fue James Gordon Bennett, quien puso como condición que Stanley sufragase sus propios gastos.

El galés aceptó, batió a sus competidores en la carrera por llegar al telégrafo de Suez y mandó la primicia de la victoria británica en Magdala y el suicidio del apenado Teodoro. Después fue a España, donde peleaban con saña carlistas e isabelinos.

Cuando aceptó el encargo de localizar a Livingstone, lo único que sabía Stanley era que el misionero había sido comisionado por la *Royal Geographic Society* para encontrar las fuentes del Nilo.

Por Zanzíbar corría el rumor de que Livingstone había muerto en la selva, aunque algunos sostenían que se había casado con una princesa negra.

Stanley se puso en camino, escoltado por tres cazadores blancos, una pequeña tropa de fusileros negros, 153 porteadores, dos caballos y veintisiete mulas. El 10 de noviembre de 1871, dos años después de su entrevista con Bennett en el Gran Hotel parisino, se dio de bruces con Livingstone a orillas del lago Tanganica.

Stanley escribió que vislumbró un rostro blanco entre los árabes y negros que se acercaron a él y que, tras quitarse el sombrero, preguntó educadamente: «*Doctor Livingstone, I presume?*»

El misionero contestó «*Yes*» y, siete meses después, la noticia apareció en exclusiva mundial en las páginas del *New York Herald*.

Stanley emergió de la aventura como un héroe, aceptó trabajar simultáneamente para el neoyorquino *Herald* y el londinense *Daily Telegraph* y, convertido en el sucesor de Livingstone, se dedicó a explorar África.

Falleció en Londres en 1904, pasados los sesenta y tres años de edad, rico y gordo. Fue enterrado en la Abadía de Westminster.

La interesada generosidad de Bennett con Stanley fue una notable excepción en una época en la que los editores se caracterizaban –como habían hecho antes y siguieron haciendo después– por su irreductible racanería.

Hasta las postrimerías del conflicto civil norteamericano, cuando comenzaron a cobrar cantidades razonables, el noqueado Henry Villard y sus compañeros subsistían insultantemente cortos de dinero, suspirando como enamoradas a la espera de que sus jefes accedieran a reembolsarles lo invertido en su labor periodística sobre el terreno.

No es extraño que muchos corresponsales consideraran normal aceptar unos billetes de un oficial a cambio de mencionar su nombre en un despacho favorable o que aprovechasen su información privilegiada sobre los avatares bélicos para especular financieramente.

NOTICIA BOMBA 13

Además de dar cierto lustre imperial a Benito Mussolini y figurar en una despectiva estrofa en una canción de la guerra civil española mofándose del coraje de los soldados italianos durante la Batalla de Guadalajara, la conquista de Abisinia tuvo el inconmensurable mérito de servir de inspiración a Evelyn Waugh para escribir una de las obras más irreverentes que se han publicado sobre el reporterismo bélico.

Cuando en 1938 Waugh concluyó *Scoop* –*Noticia bomba* en la versión castellana– el libro fue presentado como una novela de ficción sobre las aventuras del reportero William Boot en un país imaginario llamado Ishmaelia. Tanto la búsqueda afanosa de exclusivas por parte de Boot como sus desventuras sobre el terreno o las desquiciadas relaciones con la redacción de su periódico, estaban calcadas de la propia experiencia del autor durante la campaña abisinia.

Para evitar que su editor o sus competidores lo demandasen por libelo, el corresponsal alteró los nombres y presentó como parodia lo que era la cruda realidad.

Durante la Primera Guerra Mundial, la tierna Italia se había alineado en el bando aliado y, como premio a su participación, recibió la promesa de apadrinar económicamente a Abisinia.

Cuando Mussolini llegó al poder, dio por supuesto que ese acuerdo significaba el dominio puro y simple de aquel país. Se trataba de hacer lo mismo que hacían en otras partes de África los ingleses, franceses, alemanes, belgas y españoles.

El problema fue que Abisinia era miembro de la recién creada Liga de Naciones, organismo internacional surgido del Tratado de Versalles, el 28 de junio de 1919.

Haile Selassie, su tacaño emperador, estaba convencido de que las naciones europeas no permitirían a los italianos imponer su voluntad y desafió al Duce en la seguridad de que no le dejarían solo si estallaban las hostilidades.

Los periodistas extranjeros empezaron a afluir en mayo de 1935. En octubre, cuando se iniciaron los combates, acampaban en Addis Abeba más de un centenar de reporteros.

En Estados Unidos y buena parte de Europa se presentaba a Mussolini como un pomposo bravucón empeñado en demostrar la redescubierta virilidad latino-romana. Las simpatías de la opinión pública estaban con los abisinios. Todas las citas a Haile Selassie iban acompañadas del calificativo de «León de Judá» en referencia a su supuesta vinculación familiar con la reina de Saba y el rey Salomón.

Aunque no era complicado presagiar el resultado del choque militar, los sentimientos eran tan vehementes que ofuscaron a periodistas y público.

La superioridad italiana era evidente, pero la gente dio por supuesto que los abisinios iban a conducir con brillantez una agotadora campaña guerrillera en la que las tropas del Duce caerían en fosos para leones y serian ensartadas en lanzas y flechas.

La desinformación y la falta de objetividad eran tan flagrantes entre los lectores como entre los reporteros encargados de narrar los hechos.

El lúcido Evelyn Waugh, que cubrió el conflicto para el *Daily News*, escribió:

«Pocos editores pueden encontrar Abisinia en un mapa y ninguno tiene la más tenue idea de como es. El editor de uno de los principales diarios creía que sus habitantes hablan griego clásico y los que se suponen

informados se dividen entre los que imaginan que es una nación semivacía por la que pasean desnudos lunáticos homicidas, y los que la conciben como una especie de Tíbet africano, salpicado de glaciares y palacios inviolables».

Los corresponsales destacados con las unidades italianas no estaban mejor documentados que los situados en Addis Abeba.

Muchos de ellos portaban pesadas fajas de lana, recomendadas como remedio contra el cólera por el jefe de los médicos militares transalpinos.

Ninguno sabía lo que les esperaba y muchos se presentaron equipados con rifles, telescopios, mascaras antigás, mochilas y tiendas de campaña. Hubo quien arribó con motocicleta y sidecar.

Ernest Hemingway aconsejó a los corresponsales norteamericanos tomar precauciones «porque los buitres se comen primero los ojos de los heridos y después les devoran el hígado».

Esta pérdida de papeles se repite con relativa regularidad en la ya prolija y desigual peripecia de la «tribu» periodística.

Esta pérdida de papeles se repite con relativa regularidad en la ya prolija y desigual peripecia de la «tribu» periodística.

El 17 de enero de 1991, cuando estalló la guerra del Golfo, los temerarios corresponsales de la *NBC* en Jerusalén –a mas de mil kilómetros del teatro de operaciones– enviaron sus crónicas desde el estudio de la cadena de televisión con las máscaras tan encajadas en la mandíbula que no se entendía lo que leían.

En Bagdad, ese mismo día, hombretones que habían disipado una fortuna adquiriendo ropajes mimetizados en las secciones de caza y pesca del Corte Inglés, Macy´s, Harrods o Marks&Spencer y se habían despedido de sus novias con un sobrio «me voy a la guerra», sollozaban de miedo a la puerta del Hotel Rachid, convencidos de que se cernía sobre ellos el apocalipsis químico de la tercera guerra mundial.

En 1935, Addis Abeba era poco más que un cochambroso villorrio repleto de leprosos, eunucos y esclavos.

Tenía un palacio al que se llegaba por una avenida bordeada por leones de piedra, una estafeta de correos, una estación de ferrocarril, dos cines, una emisora de radio y unas cuantas tiendas regentadas por indios.

Había también un hotel –el Imperial– con treinta habitaciones, en las que se agolparon por parejas, tríos y cuartetos los corresponsales extranjeros.

EL REPORTERO-ESPÍA 14

Otra de las innovaciones periodísticas introducidas durante la campaña de Abisinia fue la del «reportero espía», entre los que destacó un alemán que se identificaba con el sugestivo nombre de Harun al Rachid, decía trabajar para el Stuttgart

Zeitung, paseaba en un coche deportivo y se hacía acompañar por una atractiva rubia a la que presentaba como su mujer y por un criado llamado Fritz.

Cuando desapareció, se supo que era en realidad un coronel de la Wehrmacht, que la rubia era su oficial de código y que Fritz actuaba como operador de la radio secreta con la que transmitían datos de la situación militar de los atribulados etíopes a las tropas italianas invasoras.

Debido a que la labor de un periodista consiste en recoger información y enviarla, sería difícil encontrar un disfraz mejor que el de reportero de guerra para camuflar a un espía.

Los periodistas consideran que el hecho de reseñar sobre lo que ocurre en un campo de batalla debe conllevar ciertos privilegios. Tienden a meterse en todos los sitios, como si estuvieran en su propia casa, lo que despierta a menudo la agresividad y las sospechas de los militares.

El estatus de corresponsal bélico incluye en la actualidad cierto respeto físico por parte de los contendientes, pero las cosas no siempre son o han sido así.

En 1863, para poner término a la confusión entre testigo directo, enviado especial, agente secreto, contendiente enemigo y soldado extraño, el gobierno norteamericano promulgó unas instrucciones explicando a sus tropas que los editores y los corresponsales de guerra podían ser hechos prisioneros, pero no debían ser colgados o fusilados como espías.

Este código fue incorporado en 1899 a la Convención de La Haya, con un añadido en el que se especificaba que, para ser tratado como tal, el periodista debía estar en condiciones de mostrar un documento de su medio o de las autoridades militares certificando su profesión.

Si es necesario juzgar la fiabilidad de los informes de Harun al Rachid por la eficacia con que los expedicionarios de Benito Mussolini destrozaban a los desorganizados abisinios, la conclusión es que el espía alemán realizó un trabajo magnífico.

No se puede decir lo mismo de los que creían ser sus colegas periodísticos. Tanto los reporteros destacados en Addis Abeba como sus jefes en las redacciones europeas y americanas, fueron presa de una especie de *delírium trémens* que los llevó a conjeturar hasta el absurdo.

Como había ocurrido en la Primera Guerra Mundial, abundaron las historias sobre atrocidades. Una de las que más se echó en cara a las tropas de Mussolini fue el bombardeo de hospitales y el ametrallamiento de unidades de la Cruz Roja.

En todas las guerras se destruyen clínicas y se dispara contra ambulancias, pero en Etiopía no siempre fue un hecho deliberado.

Abisinia era un territorio escasamente poblado, lo que hacía que los puestos de la Cruz Roja estuvieran cerca o dentro de instalaciones militares. Los aviones y artilleros italianos no tenían excesiva precisión.

A eso es preciso sumar la complicación que suponía el escaso respeto de los abisinios por el símbolo de la Cruz Roja, que durante siglos había servido allí como emblema para identificar los burdeles.

Cuando los súbditos de Haile Selassie se enteraron de que las dos aspas rojas conferían cierta inmunidad, se acostumbraron a refugiarse en las tiendas de la Cruz Roja cada vez que se producía un ataque y muy pronto habían izado banderas con cruces rojas en torno a sus centros de mando.

Naturalmente, los italianos adoptaron la costumbre de disparar contra todo, sin pararse a hacer distinciones entre cruces rojas legítimas y espurias.

Entre los «expertos» en parapetarse detrás de la Cruz Roja, usar ambulancias para fines bélicos y utilizar hospitales y escuelas como puestos de tiro, destacan en la actualidad Hamas, Hezbolá y todas las milicias palestinas que operan en la Franja de Gaza, Líbano y aledaños.

Una experiencia muy directa del fenómeno y bastante peculiar, la vivimos en Sarajevo con los emblemas de la prensa a lo largo del asedio iniciado en abril de 1992.

Los contendientes –sobre todo los musulmanes bosnios– no tenían el menor reparo en utilizar vehículos blancos, similares a los de la ONU, o dibujar sobre la chapa las palabras «PRESS» o «TV» para cruzar ante los puestos enemigos. Eso contribuyó a convertir el conflicto yugoslavo en uno de los mas mortíferos de la Historia para los periodistas.

Desde el estallido de las hostilidades hasta las Navidades de 1994, el número de periodistas caídos en los Balcanes rondó el medio centenar. En Vietnam murieron o desaparecieron sesenta y ocho corresponsales, pero durante un espacio de tiempo tres veces superior.

La mayor parte de los reporteros muertos en la antigua Yugoslavia cayeron porque estaban en el lugar y momento equivocados.

Francis Tomasic y Brian Brinton, dos *freelances* norteamericanos, chocaron con su coche contra una mina cuando se aproximaban tranquilamente a Mostar. Fue el 2 de mayo de 1990.

Brian Brinton, de *Magnolia News*, y Francis Tomasic, de la revista cultural *Spin*, iban con William Vollman, también del magazine especializado en música y que sobrevivió.

Vollman fue trasladado a la base militar española de Medjugorje, cuyos militares nos explicaron que los tres periodistas, novatos en lo que ha experiencia bélica se refiere, se habían alejado de la carretera para tomar mejores fotos y se metieron en un campo minado.

Tasar Omer, un periodista turco, fue alcanzado por la bala de un francotirador el 27 de junio de 1993 cuando asistía en Sarajevo al funeral de siete niños destrozados el día anterior por una granada de mortero.

Margareth Moth, camarógrafa de la *CNN* de origen neozelandés, perdió la mandíbula por el impacto de una bala de ametralladora cuando se dirigía en coche hacia el hotel Holiday Inn, tambén en la capital bosnia. Margareth siguió trabajando más de una década desfigurada y falleció de cáncer de colon en 2010.

Debido a que nuestra actividad se desarrolló casi siempre en el interior de la ciudad sitiada, compartiendo el peligro con la población civil y bajo la permanente amenaza de los artilleros y francotiradores serbios, era inevitable que se creara una corriente de simpatía periodística hacia los vapuleados bosnios musulmanes.

El fenómeno del alineamiento con el débil es muy común y conduce a sesgar la información y a errores de bulto en los pronósticos.

El deseo irrefrenable de que salieran victoriosos los desarrapados guerreros del emperador Haile Selassie llevó en 1935 y 1936 a muchos corresponsales y a sus editores a exagerar hasta el ridículo las bajas italianas.

Se publicó que habían perdido setecientos hombres en Adowa, cuando en realidad habían sufrido seis bajas y causado más de mil muertos.

Los periódicos europeos y americanos aparecían cada día con espectaculares noticias sobre la «heroica toma» de posiciones italianas, despreciando sistemáticamente las crónicas que enviaban los que avanzaban con los militares de Mussolini.

Estos tampoco decían toda la verdad, pero se ajustaban mucho más a lo que estaba ocurriendo sobre el terreno.

Eso explica la sorpresa general y la estupefacción del público occidental cuando los italianos entraron triunfales en Addis Abeba y el emperador Haile Selassie tuvo que salir escopetado hacia el exilio.

Muy pocos periodistas lograron emerger de esa guerra con su prestigio intacto. Entre estos últimos, los mejores fueron Herbert Lionel Matthews, del *New York Times*, y Luigi Barzini «junior», hijo del mítico Barzini, del *Corriere della Sera*, quienes se pegaron a la columna del general Oreste Mariotti y tuvieron el privilegio de asistir en primera línea a las principales escaramuzas.

«Nunca había visto muertos en una guerra –escribió Matthews en la crónica en que describe la toma de la fortaleza de Azbi–. Recuerdo haberlos mirado con indiferencia, como si yo, que había superado mi bautismo de fuego el día anterior, estuviera acostumbrado a ver cadáveres; pasé tranquilamente entre ellos en mi caballo, mientras en el fondo de mi cerebro latía cierta extrañeza por no sentir piedad o repulsión ante el terrible espectáculo».

Matthews, al que algunos colegas acusaron de simpatías pro fascistas, admite en sus memorias que inicialmente no se sentía constreñido por dilemas éticos o morales:

«Lo bueno o lo malo no me interesaba especialmente, al menos no más que Laval, Edén o la Standard Oil Company... Si se parte de la premisa de que los que pelean son una panda de tunantes, no hay nada antinatural en desear que gane tu truhán favorito, y a

mi me gustaban más los italianos que los británicos o los abisinios».

Matthews añade que posteriormente, cuando fue adquiriendo más experiencia y dejó de ser tan prioritario el triunfo profesional, empezó a calar en su corazón la pena por los que sufrían. Herbert Matthews ha sido uno de los grandes de la profesión.

Nació en Nueva York en 1990, se graduó en la Universidad de Columbia y entró como *«copy-boy»* en *The New York Times* en 1922, en cuya nómina seguía en 1967.

Tras la conquista italiana de Etiopía, cubrió la Guerra Civil Española y posteriormente la Revolución Cubana.

El mayor *«scoop»* de su carrera, publicado el 17 de febrero de 1957, fue una entrevista con Fidel Castro, cuando el entonces barbudo guerrillero andaba a trompicones por los montes y la manigua. La entrevista comenzaba así:

«Fidel Castro, el líder rebelde de la juventud cubana, está vivo y peleando con éxito en la intrincada Sierra Maestra, en el extremo sur de la Isla».

El gobierno cubano de Fulgencio Batista declaró públicamente que la entrevista era falsa y que Fidel Castro se encontraba muerto. El *New York Times* respondió publicando una foto de Matthews con Fidel Castro en su campamento de Sierra Maestra.

Matthews falleció en Adelaida, Australia, el 30 de julio de 1977, y probablemente ya no pensaba como cuando, con treinta y cinco años recién cumplidos, acompañaba a las tropas de Mussolini en Abisinia, pero todo el cinismo que encierran sus confesiones de entonces refleja bastante bien la forma de pensar de una rama de los reporteros de guerra.

LOS CLANES DE LA «TRIBU» 15

La guerra nunca es como se presenta en el cine. Es algo turbio, sucio y horrible. El problema es que la visión continua de hechos espantosos termina por hacer que uno se habitúe a ellos, como le ocurre al cirujano en el quirófano de urgencias de un gran hospital o al policía de guardia en comisaría.

Se da por supuesto que las muertes son inevitables y eso entraña el peligro de que se legitimen. Un ejemplo de lo más estremecedor es el del equipo de televisión apostado junto a un francotirador.

Nadie desea la muerte, pero al cabo de los minutos, con la vista puesta en una secuencia llamativa para el noticiero de la noche, el cámara, el productor y el reportero pueden terminar anhelando que acierte y le meta una bala en la cabeza al inocente peatón que cruza la calle. Se pierde la conciencia, se quiere sangre.

Uno de los casos más flagrantes que recuerdo es el del japonés Hideo Yanagisawa, enviado especial de la cadena de televisión *NHK* a la guerra del Golfo.

Si había en Iraq un periodista que desconociera totalmente lo que significan palabras como «piedad», «compasión», «buenas maneras» o «sentido del ridículo», era el nipón. Tenía un comportamiento que, en mi opinión entonces, indignaría por su inhumanidad al Marqués de Sade.

En febrero de 1991, durante una visita al destartalado hospital de Basora, Hideo llegó a la desvergüenza de levantar por su cuenta las sábanas que cubrían a quemados, amputados y parturientas para que su camarógrafo registrase sin problemas el incomparable espectáculo de una cara desfigurada, una llaga supurante, varios apósitos pestilentes o unos muñones sanguinolentos.

La afrentosa conducta de tipos como Hideo Yanagisawa tiene poco que ver con su raza o con su origen nacional. Una de las cosas que más temprano se capta en esta profesión es que las personas somos exactamente iguales. Entre un pálido científico alemán y un oscuro aborigen ruandés no hay diferencias sustanciales.

Para constatarlo basta escarbar, echar mano de la Historia reciente y repasar como procedieron germanos y hutus —en 1939 y 1994 respectivamente— contra los que consideraban sus enemigos: judíos y tutsis. Los seres humanos somos análogos, aunque nuestras circunstancias varían enormemente.

> Los conflictos no los provocan los genes o la semántica. Los crean la ambición, la estupidez, la locura y la dureza de corazón.

Como sostiene el vitriólico P. J. O'Rourke, «si a un japonés lo crían en Riad será un árabe, y un zulú destetado en Buenos Aires se convertirá en psicoanalista». Esto no impide el que sea factible discernir, casi a simple vista, la nacionalidad de los corresponsales de guerra.

Los japoneses son una superpotencia económica y se mueven por el mundo con material digno de la «guerra de las galaxias», pero a menudo dan la impresión de compartir sastre con los chimpancés del circo. En eso de la indumentaria, los que más se les asemejan son los estadounidenses.

Los norteamericanos, como sus primos ingleses, son de los que menos se lavan cuando escasea la calefacción y falla el agua corriente.

A pesar de su honda cultura, se reconoce inmediatamente a los franceses porque siempre hay alguno que anda buscando relojes Breitling de ocasión, y un par de ellos van con camisetas de Mickey Mouse.

Los galos tienen además la acendrada manía de secuestrar un recodo del restaurante del hotel y congregarse para cenar. Lo hacen todas las noches, aunque se despellejen entre sí a la hora del desayuno.

Los británicos son los más individualistas y parecen siempre escasos de fondos. Los alemanes se distinguen por su afición a los coches robustos y por su atuendo de piscina: cuanto más grande sea el cuerpo del alemán, más pequeñito será su traje de baño.

En el caso español –aunque no con la exageración de los italianos que hasta se pasan los temas y pactan los horarios–, hay cierta inclinación a lo gregario, a formar piña y apoyarse unos en otros, lo que indefectiblemente va en detrimento de la calidad del trabajo. Quebrar ese precepto no escrito y apartarse del rebaño puede granjear más de un disgusto.

Pacifistas y patriotas

Así como una buena guerra vende ejemplares y sube la audiencia a lo grande, apostar por el pacifismo a ultranza también puede incrementar la tirada y disparar el *share* televisivo.

Durante la guerra del Golfo, en los primeros meses de 1991, Pedrojota tuvo el olfato de adoptar una línea contraria a la intervención aliada contra Saddam Hussein.

Yo era partidario de darle lo suyo y sostenía, además, –como hizo una parte de la sección de Internacional de *El Mundo*– que los iraquíes solo saldrían de Kuwait si se los convencía a cañonazos.

Pedrojota jamás puso la más mínima objeción a que publicáramos artículos y reportajes favorables a la intervención. Él –que iba a lo suyo y controlaba sin fisuras la primera página y las de opinión– dedicó una y otra vez la portada y los editoriales a remachar las tesis pacifistas y conciliadoras, en sintonía con lo que opinaban muchos españoles.

A la postre –y eso explica que él fuera el director y yo no–, su olfato y ponerse a favor del viento incrementó en unas cuantas decenas de miles la circulación de *El Mundo*.

Los iracundos

En mayo de 1968 cinco reporteros se dirigían en coche hacia Cholon cuando fueron atacados por los comunistas. Uno de los supervivientes explicó que gritaron insistentemente: «¡Bao chi!» (prensa), pero que los guerrilleros vietnamitas los siguieron ametrallando inmisericordemente.

Al día siguiente, un fotógrafo al servicio de la *United Press* llamado Charlie Eggleston, cogió un fusil y, sin quitarse siquiera las gafas, anunció que partía a la jungla en busca de venganza.

Nunca retornó vivo y, según la leyenda que circulaba por los bares de Saigón, antes de morir acabó con tres guerrilleros Viet Cong.

Este tipo de reacción visceral no es tan infrecuente. En el otoño de 1991, en la antigua Yugoslavia, el periodista de origen boliviano Eduardo Rózsa-Flores, que trabajaba de *freelance* para el diario catalán *La Vanguardia*, decidió aparcar la máquina de escribir y empuñar el fusil poco después de que los serbios ametrallaran intencionadamente el vehículo en el que viajaba con otros reporteros.

Flores había nacido en 1960 en Santa Cruz de la Sierra, en Bolivia. Era hijo de un judío húngaro con talento artístico que emigró a Sudamérica y se casó allí con una nativa indígena.

Con la perspectiva que da el tiempo, se puede decir de él que era implacable, enérgico, feroz, impetuoso, vehemente, impulsivo, agresivo, airado, arrebatado, brusco y muy duro, pero no iracundo. Parecía extrañamente frío.

Era un tipo achaparrado y compacto. Tenía treinta y un años cuando lo conocí y, además de ser un consumado políglota y parecer algo lunático, contaba siempre que sus padres habían sido coriáceos militantes comunistas.

El 2 de julio de 1991, mientras José Macca –amigo del alma, compañero de correrías, cocinero de lujo, corresponsal en Roma y por aquel entonces a punto de ser nombrado subdirector de *Diario 16*– y yo trotábamos hacia Zagreb a transmitir nuestras crónicas sobre la emboscada que los eslovenos habían tendido al Ejército federal yugoslavo en Jesenice, Flores –que había asistido como nosotros al feroz y breve enfrentamiento– se dedicó tranquilamente a recoger granadas de mano entre los cadáveres.

Esa noche estuvo a punto de volarnos a todos en fragmentos cuando se le cayeron los explosivos al suelo en el cuarto de teletipos del hotel Esplanade.

Cuando Flores optó por dedicarse a la guerra a tiempo completo, lo hizo con todas las consecuencias: se sumó a las fuerzas croatas que batallaban contra los secesionistas serbios de la Krajina, se enfundó un casco en el que escribió a mano «Chico» que era su apodo, y fundó una brigada internacional.

Sus lugartenientes eran el español Alejandro Hernández Moro, Alex, un ex legionario que alardeaba de haber desfilado con los milicianos falangistas del Líbano, y Paolo, un ultraderechista italiano con bastante experiencia militar.

Como administrador de la brigada actuaba un norteamericano de origen croata conocido por Johnny, cuyo padre debía ser uno de los *ustachis* que salieron huyendo de los Balcanes tras la derrota en la Segunda Guerra Mundial de Ante Pavelic y sus protectores nazis.

En torno a Flores flotaba una fascinante leyenda que él se encargaba de alimentar. Se decía que había actuado como intérprete de Ilich Ramírez, alias Carlos «el Chacal», el famoso terrorista palestino-venezolano autor del secuestro de los ministros de la OPEP en Viena, que fue detenido en Sudán y empaquetado en el verano de 1994 hacia Francia, donde purga una cadena perpetua.

Cuando se le preguntaba sobre Carlos el Chacal, Flores esbozaba una sonrisa sardónica. A veces, si había ingerido unas copas de más, asentía ufano, añadiendo a renglón seguido haberlo hecho «por orden superior». Aclaraba a regañadientes que eran trabajos ejecutados mientras cumplía el servicio militar en la Guardia de Fronteras de Hungría, país de origen de su padre.

Entre los corresponsales extranjeros se rumoreaba que Flores llevaba siempre varios pasaportes en el bolsillo: uno boliviano, consecuencia de su nacimiento en Santa Cruz; otro húngaro por su padre; el pasaporte español, fruto de una prolongada estancia en Barcelona y de su boda con una catalana; el israelí, por haber prestado servicio como voluntario en las *Israel Defense Forces* y, por último, el croata, otorgado por méritos guerreros.

La decisión de organizar la brigada internacional y abandonar la actividad periodística fue, según el propio Flores, un súbito ataque de pundonor: «Estaba harto de que los serbios me dispararan, a pesar de llevar el coche identificado con las letras PRESS; en una ocasión vi que venían a despacharme, empuñé un fusil y les di lo suyo».

Como si echarse al monte fuera lo mas normal del mundo entre los miembros de la plantilla de un diario, comunicó por telex su nuevo estatus a Ricardo Estarriol, el delegado de *La Vanguardia* en Europa central. El texto de su mensaje es antológico:

> *«En esta vida hay que tomar partido y comprometerse; yo lo he hecho con Croacia; desde hace días combato en las filas de la Guardia Nacional. ¿Cuándo queréis la siguiente crónica?»*

En la redacción del diario barcelonés, el brillante Placid García Planas y sus colegas debieron quedarse de una pieza cuando Estarriol les remitió una copia del texto.

Hubo una reunión a puerta cerrada, consultaron con la alta dirección, y llegaron a la conclusión unánime de que si Flores había decidido coger las armas debía soltar urgentemente la pluma. Aquel télex fue el último contacto de Flores con el periódico.

El macizo hispano-boliviano se evaporó de Zagreb y reapareció en Bresce, un barrio periférico de Osijek.

«Allí conocí a un norteamericano y a un húngaro; nos pusimos de acuerdo; llegaron otros amigos y, tras nuestra actuación en la defensa de la localidad de Laslovo, donde cayeron nueve de nuestros hombres, el alto mando croata nos legalizó y a mí me nombró comandante de la Primera Brigada Internacional».

Flores no solo mudó de actividad profesional. También modificó su talante. Fue como si el contacto ordinario con la muerte hubiera encallecido su alma. Cuando ejercía de periodista era un individuo afable, charlatán y juerguista.

Como comandante de la brigada se convirtió en un personaje huraño y distante que respondía con monosílabos y miraba de soslayo.

Además de varias gestas tan notables como desesperadas en la lucha contra los *chetniks* serbios, a los brigadistas se les imputaba la enigmática muerte de dos periodistas extranjeros.

No era un rumor infundado. En el breve plazo de dos semanas, en la zona de operaciones de Flores y su «guardia de corps» habían perdido la vida, en circunstancias misteriosas, un reportero suizo y un fotógrafo inglés.

El primero fue encontrado estrangulado en las cercanías de Dakovo y el otro con un tiro en la nuca en las afueras de Osijek. Los dos habían descubierto, al parecer, algo inconfesable en el sórdido pasado de algunos miembros de la brigada internacional.

«Alistarme como voluntario en la Guardia Nacional fue una decisión completamente irracional, pero tal vez sea la única que he tomado en mi vida de la que no me arrepiento en absoluto –exponía Flores cuando se dejaba llevar por la ira y cargaba con acritud contra el quehacer de ciertos periodistas–. Cuando estás en un sitio con un montón de reporteros a tu lado que están mirando lo mismo que tú, y luego te das cuenta de que lo que han escrito no tiene nada que ver con la realidad... ¡Mejor dejarlo!»

Flores, como tantos otros, se había familiarizado con la saña, como me confesó en una ocasión.

«Yo no podría matar a nadie con un cuchillo viéndole la cara. Pero en combate es distinto. Es difícil de explicar, pero cuando trepas a lo alto de un árbol con un fusil de mira telescópica, observas una posición enemiga, divisas a un *chetnik*, kalashnikov al hombro y en bicicleta, le das, ves como cae y escuchas los berridos de euforia de tus compañeros, te sientes bien. Es una sensación distinta a la de un asesino».

No podía acabar bien y no lo hizo. Casi veinte años después de esa confidencia, exactamente el 16 de abril de 2009, la policía boliviana mató a Rózsa-Flores durante una redada en el hotel Las Américas de Santa Cruz.

Dos personas más, el húngaro Árpád Magyarosi y un ciudadano irlandés, Michael Martin Dwyer, también fueron acribilladas a balazos.

Otros dos, Mario Tadic, croata y Előd Tóásó, húngaro, fueron arrestados. Las autoridades bolivianas dijeron que Rózsa-Flores era el líder de un grupo terrorista que pretendía asesinar al presidente Evo Morales, al que los conjurados acusaban de vulnerar los derechos humanos de la gente común y corriente.

> Los periodistas fiables sostienen que es una insensatez llevar cualquier tipo de arma, aunque sea con el modesto propósito de evitar ser desplumado por los maleantes, pero en todas las guerras hay corresponsales que terminan confiando únicamente en su capacidad de autodefensa.

El neozelandés Peter Arnett cargaba en Vietnam con una pistola automática. No fue el único ni el más «agresivo».

Charlie Black, enviado especial del *Columbus Inquirer* de Georgia y de quien se ha llegado a decir que fue para los marines en Indochina algo equivalente a lo que representó el pequeño Ernie Pyle para los «GI» de las batallas del Pacífico contra los japoneses, no se paraba en barras.

Charlie, duro como el pedernal y brillante reportero, nunca negó que las tres muescas de su cinturón correspondían a otros tantos Viet Cong que se había llevado por delante: «Si alguien viene a por mí, no soy de los que se quedan quietos».

LA DESGARRADORA CONTIENDA FRATICIDA 16

«Desde muy temprano me di cuenta de que no hay acontecimiento que sea correctamente relatado en un diario, pero en España, por primera vez, vi crónicas periodísticas que no guardaban relación alguna con los hechos, ni siquiera la que implica una mentira ordinaria».

Este fragmento, extraído de la obra *Looking Back on the Spanish War*, es obra de George Orwell, uno de los notables escritores que siguieron de cerca la Guerra Civil española, y resume perfectamente la retorcida forma en que se cubrió la contienda.

Ningún otro conflicto moderno, ni siquiera el yugoslavo o el árabe-israelí, ha despertado emociones tan vehementes, compromisos tan hondos y lealtades tan desgarradas como la guerra del 36. En esencia, como escribió Orwell, fue una lucha de clases y ambos bandos veían el choque como una cruzada.

Los nacionales batallaban para purgar el país de rojos y resucitar el ideal de una España «unida, grande y libre» y los republicanos peleaban por un ideal democrático o en muchos casos por la búsqueda de la «utopía comunista». La intervención de Hitler y Mussolini en favor de los nacionales y de Stalin en favor de los republicanos reforzó esta percepción.

Fue un momento apocalíptico de la Historia, uno de esos instantes en que todo el mundo se siente obligado a adoptar posturas y a asumir opciones trascendentales.

Los contendientes se batieron con toda la ferocidad de que es capaz un ser humano.

Si quieres leer más sobre la Guerra Civil española puedes hacerlo descargándote el contenido de este bidi:

Floy Gibbons, la estrella del *Tribune* de Chicago que había ido en 1923 al Sáhara a la busca de jeques parecidos al bello Rodolfo Valentino y para quien iba a ser la novena campaña militar de su carrera, no tuvo suficiente estómago para seguir de cerca el cainita conflicto español.

Al mes de llegar, Gibbons hizo las maletas:

«Es la más sangrienta y costosa guerra que he visto en mi vida... es espantoso comprobar lo inhumanos que pueden ser unos hombres con otros».

Como advertimos los periodistas españoles a partir de 1990 en la antigua Yugoslavia, es indiferente que los protagonistas sean blancos, educados y europeos. Cuando sobreviene una contienda fratricida, la crueldad de los participantes jamás toca fondo.

Ninguno de los que acudieron a la Península Ibérica para luchar o escribir salió indemne de una experiencia que marcaría a fuego las almas, el ideario, la memoria y los ademanes de toda una generación.

La guerra del 36 fue un imán que magnetizó hasta el hipnotismo a los autores con más talento de esa época: Hemingway, Malraux, Orwell, Dos Passos, Koestler... Novelistas y corresponsales se entreveraron en el conflicto con ardor y eso afectó inevitablemente a la objetividad de su trabajo.

Si quieres leer más sobre el Periodismo en la Guerra Civil española, puedes hacerlo descargándote el contenido de este bidi:

Hemingway

Ernest Hemingway fue un pésimo corresponsal de guerra. Técnicamente, sus descripciones de batallas o bombardeos eran monótonas: ponía excesivo énfasis en su propia proximidad al peligro, cargaba las tintas en los «borbotones de sangre» y las piernas «cercenadas», y aderezaba más de la cuenta los diálogos, lo que les restaba autenticidad.

> Hemingway –y la mayoría de los escritores de postín que acudieron a la guerra de España empujados por altos ideales solidarios– elaboraron piezas de literatura memorables –el mejor ejemplo es *Por quién doblan las campanas*–, pero fallaron en el plano periodístico, donde las interpolaciones pasionales y la ficción deben ser administradas con cuentagotas.

Ninguno tuvo las agallas o el buen sentido de jugar a la contra e informar, por ejemplo, de la persecución que se abatió sobre individuos del bando republicano –trotskistas, anarquistas o liberales– a los que no se consideraba puros, desde la óptica del comunismo estalinista. Cuando lo denunciaron, como hizo George Orwell, ya era tarde o no tuvo peso.

Las redacciones de los periódicos no eran ajenas a la presión emocional en que trabajaban sus corresponsales y en algunos casos se hicieron sinceros esfuerzos para equilibrar la información.

Decidido a cubrir la contienda con imparcialidad, el *New York Times* elaboró un plan: publicaría noticias de ambos bandos con similar extensión y relevancia.

Sobre el papel parecía honesto, pero resultó impracticable debido a que William Carney, el devoto periodista católico que acompañaba a las fuerzas «nacionales» de Franco, no estaba a la altura profesional de Herbet Matthews.

Durante la Batalla de Teruel, el incauto Carney dio como bueno un comunicado nacional anunciando la captura de la capital provincial aragonesa y envió una crónica prolija: «... la población ha recibido a los vencedores con el brazo en alto».

En el mismo instante en que salían de las rotativas neoyorquinas los ejemplares con esa minuciosa reseña, Matthews y Robert Capa concluían una trabajosa marcha de dos días por las montañas nevadas y descubrían que Teruel seguía en manos republicanas.

Fue el golpe de gracia para el pardillo de Carney y la consagración de Matthews, quien impuso el criterio de que la redacción siempre debe fiarse de lo que cuenta un reportero si este asegura haber contemplado los hechos con sus propios ojos.

A Hemingway no se le puede echar en cara que no se acercara a la batalla —la condición inexcusable según Robert Capa para ser buen reportero—, sino que su imaginación y sus pasiones se sobreponían a menudo a la obligada fidelidad con los hechos.

Si quieres leer más sobre la vida de Ernest Hemingway, puedes hacerlo descargándote el contenido de este bidi:

EL «SÍNDROMEDELDESIERTODE LOS TÁRTAROS»

17

El Madrid republicano capituló ante el general Francisco Franco el 28 de marzo de 1939.

A pesar de la enorme cantidad de periodistas que habían desfilado por la capital durante la contienda, todos, incluyendo a Hemingway, Malraux, Orwell, Dos Passos, Koestler, Saint-Exupéry o Martha Gellhorn, se habían ido y solo O. D. Gallagher permanecía en la ciudad cuando irrumpieron en ella los nacionales.

Gallagher, que estaba escondido en el sótano del hotel Ritz y había trabado amistad con un botones, logró enviar una docena de mensajes por telégrafo antes de que lo descubrieran los vencedores.

Le advirtieron de que salvaba la piel de milagro y lo expulsaron de España con cajas destempladas.

Cuando una crisis sigue abierta, la decisión de marcharse siempre es dolorosa. Mark Kravetz, agudo periodista del diario *Libération*, me explicó en Bagdad, durante la guerra del Golfo, que esa resistencia congénita de los reporteros a evacuar una plaza se conoce extraoficialmente como «síndrome del desierto de los tártaros»[31].

Kravetz aseguraba que el síntoma de que se ha contraído el mal es pronunciar circunspecto frases como: «La semana que viene será decisiva».

Según el francés, a los corresponsales les pasa como al oficial destacado en una guarnición podrida y olvidada del desierto de los tártaros que protagoniza la novela de Buzza-

---

31   El nombre está tomado de un libro de aventuras de Dino Buzzati.

ti: en el país no ocurre nada, pero el militar del libro es un profundo conocedor de la situación y se convence a sí mismo cotidianamente de que hay indicios reveladores y que al día siguiente, o al otro, ocurrirán grandes acontecimientos. Así, día tras día, va consumiendo su vida.

> No hay un solo reportero totalmente inmune al «síndrome del desierto de los tártaros». Nadie quiere emigrar antes de tiempo porque el riesgo de perder el momento clave, de dejar escapar la noticia y que la pillen tus competidores aterra.

Quizá por eso resulta tan chocante la temprana desbandada de los periodistas destacados en Madrid en 1939.

Gallagher tuvo que salir a la carrera, pero su permanencia en la capital hasta su ocupación por las tropas de Franco es una brillante muestra de profesionalismo.

Todo lo contrario que sus colegas, quienes, a medida que la derrota de los rojos iba perfilándose como inevitable, abandonaron la escena deprimidos y cesaron de informar.

Durante meses, motivados por sus convicciones políticas, habían obviado toda crítica al bando republicano, ocultado bestialidades como las que se perpetraban en las checas, ajustes de cuentas como el aplicado a Andreu Nin y los trostkistas, tapado matanzas de presos como la de Paracuellos y exagerado hasta el ridículo las posibilidades de victoria del «bando rojo».

Con la perspectiva que da el paso del tiempo, resulta evidente para cualquier periodista que fue un tremendo error intentar cubrir la guerra del 36 desde un prisma ideológico, porque eso condujo a simplificar una situación extraordinariamente compleja y a potenciar las declaraciones políticas en detrimento de lo fáctico y las razones históricas.

> La Guerra Civil española fue una cruzada desde el punto de vista de los combatientes de ambos bandos y una estafa desde el punto de vista de los lectores de periódico.

No se contó la realidad y, lo que es más curioso, muchos de los reporteros responsables de esta trampa siguieron durante décadas prefiriendo el mito que habían ayudado a crear que la dolorosa verdad.

A diferencia de lo que ocurre ahora, Ernest Hemingway y muchos de los alojados en el hotel Florida admitían abiertamente su parcialidad. Algunos hasta hacían gala de ello.

«Siempre detesto la falsedad y la hipocresía de los que proclaman ser imparciales y la tontería —por no decir estupidez—, de los editores y lectores que demandan objetividad a los reporteros que cubrimos una guerra» escribió alguien tan prestigioso como Herbet Matthews, quien después se haría mundialmente célebre por su entrevista al guerrillero Fidel Castro en Sierra Maestra:

> «Al condenar la parcialidad se rechazan los únicos factores que realmente importan: honestidad, comprensión y rectitud; el lector tiene derecho a solicitar los hechos, pero carece del derecho de pedir al periodista o al historiador que coincidan con él».

Si el enviado del riguroso *New York Times* osaba proclamar esos principios, se le ponen a uno los pelos de punta al imaginar cuáles serían los criterios con los que se guiaban personajes enredados ideológicamente en la lucha.

Se trata del mismo desliz que algunos cometieron una década después con el comunismo soviético o cuarenta años más tarde con Camboya, cuando el antinorteamericanismo primario les hacía cimbrearse como trastornados en los conciertos por Kampuchea e ignorar las atrocidades de Pol Pot, su banda y sus vesánicos khmers rojos, que hasta los que nos acercamos tardíamente al conflicto pudimos comprobar sin pizca de duda.

Y con lo que hicimos nosotros en la Nicaragua sandinista, o hacen todavía muchos tontos a propósito del terrorismo islámico o las brutalidades de regímenes supuestamente progresistas, como el chavista de Venezuela.

El mal no afecta solo a periodistas. Es muy común entre políticos, artistas e intelectuales.

Sobre este tema publiqué el 1 de diciembre de 2015 una columna en el diario *La Razón*, que titulaba *Hay más tontos que botellines* en la que sostenía que si hubiera que proclamar un vencedor en esta carrera de memeces, el ganador a esas alturas sería probablemente Carlos Sánchez Mato, concejal de Hacienda del Ayuntamiento de Madrid.

Poniendo cara de pan, el edil Sánchez Mato acababa de afirmar que el «amor» es la forma de afrontar el terrorismo yihadista y de aplacar la furia asesina del DAESH.

Y lo asombroso no era que el tipo se hubiera quedado tan pancho, sino que su tesis cuenta con un nutrido contingente de seguidores en España.

Manuela Carmena, por citar a alguien notable, sostiene a propósito de los asesinos islámicos que la respuesta no es la venganza, sino «hablar y oírnos».

En el «No a la Guerra», como vimos el sábado 28 de noviembre de 2015 en una manifestación convocada en Madrid, están por el momento de forma activa cuatro badulaques, incluidos el Kichi de Cádiz y su novia Teresa, pero podrían convertirse en «marea» a la mínima.

La razón no es solo que en España haya mucha ignorancia y más tontos que botellines. Existe un terreno abonado y en lugares y ámbitos inauditos.

¿Se acuerdan de lo que soltó el socialista José Bono en su primera visita al Pentágono? Pues que él, siendo Ministro de Defensa, prefería que lo matasen a matar.

Bono –que de 2004 al presente ha echado pelo y sentido común– no debe estar ya en esas posiciones pero a su alrededor proliferan quienes siguen erre que erre.

Hace solo año y medio, preguntaron a Pedro Sánchez qué Ministerio sobra en España y él contestó a botepronto que el de Defensa, cuyo presupuesto destinaría a la pobreza y la violencia de género.

El líder del PSOE quizá ignoraba que España dedica a sus Fuerzas Armadas nueve veces menos presupuesto que Francia y que en una democracia no hay libertad, igualdad o fraternidad sin seguridad.

Deberíamos dar por supuesto que eso lo tienen claro quienes han estado en puestos de responsabilidad, pero tampoco.

Julio Rodríguez, quien fue Jefe del Estado Mayor con entorchados de general bajo la batuta de Carme Chacón, nos ha salido ahora con que la izquierda tira «bombas de auxilio». Estamos a la espera de que su jefe Pablo Iglesias nos explique cómo funcionan los explosivos, aunque sin mucha esperanza, porque el líder de Podemos ya ha dicho que esto del Ejército islámico y los decapitadores es demasiado importante y estratégico como para abordarlo «con soluciones que apelan a la unidad».

Es lo que tiene la gente cuya experiencia sobre Islam, terrorismo y paz se limita a haber ido en una ocasión a la «semana de Turquía» del Corte Inglés.

LOSNAZISYLAPROPAGANDA 18

«Polonia está siendo aplastada como un huevo pasado por agua». Así comenzaba Otto Tolischus, corresponsal del *New York Times* en Varsovia, la nota que envió al periódico pocos días después de que los alemanes atravesaran la frontera.

Otto, que había nacido en 1890 en lo que entonces era Prusia y ahora es Lituania, ganó el *Premio Pulitzer* en 1940 por su cobertura de la Segunda Guerra Mundial desde Berlín.

En el artículo, el norteamericano de adopción explicaba que las defensas polacas eran arcaicas, que cuatro mil aviones de la Luftwaffe dominaban los cielos, y que setenta divisiones nazis avanzaban devastadoramente. La crónica concluía con las siguientes palabras: «Dios está con el bando de los batallones más nutridos».

Era el otoño de 1939 y el reportero colorista y romántico parecía haber pasado de moda. En su lugar surgía un nuevo tipo de corresponsal, más flemático, más sosegado y con mayor conocimiento de la burocracia redaccional.

En menos de un siglo, en el lapso transcurrido
entre la carga de la Caballería Ligera en
Crimea y la de los Blindados del general Heinz
Guderian en Danzig, la libertad de movimientos
de los periodistas y sus recursos de transmisión
se habían ampliado descomunalmente. Casi tanto,
no obstante, como habían crecido las habilidades
de los censores y las cortapisas a la libertad de
expresión.

La Segunda Guerra Mundial estalló el 3 de septiembre de 1939, con los ciudadanos bastante menos optimistas que en los inicios de la Primera Guerra Mundial, pero con los gobiernos y las autoridades militares mucho más decididos a controlar a los redactores. Pocos días antes de comenzar la contienda, los británicos habían puesto en marcha un Ministerio de Información.

A principios de septiembre contaba con doce empleados. En octubre disponía de un *staff* de 999 personas. Todo mensaje dirigido al exterior, por telegrama, cable, radio o carta, era censurado.

Se solicitó a los diarios que designasen a sus reporteros de guerra, se diseñaron uniformes, se dictaminó que los periodistas portasen una «C» como insignia identificadora –algún malintencionado sugirió que sería mas conveniente que lucieran las letras «WC»– y se encajonó a los corresponsales en una red de conductores, censores, telegrafistas y acompañantes que hizo virtualmente insustancial su tarea.

Aprendida la lección de la contienda de 1914-1918, en la que los ingleses ganaron arrolladoramente todas las lides informativas, los alemanes se preocuparon de montar un eficaz Ministerio de Propaganda.

La tesis central había sido claramente formulada por el doctor Joseph Paul Goebbels, Ministro de Cultura y Propaganda de Hitler: «La política informativa es un arma de guerra y su propósito no es suministrar información sino ayudar en la batalla». El Ministerio de Propaganda del III Reich dedicó ímprobos esfuerzos a influir en los corresponsales de países neutrales.

Para todo periodista, lo que se conoce como «intendencia» −transporte, transmisiones, alquileres, comida, dinero, etc.− es una verdadera pesadilla, y el taimado Goebbels se dio muy pronto cuenta de que bastaba aliviar los quebraderos de cabeza de los corresponsales para despertar su agradecimiento inconsciente. Ordenó que se les suministrara gasolina extra, raciones de comida, tarifas de cambio especiales y otras prebendas. Todo ello combinado con una presión difusa pero persistente.

Al día siguiente de su publicación, la crónica de un reportero extranjero era escudriñada por un funcionario ministerial. Si su material no se consideraba favorable al Reich, se lo sometía a un hostigamiento creciente, que comenzaba con una advertencia escrita, solía pasar por la desconexión de su teléfono y podía culminar con una acusación de espionaje.

Habida cuenta de lo fina que es la línea que separa la recogida de información para un reportaje del trabajo de espía, presentar cargos no era espinoso.

Goebbels decidió que no hubiera corresponsales de guerra alemanes. En su lugar, periodistas, escritores, poetas, fotógrafos, camarógrafos, productores de cine, impresores, locutores, pintores y dibujantes −todo el arco de profesionales dedicados a lo que hoy se denomina «industria de la comunicación»−, fueron reclutados para formar parte de la *Propaganda Kompanien* (PK), a las ordenes del general Hasso von Wedel. Como no se descartaba que combatieran en caso de necesidad, los integrantes de la PK recibieron entrenamiento militar básico[32].

En cualquier caso, la intención de Goebbels no era que empuñaran el fusil o lanzaran granadas de mano, sino que utilizasen su talento y sus habilidades civiles para «influir en el curso de la guerra controlando psicológicamente el talante de la gente en el interior, en el frente, en el exterior y en territorio enemigo». Los PK aportaron una contribución vital al esfuerzo bélico germano.

Mientras los británicos todavía discutían cuál debía ser la letra correcta en la pechera de sus reporteros, un grupo de la PK fue capaz de instalar una emisora en Prusia Oriental, emitir haciéndose pasar por *Radio Varsovia* cuatro días antes de que cayera la capital polaca en manos alemanas, e infundir enorme confusión entre sus defensores.

En la primera fase del conflicto, los hombres de Goebbels abastecieron a los corresponsales extranjeros de fotografías e informes que después aparecían casi sin cambios en los periódicos o los noticieros de los cines norteamericanos[33].

En contraste con eso, el Ministerio de Información británico parecía incapaz de producir nada, lo que en opinión de sus detractores se debía a que solo cuarenta y tres de sus 999 empleados eran periodistas. La mayoría apenas poseía una leve idea sobre el peliagudo arte de informar.

---

32   No era una decisión banal o un brindis al sol. El 30% de los PK –un porcentaje similar al de las unidades de Infantería de la Wehrmacht– resultaron muertos o heridos durante la bestial contienda que devastó Europa.

33   Otras, como la dramática imagen de civiles judíos saliendo del gueto de Varsovia enviada a Heinrich Himmler en mayo de 1943 con la leyenda «sacados a la fuerza de sus madrigueras», tenían el mismo propósito. Esa foto, histórica, la tomó el miembro de la PK Jürgen Stroop.

Los oficiales de su Majestad, encargados de acompañar a los reporteros autorizados a seguir a las tropas desplazadas al Continente, podían ser guerreros leales y valientes, pero se comportaban como reliquias del esfumado Imperio victoriano.

Se conducían con exquisita cortesía pero odiaban a los periodistas. En justa contraprestación, los reporteros sostenían que sus escoltas militares estaban «la mitad del tiempo borrachos o medio borrachos todo el tiempo». Debido a que los clásicos de la «tribu» nunca le han hecho ascos a la botella, en lugar de intercambiar información compartían licor[34].

Durante este período, los corresponsales de guerra destacados en el frente occidental trataron de justificar su inoperancia argumentando que eran sistemáticamente descarriados por sus acompañantes, pero alguien que permite que lo despisten durante ocho meses debe asumir parte de la responsabilidad.

En su desesperación por la falta de verdaderas noticias, el *Guardian* británico llegó a publicar un artículo en el que, tras reconocer que los comunicados oficiales no auxiliaban al enemigo, se apostillaba sardónicamente: «No ayudan a los alemanes, pero ¿tienen alguna utilidad para nosotros?»

No era una pregunta retórica ni ha sido la única vez en la que profesionales del Periodismo, de otras nacionalidades y en otras latitudes, han planteado interrogantes similares.

---

34   No fueron ni siquiera capaces de contar a los lectores ingleses, franceses o norteamericanos –como debían haber hecho–, actos heroicos como la desesperada carga de la caballería polaca contra los nazis en la batalla de Buzra.

El amargo sabor de la derrota

De no ser por la instrumentalización de que fueron objeto por parte del siniestro Joseph Goebbels algunos de los miembros del PK germano, hubieran pasado a la historia del Periodismo con letras de oro.

El 8 de abril de 1940 los aliados minaron las aguas noruegas –violando la neutralidad del país nórdico– en un intento de dificultar el acceso de los alemanes a las materias primas suecas. Hitler respondió invadiendo al día siguiente Noruega y Dinamarca. Una vez más, los corresponsales alemanes marcharon en vanguardia, con excelentes comunicaciones y un coraje inaudito.

A bordo del crucero Blücher, que fue hundido por las baterías de la fortaleza Oskarborg cuando atracaba el puerto de Oslo, iban cinco hombres del PK. Cuatro perecieron pero el quinto sobrevivió, y el fotógrafo Max Ehlert captó excelentes imágenes y escribió un vívido relato.

Desdichadamente para el Periodismo, Goebbels había prohibido que apareciesen cadáveres de soldados alemanes y las fotos de Ehlert no fueron distribuidas.

Al término de la campaña noruega, el PK había hecho llegar a medios de comunicación de países neutrales 300 despachos, 250 fotografías y miles de metros de celuloide cinematográfico.

También había perdido en acción la quinta parte de sus efectivos. No es de extrañar si se tiene en cuenta que corresponsales como Werner Keller volaron en misiones de bombardeo con la Luftwaffe, se lanzaron en paracaídas con los comandos o desembarcaron con los infantes de Marina en los fiordos. En contraste, los aliados carecían de periodistas en la zona y erraron en casi todo.

Un sonrojante ejemplo de lo mal que lo estaban haciendo los medios de comunicación occidentales en esta fase de la Segunda Guerra Mundial, fue el titular a toda página del *Glasgow Evening News* anunciando la clamorosa victoria aliada en Noruega en su edición del 29 de mayo de 1940. Nueve días después, las fuerzas aliadas fueron evacuadas con urgencia y con el rabo entre las piernas.

Si quieres leer más sobre el Periodismo en Dunkerque y la Blitzkrieg puedes hacerlo descargándote el contenido de este bidi:

LA GUERRA RELÁMPAGO 19

Se ha culpado exclusivamente a Adolf Hitler de haber iniciado la destrucción sistemática de ciudades enemigas y provocado la guerra total, pero la objetividad obliga a puntualizar que los alemanes bombardearon Londres el 24 de agosto y los ingleses hicieron lo propio con Berlín al día siguiente.

Esas dos necias y fútiles acciones fueron el origen de lo que se conoce como el «Blitz», la forma corta de denominar el *Blitzkriegaleman*: la guerra relámpago.

Comenzó el 10 de julio de 1940 durante un ataque de la Luftwaffe a los convoyes que cruzaban por el estrecho de Dover.

La fábula se fraguó con crónicas radiofónicas como la enviada ese día por Charles Gadner, el corresponsal de la *BBC* destacado en la zona.

Gadner describió los combates aéreos con el entusiasmo y el vocabulario que emplearía un comentarista deportivo en un partido de fútbol: «...es un Junker 87 y se va a estrellar contra el mar... ahí va... *¡Smash!*... ¡Oh muchachos!... nunca había visto algo mejor que esto...»

En el reportaje de guerra actual la única emisora de radio que cuenta internacionalmente —aunque declinando y ahora muchísimo menos que hace veinticinco años— es la majestuosa BBC. La cosa viene de lejos, pero en la Segunda Guerra Mundial no fueron los únicos destacados.

Durante el verano y el otoño de 1940, los esforzados del micrófono y la grabadora, de todos los orígenes y lenguas, fueron los comunicadores preponderantes.

De los corresponsales de la época pocos fueron tan perseverantes como Edward Murrow de la *CBS*, sobre quien George Clooney hizo en 2015 la genial película —a veces documental– titulada *Good night, and good luck.*

Su sepulcral *This... is London*, con que abría la emisión noche tras noche, galvanizó a la audiencia norteamericana y contribuyó a empujar a Estados Unidos a participar en la lucha.

Murrow era un genio. Relataba pausadamente y en tono mesurado el desarrollo del bombardeo y, cuando era necesario, sacaba el micrófono por una trampilla del sótano para que sus oyentes pudieran escuchar el estampido de las bombas sobre el pavimento londinense.

«Si el propósito del bombardeo es infundir terror en el corazón de los británicos –informó la noche del 15 de septiembre de 1940–, entonces los alemanes han desperdiciado sus bombas».

El truco, la técnica o el recurso profesional de sacar el micrófono por la ventana para insuflar mayor dramatismo a la crónica radiofónica o televisiva con un impactante fondo sonoro es muy habitual pero entraña riesgos.

Algunos casi chistosos. En junio de 1995, estando en Sarajevo y justo un día después de que entrara en la sitiada ciudad un raquítico convoy humanitario compuesto por cuatro camiones con remolque de color blanco cargados con 120 toneladas de harina, me sorprendió poco después de la amanecida una nueva rotura del frágil alto el fuego.

Al escuchar las explosiones, corrí como pude hacia la habitación de la primera planta del hotel Holyday Inn, donde tenían montado su chiringuito Kurt Shork y los de *Reuters*, a la busca de un teléfono por satélite.

El horario era perfecto porque en España empezaban a esa hora las tertulias de radio y podía aprovechar la privilegiada relación que tenía entonces con Luis del Olmo para marcarme una crónica de relumbrón y sacar algo de brillo a los entorchados de veterano corresponsal de guerra. La agencia *Reuters*, como hacían *France Press* y varias cadenas de televisión, nos permitía usar sus equipos y después facturaba a precio de oro a la empresa respectiva.

Había cola y, cuando me llegó el turno, ya había empezado el debate en *Onda Cero*; aquel día con la participación de Pedrojota Ramírez, el entonces abogado y ahora europarlamentario Javier Nart, el ex embajador Gonzalo Puente Ojea, y un cuarto cuyo nombre no recuerdo.

En Sarajevo estábamos todos agachados, casi pegados al suelo, sin saber si el fuego era *«outgoing»* o *«incoming»*, ignorando si disparaban los serbios o los musulmanes bosnios y sin poder precisar nada, pero yo levantaba mucho el auricular para que se colasen por la línea, además de mis palabras, los estampidos y tableteos.

En medio de la transmisión, acuciado por las prisas y lógicamente nervioso, a uno de los asistentes locales de *Reuters*, a quien habían pedido que hiciera café, se le cayó al suelo el tenderete, con cafetera, vasos y cubiertos incluidos.

El estruendo fue de espanto, pero lo escalofriante fue lo que escuché por la línea telefónica procedente del estudio de radio de Madrid y que soltó tan pancho uno de los tertulianos: «Eso ha sido un mortero del 85». El «experto» se quedó tan fresco y yo no osé corregirlo.

El tipo de reportaje bélico, en el que fue excelso el gran Murrow, sirvió para cimentar desde el inicio de la Segunda Guerra Mundial una leyenda según la cual la Royal Air Force (RAF) –superada en número por los alemanes– evitó la invasión de la isla a base de coraje e improvisación.

A la consolidación del mito de la batalla de Inglaterra contribuyó bastante el cine de Hollywood, pero hasta el gigantesco Winston Churchill aportó su granito de arena.

La frase «Nunca tantos debieron tanto a tan pocos» fue una aportación personal de Churchill, quien también pronunció el discurso en el que se pedía a la ciudadanía «sangre, sudor, fatiga y lágrimas».

Sobre el arrojo y la imaginación derrochada por los británicos no hay duda alguna, pero es necesario matizar que la RAF no partía de una situación de inferioridad con respecto a la Luftwaffe[35].

Otra baza de la RAF[36] eran las estaciones de radar que permitían saber cuando venían los alemanes, cuantos eran y por donde lo hacían.

Era una falacia lo de la hidalguía en los cielos: uno y otro bando se dedicaron a ametrallar a los enemigos que descendían suspendidos del paracaídas y a rematar a los que estaban inermes en el mar. Desde el punto de vista de un periodista no era mucho lo que se podía hacer.

Como verifiqué en Bagdad el 17 de enero de 1991, cuando el inicio de la «Tormenta del Desierto» me sorprendió en plena calle de la capital iraquí, se escucha el rugido lejano de los motores a reacción, el tableteo de las ametralladoras antiaéreas, el chisporroteo de las balas trazadoras, el rebote

---

35   Los alemanes atacaron Gran Bretaña con 702 monoplazas y 261 cazas pesados: en total, 963 aparatos. Poseían 1.000 bombarderos de largo alcance y 300 de ataque en picado. Los británicos disponían de 666 aviones operativos y de otros 750 en reparación: un total de 1.416. Uno de los puntos débiles de los británicos era la falta de pilotos entrenados, pero contaban con la ventaja de luchar sobre su territorio, lo que les permitía recuperar a los aviadores de los Hurricane y Spitfire que sobrevivían tras lanzarse en paracaídas. El destino de los germanos era la muerte o el campo de concentración.

36   Término derivado del acrónimo inglés *«radio detection and ranging»*, «detección y medición [de distancias] por radio», que es un sistema que usa ondas electromagnéticas para medir distancias, altitudes, direcciones y velocidades de los aviones.

de casquillos y metal sobre el pavimento, los estallidos que acompañan la ruptura de la barrera del sonido y, con mucha suerte, se vislumbran fogonazos y se huele la cordita, pero nunca se sabe si los de la artillería le han dado a algún aparato, dónde ha caído el avión y si venía del Este o el Oeste.

Basta releer las crónicas que se publicaron en 1940 para concluir que los reporteros de la batalla de Inglaterra tampoco atinaron mucho. Su margen de acción se limitaba a recoger el triunfalista parte de incidencias oficial y tratar de encontrar los restos de las docenas de aparatos enemigos supuestamente derribados esa noche.

PAPÁ STALIN Y EL GENERAL INVIERNO 20

Durante la Segunda Guerra Mundial, tanto en la Batalla del Pacífico como en el Norte de África o en el Frente Oeste, había al menos un considerable número de corresponsales y manaban con asiduidad las noticias.

La situación era muy diferente en el Frente Este, donde alemanes y rusos luchaban con crueldad inaudita y empecinamiento bestial. Los primeros reporteros occidentales desembarcaron en Moscú avanzado ya el verano de 1941.

Los recién llegados lo hacían convencidos de que iban a ir muy pronto al frente y descubrían con sorpresa que José Stalin se había dado toda la prisa del mundo en preparar un satánico aparato de control que bloqueaba el mínimo designio periodístico. En el vértice del sistema estaba Solomon Abramovich Lozovski, vicecomisario de Asuntos Exteriores y portavoz oficial del Departamento Soviético de Información.

Las normas del suave, educado e imperturbable Lozovski eran meridianas: «Las opiniones individuales, las especulaciones y las predicciones no están permitidas».

Lozovski, que era judío, acabó como muchos de los más fieles sicarios de Stalin: arrestado y torturado durante la campaña antisemita de finales de la década. Tenía ya setenta años, y a pesar de la increíble presión a la que los torvos «interrogadores» de la KGB lo sometieron en la Lubianka, jamás admitió su culpabilidad ni acusó a otra gente.

El 12 de agosto de 1952, junto a otros trece miembros del Comité Judío Antifascista, fue ejecutado en lo que se conoció como «La Noche de los Poetas Asesinados».

En cualquier caso, en 1941 mandaba mucho y se cumplían su órdenes a rajatabla. En consecuencia, el lápiz azul de los censores soviéticos caía también de forma draconiana sobre lo «incorrecto», lo que daba al autor una idea aproximada de por donde iban los tiros en el frente: si la censura no tachaba un párrafo, el rumor era correcto.

Aparte de los plúmbeos comunicados y de las soflamas de los periódicos rusos –donde escribían personajes como Ilia Ehrenburg por encargo de Stalin–, no había muchas fuentes de información.

A los funcionarios estalinistas no les impresionaba en absoluto la fama o el prestigio del firmante del artículo, de la misma manera que a sus soldados no los paralizó la tremebunda reputación que precedía a las columnas de la Wehrmacht.

El 6 de diciembre de 1941, favorecidos por el «General Invierno» y enardecidos por la evocación de la «Santa Rusia» hecha por el coriáceo Stalin, los rusos pararon los pies a los nazis a las puertas de Moscú.

Ni un solo corresponsal predijo lo que se avecinaba. La leyenda del poderío del Ejército mecanizado alemán –respaldado por un país altamente industrializado y gobernado con la inexorable eficiencia teutónica– estaba demasiado implantada para permitir vislumbrar a unos infelices periodistas lo paupérrima que había sido la preparación de la campaña rusa de la Wehrmacht.

Los alemanes invadieron Rusia con 3.200 carros blindados y en 1941 solo eran capaces de producir un centenar de nuevas unidades al mes, lo que no era suficiente ni para sustituir el material inutilizado por las averías. Aunque la productividad aumentó desaforadamente a lo largo del conflicto, no alcanzó su cenit hasta agosto de 1944, cuando era demasiado tarde para alterar el curso de los acontecimientos.

La Wehrmacht solo poseía carburante para transportar con medios motorizados una fracción de su material. El resto era necesario moverlo a uña de caballo.

La división promedio de la infantería alemana estaba compuesta por 1.500 carros de tracción animal y de 600 vehículos de motor. Sus equivalentes británicos o norteamericanos poseían 3.000 vehículos de motor.

Los soldados germanos llegaron a los arrabales de Moscú, donde toparon con temperaturas de veinte grados centígrados bajo cero. Sin ropa de invierno, se vieron forzados a rellenar con periódicos, folletos de propaganda y trapos el espacio entre sus uniformes y sus gabanes de combate.

Técnica y tácticamente eran muy superiores al Ejército Rojo, pero los rusos siempre han sido unos soldados temibles y con una capacidad de sufrimiento inaudita. Los alemanes perdieron muy pronto sus ilusiones de una victoria relámpago.

El 6 de julio de 1942, el *Frankfurter Zeitung* publicó una nota –que se coló milagrosamente entre la red de censores de Goebbels– en la que se reconocía que los nazis habían dado con un rival que no quedaba anonadado por las agresivas tácticas de la Wehrmacht y que reaccionaba con mucha más entereza que franceses o británicos cuando quedaba cogido en pinza por las columnas blindadas:

«El soldado ruso sobrepasa a nuestros adversarios en el Oeste en su desdén a la muerte; su aguante y fatalismo le hace resistir en la trinchera hasta que vuela en pedazos o cae perforado por la bayoneta».

Los rusos contaban además con la inmensa delantera que da la adaptación al terreno. Una muestra clamorosa de su aptitud para reconciliarse con las severas circunstancias climatológicas eran las botas valenki[37], cuya posesión llegó a ser considerada por los nazis como un delito punible con el pelotón de fusilamiento. Estas botas permitían a los partisanos caminar por el hielo y sobrevivir sin que se les congelasen los pies en el crudo invierno de la estepa.

Además de recursos caseros como las valenki, los rusos iniciaron la guerra con veinte mil carros blindados –más de los que poseían en conjunto todos los demás Ejércitos mun-

---

37   Todavía hoy los policías de tráfico apostados en los cruces de la capital rusa recurren de vez en cuando a las valenki de fieltro para aguantar horas a la intemperie, lo que les da un aspecto entre monumental y fantasmagórico. Las botas son tan compactas y enormes que parece que el agente tiene metidas las piernas en dos bloques de cemento.

diales– y llegaron a fabricar más de cien mil tanques en las plantas instaladas al otro lado de los Montes Urales.

Con el mismo tesón con que sus militares se fajaban con los alemanes, los censores soviéticos se encargaron de neutralizar a los corresponsales occidentales.

Como les ocurría cincuenta años más tarde a los funcionarios del Ministerio de Información iraquí encargados de controlarnos durante la guerra del Golfo, los soviéticos descartaban que pudiera existir una prensa divorciada de su gobierno. Estaban sinceramente convencidos de que todo reportero de guerra era simultáneamente agente de un Servicio de Inteligencia. En esos años, periodistas como los británicos Graham Greene o Kim Philby perpetraban las dos funciones, pero la mayoría no lo hacía.

> No hay nada intrínsecamente malo en que un corresponsal decida servir a su país como espía, pero combinar ambos oficios deteriora inexorablemente el trabajo periodístico y entraña cierta deshonestidad.

En el Frente Este tuvieron lugar los hechos más decisivos de la contienda. Kursk fue escenario de la mayor batalla de blindados de la Historia. Stalingrado se convirtió en un teatro dantesco donde perecieron los hombres a millares y se luchó con aberrante furor.

Hubo centenares de episodios que hubieran cargado la pluma de cualquier reportero, pero casi nunca trascendieron como debían a las páginas de los periódicos porque no había verdaderos corresponsales de guerra en condiciones de cubrirlos.

Solo a partir del desplome del bloque soviético y de la desintegración de la URSS, en las Navidades de 1991, fueran aflorando las fotos y los testimonios de los atribulados periodistas que tuvieron la suerte de vivir esa epopeya y la desgracia de estar amordazados profesionalmente por el terror del paranoico Stalin.

Entre los reivindicados –aunque muy tarde porque falleció en 1997– está Yevgeny Khaldei, el mejor reportero del Frente Oriental y el primero en entrar con los soldados del Ejército Rojo en Berlín, el 2 de mayo de 1945.

Khaldei fue el autor de la foto[38] de un soldado de la URSS colgando la bandera con la hoz y el martillo en la cúpula del Reichstag nazi de Berlín mientras un compañero lo ayuda a no caer al vacío.

Es una de las grandes imágenes de la Segunda Guerra Mundial y, como la de la patrulla de marines captada por Rosenthal elevando las barras y estrellas en Iwo Jima, ha sido durante cinco décadas un instrumento de propaganda, un mensaje ideológico y el icono visual de un triunfo bélico.

---

38   La cámara que hizo la fotografía fue una Leica III y fue subastada en 2014 por medio millón de dólares.

LOS PSICÓPATAS DEL SOL NACIENTE

21

> Con los corresponsales japoneses ocurrió en la Segunda Guerra Mundial algo similar a lo que pasó con los rusos. Las autoridades de Tokio, como las de Berlín o Moscú, ni siquiera hicieron el simulacro de tolerar la actuación de auténticos reporteros.

Cuando empezaron las hostilidades, crearon un Departamento de Información, una Asociación de Críticos Patriotas y una Asociación de Comentaristas Patrióticos, cuya misión consistía en recordar a la gente las «razones» del conflicto y aglutinar voluntades.

La *Agencia Domei*, *Radio Tokio* y todos los diarios fueron reorganizados como instituciones de «interés público».

La pauta esencial era que toda historia debía contribuir a la victoria japonesa. Los corresponsales nipones vestían uniforme de combate y sometían al filtro administrativo de Tokio sus crónicas. En el mejor de los casos, los despachos eran obsoletos antes de desembocar en sus medios.

En la práctica, las únicas fuentes de distribución de noticias eran la *Agencia Domei* y *Radio Tokio*, donde se nutría dócilmente la parroquia periodística.

La extrema rigidez informativa aplicada por los japoneses con el objetivo de reforzar su esfuerzo bélico tuvo el efecto paradójico de debilitarlo.

Una muestra fue lo que ocurrió cuando se enzarzaron con los aliados en una agria disputa sobre atrocidades.

Con ocasión del bestial traslado a pie y sin comida de 70.000 cautivos en el Batán filipino, los americanos hicieron prosperar el evocador término de «Marcha de la Muerte» y lograron implantar en la opinión pública mundial la idea de que los nipones gozaban masacrando a sus prisioneros de guerra a base de fatiga, hambre y torturas. Los japoneses no fueron capaces de contrarrestar esas acusaciones, y no solo porque eran verdad.

Para colmo, estaban incapacitados para achacar a sus enemigos que aplicaban métodos similares: el gobierno de Tokio mantenía contra viento y marea que ni uno solo de sus soldados había sido capturado, porque todos preferían la muerte al deshonor. Era una completa falsedad, pero tenían que mantenerla y se volvió contra ellos.

Ni siquiera manejaron hábilmente su tremendo éxito en Pearl Harbor, cuando atacaron por sorpresa la base naval de Estados Unidos en Hawái, la mañana del domingo 7 de diciembre de 1941[39]. Desde el punto de vista militar, el triunfo

---

39 Los japoneses, sin que mediara declaración de guerra, usaron 353 aeronaves, que incluían cazas de combate, bombarderos y torpederos que despegaron de seis portaaviones. Alcanzaron de lleno los ocho acorazados estadounidenses atracados en el puerto, y cuatro de ellos se hundieron. De estos ocho, dos fueron reflotados y cuatro reparados, por lo que seis pudieron volver a entrar en servicio más tarde. El ataque nipón también hundió o dañó tres cruceros, tres destructores, un buque escuela y un minador. Los norteamericanos perdieron 188 aeronaves, sufrieron 2.403 bajas mortales y 1.178

fue apoteósico, pero no supieron capitalizarlo al menos mediáticamente.

El traicionero ataque conmocionó profundamente al pueblo estadounidense. Galvanizó a una población, que se conjuró para devolver el golpe, lo que hizo con tesón y valor inauditos.

De forma tan apabullante ganó EEUU la batalla de la información que en 1944, cuando se rebelaron los japoneses encerrados en un campo de concentración australiano y los guardianes acribillaron a 221 cautivos, que las autoridades niponas y sus medios adictos no fueron capaces de informar del hecho a la ciudadanía del archipiélago asiático.

En el bando aliado —aunque por razones bien distintas—, también se produjeron asombrosas lagunas informativas.

En la euforia de la victoria, la guerra se presentó como la mejor cubierta de la Historia, pero si se exceptúa a un puñado de profesionales excepcionales —que actuaron convencidos de que en una democracia la población necesita conocer los hechos para tomar decisiones y que esa necesidad es especialmente aguda en tiempos de guerra—, la mayor parte se doblegó encantada a los censores, no intentó hacer prosperar la verdad y se conformó con lo que le daban las fuentes oficiales.

---

heridos de diversa consideración. Los japoneses solo perdieron veintinueve aeronaves y cinco minisubmarinos. Entre muertos y heridos tuvieron apenas sesenta y cinco y solo uno de sus marinos fue capturado vivo.

El sistema generaba la ilusión de que existía total libertad de prensa, pero en la práctica la ciudadanía norteamericana no fue tratada de forma muy diferente que la japonesa: se le informó de lo que las autoridades consideraron recomendable.

El efecto combinado de la censura militar y la obsesión de los reporteros por poner el acento en las batallas, la bravura, la gloria y la aventura, hizo que dos de las principales historias de la campaña del Pacífico –la bomba atómica y el bloqueo de los suministros de petróleo a Japón– pasaran casi desapercibidas.

Para comprobar el éxito de los submarinos estadounidenses en el Pacífico basta echar un vistazo al porcentaje de crudo producido en los campos petrolíferos conquistados por el Ejército Imperial que alcanzaba Japón: en 1942 llegó al 40%; en 1943, al 15%; en 1944, al 5%; en 1945, ni un barril.

John Hohenberg explica en *Foreign Correspondence: The Great Reporters and their Times* que eso fue lo que derrotó auténticamente a los japoneses: «Se quedaron sin carburante para mover sus barcos, aviones, carros blindados y vehículos militares y, con o sin bomba atómica, aunque hubiesen triunfado en grandes batallas navales como Midway e incluso sin la entrada de la URSS en el conflicto, estaban condenados a perder la guerra».

El corte de las rutas de aprovisionamiento japonesas fue un modelo de estrategia, pero no apareció en los medios de comunicación porque la US Navy había dado instrucciones de que no se publicara nada relacionado con submarinos y los periodistas no manifestaron excesivo interés.

La bomba atómica fue un caso muy diferente y merece un comentario aparte.

LA COFRADÍA DEL PELIGRO 22

> «El haber estado realmente en peligro acerca humanamente a los viejos soldados, a los viejos marinos, a los viejos pilotos e incluso a los viejos corresponsales en un sentido que no es comprensible para los que no han compartido ese sentimiento»

La reflexión de la valiente Marguerite Higgins sobre la noble hermandad que se establece entre los reporteros de guerra es muy acertada, pero no justifica que ni ella ni los hombres de trinchera esquivaran como periodistas el racismo imperante en la guerra de Corea o la rampante corrupción de los surcoreanos.

Tampoco revelaron –y podían haberlo hecho– que las tropas de la ONU habían dinamitado el hielo en el río de Seúl para evitar que cruzaran los refugiados civiles y atestaran la carretera por la que planeaban viajar los militares en retirada.

Una noticia que jamás se filtró fue que hubo dos ocasiones en que faltó muy poco para usar la bomba atómica.

La primera vez, el general Douglas MacArthur, presionó infructuosamente al presidente Harry Truman y en la segunda estuvo a punto de convencer al presidente Dwight D. Eisenhower, quien habría dado su autorización si los norcoreanos no hubieran aceptado el armisticio en 1953.

Al margen de los terribles sufrimientos infligidos a millones de civiles inocentes, otro aspecto del conflicto en el que los reporteros apenas hicieron hincapié fue el volátil comportamiento bélico de miles de soldados norteamericanos.

Una de las quejas más frecuentes de los militares aliados fue que los estadounidenses no eran fiables. En el caso concreto de los prisioneros, la vacilación adquirió proporciones bochornosas.

Un hecho —no desvelado hasta el fin del conflicto— fue que, aunque chinos y norcoreanos mantuvieron a más de diez mil soldados aliados en campos carentes de alambradas o barreras físicas, ni un solo cautivo logró escapar en tres años.

La cooperación con los carceleros era tan estrecha y entusiasta que estos sabían todo lo que ocurría al instante.

De los siete mil reclusos estadounidenses, muchos abandonaron toda esperanza y se dejaron morir. El 70% colaboró con el enemigo en algún grado, escribiendo cartas favorables a los comunistas o haciendo sonrojantes declaraciones por la radio.

El deterioro de la moral fue total y los soldados se negaron desde el principio a obedecer a sus oficiales también prisioneros y a ayudar a los más débiles o necesitados.

En contraste, los miembros de la Brigada Turca, la menos sofisticada del contingente de la ONU, se negaron a hablar con sus captores, mantuvieron una disciplina estricta, cuidaron a sus enfermos, se resistieron a doblegarse y no perdieron un solo hombre en cautiverio.

Los chinos y norcoreanos encerrados en la isla de Koje llegaron a abrir un segundo frente en el campo de concentración, atraparon al general Frank Dodd, le obligaron a firmar un documento cediendo a sus demandas y solo se rindieron cuando el mando estadounidense envió desde Japón carros blindados y paracaidistas para sofocar la revuelta.

En lugar de ahondar en las causas profundas de este colapso moral sin precedentes en la historia militar de Estados Unidos, la mayor parte de los corresponsales aceptó de buena gana la versión oficial que atribuía lo ocurrido a las técnicas de «lavado de cerebro», la tortura y la «maldad comunista».

La única excusa al desconcierto de los soldados es que reflejaba en cierta medida la confusión existente en torno a los objetivos de la intervención.

Aunque los reporteros de Corea hicieron gala de un admirable coraje físico en el campo de batalla, en su inmensa mayoría carecieron del valor moral o la inspiración imprescindible para preguntar y preguntarse sobre las causas de la guerra o su naturaleza.

Una de las excepciones fue Randolph Churchill, hijo del ex primer ministro británico y evidente heredero de parte de sus genes. Hasta que fue herido en una pierna y transferido a un barco-hospital, Randolph solía pasear por el frente embutido en un uniforme diseñado por él mismo.

El atuendo despertaba invariablemente la rechifla de sus colegas, lo que nunca arredró al joven Churchill.

«Vosotros, los americanos, podéis parecer mecánicos de un garaje —decía en un tono suficientemente alto para que lo oyera todo el mundo—. En mi caso es distinto; yo debo ir siempre adecuadamente vestido».

Salvando las distancias, es casi lo mismo que replicó a un desastrado novato el distante Hermann Tertsch, por aquel entonces delegado en Europa Central del diario *El País*, cuando el ahora analista se personó en el Holiday Inn de Sarajevo a mediados de 1993 ataviado con su sempiterna corbata y un impecable chaleco antibalas.

La convención de Ginebra

Debido a que los comunistas norcoreanos no estaban muy versados en la Convención de Ginebra –les importaba y les sigue importando un comino su contenido– bastantes corresponsales comenzaron a portar armas igual que llevaban un cuaderno de notas, mientras reporteaban en la guerra de Corea.

Marguerite Higgins se agenció una carabina y hubo quien recurrió a la ametralladora.

«Imagínense que un *gook* salta dentro del puesto –solía explicar el mordaz Fred Sparks, ganador de un *Pulitzer*–; ¿que se supone que debo hacer? ¿Sonreír y decirle: *Chicago Daily News?*»

> Como ocurre siempre que existe un peligro real, la «tribu» se dividió entre los hombres de «trinchera» y los de «cuartel general».

En sitios como la antigua Yugoslavia –donde el patético desmembramiento de lo que había sido el paraíso del mariscal Josip Broz Tito se prolongó de 1991 a 2006–, se hablaba de «periodistas de hotel» y «periodistas de primera línea» para distinguir entre los que salían a buscar noticias a las zonas calientes y los que consumían la jornada holgazaneando en la hipotética seguridad del hotel Holiday Inn.

Entre los de trinchera, que introducían en sus despachos la primera persona del singular para atestar su presencia física en el lugar de los hechos, era inevitable que descollara la sublime Marguerite Higgins, la primera mujer que ganó un premio Pulitzer.

Escribía para el Herald Tribune, era atractiva, ambiciosa y alardeaba de que no se casaría hasta encontrar «un hombre tan excitante como la guerra».

El 15 de septiembre de 1950, decidido a poner un fin rápido y victorioso al conflicto, el expeditivo general MacArthur desembarcó tropas en Inchon, en la costa oeste de la península coreana.

El 27 de septiembre, Seúl era reconquistada por los aliados. Pyongyang cayó en manos de las fuerzas de la ONU el 19 de octubre de 1950.

En vísperas de Navidad, los norteamericanos estaban en la ribera del río Yalu, en la frontera con Manchuria, y engordaban los rumores sobre la inminente entrada en acción de «hordas de comunistas amarillos».

No eran rumores infundados. Cuando los chinos de Mao Tse Tung penetraron en tromba, las fuerzas aliadas se desmoronaron.

De ese episodio, preñado de sangre y aflicción, ha quedado para la Historia una frase memorable del general norteamericano Oliver Smith, alias «O.P.» o «The Professor»: «Caballeros, no nos estamos retirando; simplemente atacamos en otra dirección».

Algunos militares aliados, como el contingente turco o la brigada de la Commonwealth, se batieron con fiereza, pero los surcoreanos se comportaron deplorablemente.

Varios corresponsales comenzaron a preguntar abiertamente en sus despachos si merecía la pena arriesgar la vida por algo tan flácido como Corea del Sur.

Planteaban, entre interrogantes, cómo era posible que los del Norte bregaran como tigres y los del Sur se condujeran como corderos, cuando racial, lingüística e incluso históricamente eran análogos.

Las dudas no afectaron solo a los surcoreanos. René Cutforht informó a través de la *BBC* de que había visto a «jóvenes GIs norteamericanos arrojar sus armas espantados y huir del frente con las lágrimas surcando sus mejillas».

Era una premonición de lo que sería habitual en Vietnam una veintena de años más tarde y que contrasta con el tremendo arrojo, la fe ciega en la victoria, el espíritu de sacrificio y el ardor patriótico con que los jóvenes norteamericanos fueron arrebatando a los japoneses, isla tras isla y a tiro limpio, todo lo que el agresivo Imperio del Sol Naciente conquistó a traición al inicio de la Segunda Guerra Mundial.

La climatología se convirtió en una pesadilla. David Douglas Duncan, fotógrafo de *Life* y autor de una de las imágenes más memorables del conflicto —un marine agotado, con la barba punteada de cristales de hielo, que intenta sacar alubias de una lata congelada— aseguraba que, cuando preguntó al atribulado militar que deseaba como regalo de Navidad, el soldado lo miró a los ojos y se limitó a responder: «Llegar vivo a mañana».

Corea aportó algunas primicias bélicas, incluido el uso de las bombas de napalm. El primero que informó sobre la flamante arma fue el británico René Cutforht, quien describió en la *BBC* la indolente caída del cilindro metálico, la deslumbrante llamarada y el instantáneo golpe de calor:

«Entonces, sobre esta escena de desolación y silencio, llega un olor que recuerda las cenas dominicales en Gran Bretaña, el aroma del cerdo asado, que es a lo que huele la carne humana cuando es abrasada por el napalm».

Las expectativas de una cobertura completa y veraz del conflicto se disiparon pronto bajo la presión combinada de varios factores, entre los que la atmósfera política de Estados Unidos jugó un papel primordial.

Ni un solo diario norteamericano importante se opuso a la guerra y muchos se sumaron entusiasmados y dóciles a la «caza de brujas» macarthista.

El New York Daily Mirror llegó a publicar con grandes titulares: «Ya va siendo hora de que hagamos algo con nuestros comunistas nativos».

El matrimonio Rosenberg había sido arrestado por espiar para la URSS, la Guerra Fría iba *in crescendo*, y el senador McCarthy ostentaba una autoridad oprimente.

Venían tiempos extraños, turbios y complejos para los reporteros puros y duros.

Tras la Segunda Guerra Mundial, la península de Corea quedó dividida en dos entes: uno comunista al Norte y otro anticomunista al Sur.

El primero estaba apoyado por China y la URSS; el segundo estaba respaldado por Estados Unidos, y cuando se iniciaron las hostilidades, el 25 de junio de 1950, los norteamericanos se consideraron implicados en una cruzada.

En una semana, los motivados soldados del Norte barrieron a las fuerzas del Sur. Era la época en que el senador McCarthy practicaba vehementemente la «caza de rojos».

Estados Unidos aprovechó la ausencia de la URSS del Consejo de Seguridad para hacer aprobar una resolución por la que la ONU dio vía libre a una intervención armada internacional contra los «agresores comunistas». Aunque de forma casi simbólica, aportaron fuerzas Reino Unido, Turquía, Australia, Canadá, Francia, Grecia, Colombia, Tailandia, Etiopía, Países Bajos, Filipinas, Bélgica, Sudáfrica, Nueva Zelanda y Luxemburgo.

En Seúl, al mismo tiempo que empaquetaban aceleradamente sus pertenencias para no caer en manos de los *gook* —apodo con el que se identificaba despectivamente a los norcoreanos—, los corresponsales ya se habían dado cuenta de que se trataba de una guerra que Estados Unidos no podía «ganar, perder o abandonar».

Desde el punto de vista periodístico, los primeros días del conflicto fueron un maremágnum de carreras, miedo, rabia y agotamiento, con los reporteros huyendo a toda prisa hacia el extremo sur de la península —donde desembarcaron el 5 de julio las primeras tropas norteamericanas—, o saltando a Tokio para enviar sus crónicas.

En esta fase del conflicto los corresponsales escribían literalmente lo que querían. No había más cortapisas que las que cada uno se aplicaba a sí mismo para no poner en peligro la vida de los combatientes o vulnerar un secreto militar. Eso hizo que aparecieran artículos en los que se hablaba de «pánico», se revelaba la escasez de equipamiento militar decoroso, se incluían frases emponzoñadas como «no se puede destruir un tanque con una carabina», o se denunciaba el «pobre ejemplo» dado por bastantes oficiales.

Desde su cuartel general en Tokio, MacArthur acusó a los periodistas de «dar ayuda y aliento al enemigo».

Sobre el papel no había censura previa, pero en la práctica los límites quedaron claramente marcados muy pronto.

El confín se hizo dolorosamente patente en agosto, cuando los 270 enviados especiales desplazados a Corea constataron que dependían de los militares para alojarse, comer, moverse de un lugar a otro o transmitir.

La profesión es plenamente consciente de que, en esas circunstancias, no es recomendable disgustar a los anfitriones revelando sus defectos, flaquezas y deslices. Vale para todas las coyunturas y en especial las bélicas.

LA GUERRA DE VIETNAM 23

En 1954, tras la derrota de los franceses en Dien Bien Phu, Vietnam quedó dividido entre un Norte comunista, bajo la batuta de Ho Chi Minh, y un Sur dominado por el católico y corrupto Ngo Dinh Diem.

Estados Unidos, como parte de su política de contención frente a la China Roja y de expansión a cuenta de los declinantes poderes europeos, apoyaba a Diem y trató de apuntalar su régimen despachando hacia Saigón unas docenas de asesores militares.

Hasta noviembre de 1960, cuando cuatrocientos civiles resultaron muertos en una revuelta protagonizada por paracaidistas locales, los medios de comunicación norteamericanos no mostraron el mínimo interés por lo que ocurría en Indochina.

Para descrédito de la prensa mundial, es necesario reseñar que en los cruciales años del declinar de Diem, y a pesar de que Estados Unidos se iba implicando progresivamente, el único periódico que tuvo un corresponsal permanente en Saigón fue el *New York Times*. El resto se conformó con lo que enviaban, con enormes impedimentos, los caballeros de las agencias.

Diem no veía motivo alguno para permitir que unos periodistas extranjeros publicaran cosas desagradables sobre él.

Los miembros de la misión estadounidense conocían a la perfección el desbarajuste del régimen, pero se sentían compelidos a engañar a los gacetilleros. No se trataba de grandes mentiras, sino de medias verdades y muchas pequeñas falsedades, que es la técnica más idónea para despistar a un periodista.

A partir de 1960 comenzaron a desembarcar corresponsales, pero hasta muy avanzado el conflicto los editores solían ignorar lo que enviaban sus hombres sobre el terreno y a dar por buena la versión de Washington.

El presidente John F. Kennedy y su Administración hacían todo lo posible para asegurarse de que el volcán que bullía en el Sudeste asiático pasaba desapercibido a los ojos del público.

Desde la Casa Blanca se dieron instrucciones aconsejando no facilitar transporte a los periodistas en misiones militares y puntualizando que las críticas al régimen de Diem hacían difícil mantener la relación amistosa con el gobierno sudvietnamita.

Los escasos reporteros destacados en la zona se negaron a cooperar. Cerraron filas, compartieron información y rehusaron someterse a la censura.

En esa fase la guerra continuaba siendo un cómodo pasatiempo, muy parecido a lo que había sido el periodo inicial de la Segunda Guerra Mundial en el Frente Oeste o a lo que fue en sus inicios, en 1980, el conflicto salvadoreño para Leo Gabriel, el holandés Ian y para mí.

Los corresponsales podían tomar un taxi en Saigón al amanecer, bajar por la Ruta 4 hasta el delta del Mekong, almorzar opíparamente en un restaurante de la ribera regando el pescado con vino francés, polemizar un rato sobre la coyuntura con un oficial sudvietnamita y retornar a la capital antes de la puesta de sol.

Con la llegada de fla oscuridad, los guerrilleros del Viet Cong se adueñaban de la zona y controlaban las carreteras. Todavía había muy pocos periodistas occidentales y cuando se reunían a cenar podían hacerlo en una sola mesa.

El interés fue subiendo paulatinamente. Primero fueron los británicos, que no estaban coartados por las restricciones que afectaban a sus colegas norteamericanos. Después los franceses, atraídos por el morbo de Dien Bien Phu y la remembranza de su pasado colonial.

Durante la guerra de Indochina, apurada con una urticante derrota de Francia apenas diez años antes, los reporteros galos pertenecientes al Servicio de Prensa Inter-Armas (SPI) escribieron páginas gloriosas.

El general De Lattre de Tassigny había creado el SPI como un organismo destinado a suministrar información de primera mano al grueso de los periodistas, que permanecía bloqueado en ciudades como Hanói o Saigón.

El fotógrafo Daniel Camus, que en 1954 tenia veintidós años, se lanzó en paracaídas sobre Dien Bien Phu acompañado por su colega René Martinoff y por el cineasta Lebon.

Saltaron del avión Dakota entre un diluvio de morterazos, y apenas tocaron tierra, la metralla mató a Martinoff y dejó malherido a Lebon.

Todavía aturdido por la trágica recepción, Camus se puso a trabajar y permaneció bajo el fuego cincuenta y cinco días. Cuando los franceses se rindieron, Camus ocultó los rollos en su cuerpo, soldándolos a la piel del vientre con esparadrapo, pero no le sirvió de nada.

Al principio, en compañía del cineasta Pierre Schoendorffer y del fotógrafo Perault –que se habían lanzado también en paracaídas sobre Dien Bien Phu–, marcharon por la jungla confundidos en la columna de seis mil prisioneros.

Al llegar al campo de concentración decidieron revelar al Vietminh que eran periodistas. Los segregaron del conjunto y los acoplaron en un camión con los oficiales.

A medio camino, aprovechando el sopor de los guardianes, Perault brincó y se esfumó en la jungla.

Cuando le llegó el turno a Schoendorffer, tuvo la mala suerte de tropezar con una rama y hacer ruido. Lo capturaron, lo molieron a palos, registraron a Camus y descubrieron los rollos de película.

Los forzaron a seguir el resto del camino a pie y descalzos. Cuatro meses después, tras otras dos tentativas frustradas de evasión, Camus y Schoendorffer fueron liberados. Perault nunca apareció.

Tras los británicos y los franceses empezaron a asomarse los australianos y el resto. Había tanta gente descontenta con la situación que los corresponsales dejaron de necesitar las fuentes oficiales para saber lo que pasaba o iba a ocurrir.

El 9 de mayo de 1963 las tropas de Diem dispararon contra una manifestación budista, y a partir de ese momento los monjes budistas se convirtieron en un manantial imperecedero de noticias.

El 9 de junio hicieron saber a los periodistas occidentales que algo importante podía ocurrir en la tarde.

Era solo una sugerencia, pero permitió al fotógrafo Malcom Browne apostarse con tiempo en el lugar adecuado y tener su cámara lista en el momento en que el monje Thich Quang Due se roció de gasolina y se inmoló, mientras sus compañeros budistas se interponían para impedir a los bomberos apagar las llamas.

Las fotos de Browne fueron transmitidas inmediatamente por el servicio de AP y publicadas en miles de periódicos. Fue la primera vez que la opinión pública mundial vio un «bonzo» y comenzó a inquirir estupefacta que ocurría en Vietnam.

La reacción de Diem consistió en acusar al fotógrafo de haber sobornado a los monjes para que sacrificaran a Tbich Quang Due.

La de Kennedy se centró en presionar a los editores y directores, instándolos a cerrar filas como se había hecho en la Segunda Guerra Mundial y en Corea.

En honor a los corresponsales es imperativo puntualizar que intentaron reportar lo que observaban. En su contra hay que reseñar que tendieron a considerar la corrupción de las autoridades locales como algo periférico al conflicto.

Tampoco cuestionaron casi nunca la participación norteamericana, sino solo su efectividad.

En contra de lo que proclamaban muchos políticos en Washington, muchos periodistas estaban tan interesados en la victoria de Estados Unidos como podía estarlo el Pentágono.

Charles Mohr, enviado por el *New York Times*, llevó su ímpetu a cubrir la reconquista de la ciudadela de Hue con un fusil M-16 al hombro.

En agosto de 1964, el general William Westmoreland asumió el mando del creciente cuerpo expedicionario norteamericano, se desplegaron los primeros aviones en bases terrestres y la VII Flota comenzó a patrullar las aguas internacionales cercanas a Vietnam del Norte.

Se inició una guerra sin precedentes en los anales de la historia militar estadounidense: una contienda sin línea de frente, sin enemigo claramente identificado, sin causa fácilmente explicable, sin un villano sobre el que focalizar el odio popular, sin peligro para el territorio propio, sin necesidad de sacrificios generalizados, y sin fervor ni patriotismo.

La canción del soldado

La guerra de Vietnam fue para los americanos una pelea malsana, en un lugar diminuto y remoto, contra un adversario anónimo.

Tim O'Brien, cuyo *If I die in a combat zone* ha sido comparado con el *Homenaje a Cataluña* de George Orwell, refleja descarnadamente en su obra la angustia que supuso para su generación batirse en una guerra que consideraban equivocada.

El título del libro de O'Brien procede de una canción que entonaban los soldados rasos. El estribillo de la balada repite una y otra vez: *«If I die in a combat zone, box me up and ship me home»* («Si muero en zona de combate, metedme en una caja y enviadme a casa»).

Para percibir la terrible perversión que sufrieron los sentimientos de miles de muchachos a medida que Estados Unidos se fue empantanando en Vietnam, basta leer *Dispatches*, donde Michael Herr despieza, con una mezcla de pasión y fría meticulosidad, el miedo y el valor de los soldados enviados a los campos de arroz y las junglas de Indochina.

A cada nuevo peldaño en la escalada bélica, las autoridades estadounidenses intentaban camuflar su actuación recurriendo a una catarata de eufemismos y estadísticas. En su beneficio hay que reconocer que no trataron de resolver el problema imponiendo una rígida censura, sino que montaron una campaña de relaciones públicas realmente profesional.

Para difundir su propia versión de la guerra, invitaron a periodistas, organizaron giras, dieron facilidades e instaron a todo el que quiso a «comprobar personalmente la verdad».

Esta táctica resultó a la larga desastrosa para EEUU. Al hacer cualquier faceta de la guerra inusualmente accesible a todo reportero que se presentaba en Saigón, la Casa Blanca perdió el control de la información.

Con setecientos periodistas deambulando por Vietnam del Sur, como hubo en ciertos momentos, era inevitable que algunos esquivasen los viajes organizados y se aventuraran por su cuenta.

La «verdad», amplificada por las deprimentes imágenes de televisión que engullían cotidianamente con sus copos de maíz y sus huevos revueltos millones de norteamericanos, terminó abriéndose paso y provocando la caída del presidente Lyndon Johnson.

Una polémica que generó Vietnam –que se reproduce en todas las guerras, y sigue sin resolver– es si resulta periodísticamente mas ventajoso mantener un hombre permanentemente sobre el terreno o si es mejor rotar con gente de refresco.

El «fijo» suele estar bien informado y contar con fuentes seguras. El «ocasional» llega con ojos nuevos y a menudo percibe aspectos que el residente ha dejado de apreciar, ralentizado por el lastre de la costumbre.

A la vista de lo ocurrido con la cobertura de Vietnam, la única deducción incontrovertible es que todo depende de la talla del personaje encargado de cubrir la información. Si es un profesional con clase, lo hará bien tanto si es fijo como ocasional. Lo mismo es aplicable a las diferencias de sexo.

Un ejemplo luminoso es Catherine Leroy. Criada en un convento francés, Catherine se conmovió por las imágenes que vio un día en *Paris Match*, y decidió que debía viajar a Vietnam para «dar un rostro humano a la guerra».

En 1966, a la edad de veintiún años compró un boleto de ida a Laos. Todo lo que llevaba encima era una cámara Leica M2 y cien dólares.

A su llegada a Saigón, Leroy conoció al mítico Horst Faas, jefe de la oficina de la *Associated Press*, fotógrafo eminente y ganador de dos premios *Pulitzer*.

Un año más tarde, Catherine se convirtió en la primera periodista acreditada para participar en un salto en paracaídas en combate, uniéndose a la 173d Airborne Brigade en la operación *Junction City*.

En 1968, durante la «Ofensiva Tet», Leroy fue capturada por el Ejército de Vietnam del Norte. Se las arregló para negociar su salida con los feroces Viet Cong y emergió como la primera periodista del mundo que había tomado fotos del Ejército de Vietnam del Norte detrás de sus propias líneas. La historia se convirtió en la portada de la revista *Life*.

Su foto más famosa se titula *Corpsman In Anguish* y es en realidad una serie de tres imágenes, captadas en rápida sucesión, del sanitario estadounidense, Vernon Wike. En las fotos, durante la batalla de la colina de 881 cerca de Khe Sanh, el marine Wike trata de ayudar a un compañero que ha recibido un balazo.

En el primer cuadro, Wike tiene en sus dos manos el pecho de su amigo, tratando de restañar la herida, de tapar el boquete por el que mana a borbotones la sangre; en el segundo, apoya la cabeza sobre el pecho herido de su amigo, tratando de encontrar un latido del corazón; en el tercero, acaba de darse cuenta de que su camarada está muerto y mira al cielo con angustia.

Oriana Fallaci, que todavía no era una escritora de renombre, asegura que fue a Vietnam porque su padre había sido partisano antifascista en la Segunda Guerra Mundial y consideraba que era su deber moral cubrir ese conflicto.

Entre sus *scoops* figuran una entrevista al general Nguyen Giap, comandante en jefe del Ejército norvietnamita, y otra al presidente sudvietnamita Nguyên Van Thieu.

Kate Webb, que había nacido en Nueva Zelanda y trabajaba para la *United Press*, estuvo implicada en más acciones que la mayoría de los hombres y fue el primer reportero que entró en el recinto de la embajada estadounidense tras su breve ocupación por los Viet Cong durante la «Ofensiva del Tet».

Bastantes enviados especiales imitaron mecánicamente el estilo de reporterismo santificado en la Segunda Guerra Mundial y fue un error. Vietnam era un nuevo tipo de guerra y requería un nuevo tipo de corresponsal de guerra.

Era un conflicto interdisciplinario, en el que complejos problemas políticos se mezclaban con aspectos militares y donde el éxito en el campo de batalla era imprescindible pero no suficiente.

> El corresponsal bélico termina habituándose al dolor, al sufrimiento y a la muerte. Al principio uno se siente consternado por lo que ve, pero al cabo de los días va desarrollándose una especie de costra sentimental irremplazable para seguir trabajando, pero enormemente peligrosa porque puede conducir al cinismo mas despiadado.

En Vietnam esa costra solía ser espesa y estar muy extendida.

Desde la noche de los siglos, los gobernantes saben que para librar con éxito una guerra es imprescindible deshumanizar al enemigo.

El modo más simple de lograrlo consiste en inflamar a las tropas propias de espíritu nacionalista o racista y, a ser posible, de ambas cosas a la vez.

Esos sentimientos, que habían sido incitados por primera vez en los norteamericanos durante la Segunda Guerra Mundial y reavivados en Corea, fueron llevados a su paroxismo en Vietnam.

Morían los chicos, atacados a menudo por sonrientes campesinos a los que habían dado comida y ayuda durante el día, y que al caer la noche se transformaban en feroces milicianos Viet Cong y eso nublaba muchas cosas.

En el Sudeste asiático tenía lugar una insurgencia en la que el enemigo no era básicamente distinguible del civil inocente o del aliado. El racismo dirigido contra un rival despectivamente designado como «Charlie Cong» se cebó también en los desventurados vietnamitas a los que supuestamente se iba a salvar.

Todos los vietnamitas se convirtieron en *dinks* –«patosos» o «basura»– y se popularizó el dicho de que los únicos amarillos buenos eran los muertos.

En consecuencia, los soldados norteamericanos mataban a todo el que les parecía Viet Cong y al que, sin parecerlo, podría haberlo sido.

Teóricamente se sostenía que la única manera de triunfar consistía en «ganar las mentes y corazones de los sudvietnamitas», pero en la práctica se trataba de una tarea imposible.

Fue la condición racista de la lucha y la bestialización de los vietnamitas lo que condujo inexorablemente a matanzas como la de My Lai, una aldea donde el 16 de marzo de 1968 la Compañía C del Primer Batallón del XX de Infantería de la Brigada XI masacró un centenar de hombres, mujeres y niños.

Resulta paradójico que la carnicería de My Lai, uno de los hechos mas resonantes de la guerra de Vietnam, no fue reportada por ninguno de los corresponsales que estaban en el sudeste asiático cuando ocurrió.

Aproximadamente un año después de la masacre, el ex ametrallador de helicóptero Ronald Ridenhour, quien tenía amigos en la Compañía C y vivía retirado en Arizona, remitió treinta cartas relatando lo que sabía y citando los nombres de los que le habían facilitado la información.

Las epístolas fueron enviadas al presidente Richard Nixon, a altos militares y a varios congresistas y senadores.

Muchos no respondieron, pero un congresista de su estado, Morris Udall, le telefoneó para decirle que haría todo lo que estuviera en su mano.

El Pentágono inició una investigación, y en septiembre de 1969, tres días antes de que fuera licenciado, el teniente William L. Calley, el hombre que iba al mando de la Compañía C, fue acusado formalmente de la muerte de 109 «seres humanos orientales» y llevado ante una corte marcial. La cifra de víctimas fue reducida posteriormente a 102 «seres humanos».

El 6 de septiembre, sobre ese asunto, la agencia AP pasó una breve nota sin especificar ni el número de muertos ni las circunstancias.

El *New York Times* publicó el 8 de septiembre una pequeña noticia en la página 38, y todo hubiera pasado desapercibido de no haber existido un periodista tenaz e implacable llamado Seymour Hersh.

Trabajaba entonces para el diario *Saint Louis Post Dispatch*. Hersh, quien tenía treinta y dos años y había cubierto el Pentágono para la *Associated Press* en 1966 y 1967, recibió la llamada de un abogado alertándole sobre el caso y se puso en marcha.

El 13 de noviembre, a través de una pequeña agencia y cobrando cien dólares a cada medio, publicó la historia completa en treinta y seis periódicos, entre los que se incluía desde el *Times* hasta el *Boston Globe*, pasando por el *San Francisco Chronicle*.

Ese mismo día, el *New York Times* sacó a la luz su propia versión, elaborada por su plantilla, y poco después Ronald Haeberle, que había sido fotógrafo militar y había acompañado a la Compañía C en My Lai, empezó a vender las imágenes de la masacre.

Haeber le terminó sacando cincuenta mil dólares a la revista *Life* por una dramática estampa de los civiles de My Lai muertos en un camino.

Muy pronto, cada fotógrafo que había estado en el Sudeste asiático tenia su propia atrocidad que contar o vender.

Vietnam sirvió de incubadora en el nacimiento de la escuela de los fotógrafos del horror, que desde entonces han prosperado como hongos.

En su descargo no se puede olvidar que son los que más se arriesgan, los que casi siempre caen perforados por las balas o la metralla y que el propósito de la fotografía de prensa es registrar acontecimientos, hechos, eventos y peripecias, no hacer poesía o arte.

En el mundo, aunque no nos agrade, ocurren cosas espantosas.

LOS GRITOS DEL SILENCIO 24

Los fotógrafos son una casta singular dentro de la «tribu».

Sea cual sea su nacionalidad o su edad, todos los que se juegan la vida de conflicto en conflicto visten de forma similar, usan bolsas parecidas y actúan de modo semejante.

Como el protagonista de *Del Corso's Gallery*, la novela de Philip Caputo sobre los corresponsales de guerra, hasta comparten cierta fijación con el escalofriante dramatismo que el pintor Francisco de Goya fue capaz de plasmar en su obra *Los desastres de la guerra*.

A primera hora, con la luz del amanecer filtrándose por la ventana del hotel, realizan el ritual de prepararse a sí mismos y a su equipo para el crítico instante en que deberán enfrentarse al peligro con la única ayuda de las cámaras.

Antes, cuando no se había inventado la fotografía digital y todo se hacía a pedales, comenzaban rompiendo la envoltura de cartón de los paquetes de película y distribuyendo los rollos por el chaleco: el Tri-X en los bolsillos de arriba para las fotos en blanco y negro, el Ektacrome 64 en los de abajo... una Nikon o una Canon con un objetivo de 24 milímetros, otra con un 105, otra... y la Leica, silenciosa y exquisita, colgando del cuello, muy corto, justo a la altura del final del esternón.

Era un ejercicio que yo observaba con fascinación, porque me recordaba al del soldado, que practica con su arma, la desmonta, la engrasa y la mima, con la mente fija en la batalla.

El mítico Horst Faas, editor en jefe de fotografía en la oficina de AP en Saigón durante los momentos más álgidos de la guerra, explicó así su trabajo al término del conflicto:

«Intenté estar en la prensa todos los días para ganarle a la competencia con mejores fotos. No intenté hacer nada grandioso. Las fotos se usaban y se publicaban y se demandaban, porque Vietnam seguía en portada año tras año».

Se dice que la cámara no miente, aunque algunos fotógrafos lo hagan en ocasiones.

Unos en el terreno, provocando la acción. Otros en el laboratorio, ennegreciendo zonas de la imagen, recortando, puliendo o editando el material hasta sacarlo de contexto (Eso cuando todo era manual y no había Photoshop y esos inventos, que han permitido hacer trampas antológicas).

En cualquier caso, en Vietnam, como en todas las guerras, afloró también lo mejor del ser humano y los periodistas, casi sin excepciones, derrocharon amistad y compañerismo.

Lo único que no se puede lograr con la cámara de fotos es capturar el sonido. Con el talento y los filtros adecuados se puede expresar frío, calor e incluso olor.

Lo de la tele es todavía más amplio. En el ruido y la utilización *hollywoodiense* del retumbar ensordecedor de los cañones o del tableteo de las ametralladoras como telón de fondo de una entradilla, hay verdaderos maestros en ciertos equipos de televisión.

Afortunadamente, el número de los no escrupulosos es muy reducido.

En favor de los medios de comunicación estadounidenses durante la guerra de Vietnam hay que recalcar que en un entuerto como la masacre de My Lai fueron capaces de ir hasta el fondo, aunque lo hicieran con más de un año de retraso.

Tras la cobertura de un sinnúmero de cataclismos después de haber estado treinta años dando tumbos de un desastre a otro del planeta, uno llega a la conclusión de que My Lai no fue una atrocidad extraordinaria sino un hecho típico, inherente a la guerra.

En Vietnam hubo acontecimientos igualmente horribles antes y desatinos todavía peores después, cuando los norteamericanos evacuaron Saigón a toda prisa y comenzaron su letal labor de «limpieza» los fanáticos comunistas.

Eso ocurre en todos los conflictos, aunque en el caso del Sudeste asiático las aberraciones se vieron estimuladas por la «filosofía» subyacente.

Es algo muy parecido a lo ocurrido en la antigua Yugoslavia. Sin restricciones morales a la hora de «desechar» vietnamitas –como les pasó a los milicianos serbios con los musulmanes bosnios, a estos con los serbios, a los croatas con todos y a los albanokosovares con los serbios– y con el comprensible deseo, por encima de todo, de que todo soldado tiene de permanecer vivo, los «GIs» estadounidenses terminaron cometiendo barbaridades que sus compatriotas consideraban imposibles.

En ese aspecto los norteamericanos no son moralmente distintos de los rusos, los serbios, los musulmanes bosnios, los albano-kosovares, los peruanos de *Sendero Luminoso* o los militantes de los *Escuadrones de la Muerte* guatemaltecos.

Peter Arnett se hizo notar como periodista de raza en Vietnam, donde arribó como enviado de la *Associated Press*.

Allí, cuando todavía tenía todo el pelo y cara de chavalín, explicó más de una vez que nunca describió un crimen de guerra en esos términos porque hacerlo hubiera sido juzgar y la obligación de un reportero es relatar hechos.

Muchos periodistas compartían en el Sudeste asiático la postura de Arnett y no consideraron nunca parte de su labor especular sobre la moralidad del conflicto, en contraste con lo que había ocurrido durante la Guerra Civil española.

En lo que sí coincidieron todos fue en reportear en términos crudos cada incidente, exagerando a menudo el significado militar de las operaciones del Viet Cong.

Uno de los ejemplos fue la «Ofensiva del Tet», iniciada el 31 de enero de 1968 y durante la cual los guerrilleros comunistas lograron penetrar en el recinto de la embajada estadounidense y conquistar varias ciudades.

La ofensiva se saldó con miles de Viet Cong muertos y con una seria desarticulación de la estructura guerrillera, pero su proyección en las pantallas de los televisores, así como la revelación posterior de lo ocurrido en My Lai, hicieron virtualmente imposible para el presidente Johnson la prosecución de la guerra en los mismos términos.

Una vez que se renuncia a la victoria total, el lento camino hacia la capitulación –abierta o disimulada– es inevitable, y esa fue la senda que emprendió Estados Unidos y culminó en 1975 con la caída de Saigón en manos de los comunistas del Norte.

Los medios de comunicación tuvieron enormes lagunas. Tardaron en reseñar datos como que en toda la Segunda Guerra Mundial cayeron sobre Gran Bretaña ochenta mil toneladas de bombas, mientras en Indochina los norteamericanos lanzaron cuatro millones de toneladas.

Se demoraron más de un año en informar sobre la lucha en la vecina Camboya y necesitaron dieciocho meses para enterarse y denunciar la masacre de My Lai.

A pesar de todo esto, debido a que no había censura y que los reporteros se podían mover libremente por todos los lugares, fue una contienda mucho mejor cubierta que todas las que la precedieron.

Uno de los trabajos periodísticos más notables tuvo lugar precisamente al término del conflicto, cuando Sydney Schanberg, del *New York Times*, y Jon Swain, un *freelance* británico contratado por el *Sunday Times*, decidieron quedarse en Phnom Penh y cubrir la toma de la ciudad por los *khmeres* rojos.

Estuvieron a punto de perder la vida, pero fueron testigos de la brutal evacuación de la capital, de la mortandad posterior y del terror impuesto por los comunistas.

Sus respectivos periódicos tuvieron el privilegio de publicar en mayo de 1975 una de las series de reportajes mejores que se han hecho nunca.

Su odisea sirvió posteriormente de guion para hacer la película *The Killing Fields*, que en España se proyectó bajo el título de *Los gritos del silencio*.

EL «BLACK OUT» 25

El Periodismo, como la Política o la Historia, funciona bajo la ley del péndulo, y tras el libre acceso y la inexistencia de censura durante la guerra de Vietnam era normal que cambiaran las tornas.

Los militares norteamericanos salieron del conflicto convencidos de que habían perdido la guerra debido a la indecisión de los políticos y, sobre todo, a la perversa e incontrolada intromisión de la prensa.

Esta idea discutible, pero compartida por un amplio sector de la opinión pública internacional, generó secuelas. Una de ellas fue la tendencia universal a restringir el acceso de los reporteros a los escenarios en que se combatía y a imponer un control estricto sobre el flujo de información.

El primer caso fue Rhodesia que, una vez concluida la lucha en Vietnam y Camboya, se transformó en el nuevo «punto caliente» del planeta.

En ese país africano –ahora con el nombre de Zimbabue–, una minoría de callosos granjeros blancos dirigidos por el ranchero Ian Smith repudió los términos de la independencia dictados por Gran Bretaña, se hizo con el poder y libró una guerra a muerte con los guerrilleros negros del ZAPU y el ZANU.

De la misma manera que en Saigón habían convergido en el Continental Palace, los periodistas extranjeros convirtieron el hotel Meikles de Salisbury –ahora Harare– en su cuartel general.

El lector recibía puntualmente su ración de noticias, reportajes e informes. En apariencia se realizaba una cobertura correcta. En la práctica no era así porque los reporteros no tenían acceso al bando negro. Estaban cultural y anímicamente a años luz de los guerrilleros.

Su obligada circunscripción al inmunizado ambiente urbano les hacía depender en exceso de lo que filtraba Ian Smith y hacía casi imposible que pudieran proyectar una imagen equilibrada del conflicto.

En el caso de Rhodesia fueron las circunstancias y el color de la piel los que hicieron complicado el trabajo periodístico.

En otros conflictos posteriores, como la ocupación de Timor por Indonesia o la invasión soviética de Afganistán, a esos factores se vino a sumar la voluntad manifiesta de algunos de impedir el acceso de testigos incómodos.

> Tanto los militares indonesios como los soviéticos partían del principio de que la mejor manera de evitar que la opinión pública se movilice es impedir que esté informada.

En consecuencia, derrocharon brutalidad para vedar a los reporteros occidentales el ingreso a sus zonas de actuación.

Veinte años después de la anexión de Timor, y a pesar de la lucha constante y desigual que libraron los guerrilleros del Fretilin, raro era el mes en que aparecía alguna noticia en los grandes medios de comunicación. La razón era muy simple: no había imágenes ni testimonios periodísticos.

Con Afganistán ocurrió algo parecido, aunque la enormidad del territorio y la presencia de cientos de «cooperantes» extranjeros hizo imposible un *black out* total durante los diez años que duró la expeditiva intervención soviética.

En cualquier caso, la mayor parte del conflicto se cubrió desde el vecino Pakistán. En ocasiones salíamos de Peshawar disfrazados de nativos pastunes, pero rara vez llegábamos a las cercanías de Kabul y prácticamente ninguno de nosotros vio nunca el cadáver de un soldado soviético. (Este último dato es periodísticamente relevante si se tiene en cuenta que, según las cifras reconocidas posteriormente por el Kremlin, el Ejército Rojo sufrió diez mil bajas).

Sin acceso directo, las posibilidades de ser intoxicado informativamente son enormes, y eso ocurrió en Afganistán, donde, además de exagerar hasta el ridículo las pérdidas rusas —las enfermedades causaron más muertos que la guerrilla financiada por la CIA, Arabía Saudí y el servicio secreto paquistaní— y dar curso a todo tipo de chismes, hubo la tendencia generalizada a presentar a los mujaidines islámicos como filantrópicos luchadores de la libertad.

Posteriormente hemos comprobado que los *freedom fighters* elogiados por Ronald Reagan eran mucho más desalmados, represores, cerriles, impúdicos y dañinos que los comunistas afganos a los que intentaban derrocar.

Los Osama Bin Laden, Al Qaeda, ISIS, DAESH y todas esas mierdas, salen de ahí, de ese trágico error que cometió la Casa Blanca empeñada en ajustar cuentas con la declinante URSS por lo que los rusos les hicieron padecer en Indochina.

Afganistán ha sido una de las guerras peor cubiertas de las últimas décadas. Lo mismo se puede decir de la invasión de las Malvinas, donde los británicos aplicaron una censura estricta, impusieron *pools* a los que solo tenían acceso los elegidos que garantizaban un «buen comportamiento» y ocultaron todo lo que les podía perjudicar.

El *pool* como instrumento censor da óptimo resultado cuando los periodistas necesitan ayuda militar para obtener información.

En las Malvinas los militares tuvieron una suerte singular: controlaban, no solo el acceso a la zona de combate, sino también las comunicaciones, puesto que el Atlántico Sur no contaba con la cobertura de un satélite comercial.

No ocurría lo mismo en vísperas de la guerra del Golfo y quizá por eso se aplicó una táctica más refinada.

Los aliados sabían que iban a aplastar militarmente a Saddam Hussein. Una vez lograda la liberación de los más de 3.000 técnicos occidentales que bloquearon en Bagdad los iraquíes nada más ocupar Kuwait, los únicos riesgos reales eran un ataque contra Tel-Aviv que empujara a los israelíes a entrometerse en la bronca, o que Saddam, enojado ante la ineludible derrota, tomara la decisión suicida de capturar como rehenes a los tres centenares de periodistas destacados en la capital iraquí.

En el caso de los soldados españoles, a pesar del lamentable vodevil escenificado por los marinos que embarcaban en Cartagena, el riesgo de sufrir bajas estaba confinado a los burdeles del Canal de Suez, abundantes en enfermedades venéreas, y a los improbables picotazos de los pingüinos, porque los buques evolucionaron más cerca de la Antártida que del tórrido teatro de operaciones.

Si algo podía quitar el sueño al presidente Felipe González era la perspectiva de verse forzado a acudir al aeródromo madrileño de Cuatro Vientos a recibir los cadáveres de unos cuantos periodistas fallecidos como consecuencia de un bombardeo aliado en Iraq, mientras la bullanguera Cristina Almeida daba gritos en la valla y *El Mundo* de Pedrojota preparaba un titular a cinco columnas denunciando que los B-52 «asesinos» habían despegado de la base hispano-norteamericana de Rota o de la de Torrejón de Ardoz. No era concebible dar una orden expresa de salida a los periodistas y se recurrió al método indirecto.

Marlin Fitzwater, el orondo portavoz de la Casa Blanca, se presentó ante las cámaras de televisión el 15 de enero de 1991 y anunció contrito que tenía amigos entre la numerosa prensa internacional desplegada en Bagdad y les aconsejaba marcharse.

Todas las cancillerías y todos los directores de periódico comenzaron a telefonear a la capital iraquí aconsejando prudencia. El pánico prendió entre los miembros de la «tribu» y se produjo la desbandada general.

CUITAS GASTRONÓMICAS 26

Sobre los males del corresponsal de guerra y sus cuitas gastronómicas, en la larga historia del diario *ABC* hay varios ejemplos.

Jacinto Miquelarena, que en 1942 recogió en un libro titulado *Un corresponsal en la guerra* las crónicas escritas desde el frente del Este para el periódico que entonces se editaba en la madrileña calle Serrano, relata que solo comía

cuando algún generoso colega germano le hacía llegar vituallas desde Múnich o Hamburgo:

*«A uno le habían dicho, allá en España, que el caviar
se vendía en las calles soviéticas como los cacahuetes;
ni pagándolo a rublo el perdigón se encuentran dos
gramos; ni con divisas, Señor, ni con divisas puede uno
coincidir con una patata».*

En febrero de 1991, cuando las autoridades iraquíes permitieron a un reducido grupo de corresponsales extranjeros
acercarse a Bagdad, donde hasta entonces solo estábamos
Peter Arnett y yo, todos hicieron el recorrido desde Amán
cargados de conservas, botellas, embutidos y artilugios destinados a hacer un poco más confortable nuestra vida bajo
las bombas.

De la noche a la mañana, el hotel Rachid se convirtió
en un mercado persa por el que circulaban personajes va-
riopintos y frente al cual los camiones descargaban cajas de
agua mineral, generadores eléctricos, duchas solares y todo
lo imaginable.

Los norteamericanos de la cadena *ABC* acarrearon hasta un horno de microondas y media tonelada de platos pre-
cocinados, con el envoltorio de los almacenes londinenses
Marks&Spencer.

Olivier Warin, reportero del difunto canal francés *La
Cinq*, apareció vestido como un cazador de safaris y con un
descomunal cargamento de botellas de vino, queso Camem-
bert y pan de molde.

Yo, que llevaba dos semanas pasando un hambre cani-
na, tuve el placer de ser invitado de honor a un ágape que
montaron los de la *BBC* con la colaboración de la eficaz Ángela Frier, Bob Simpson y Brent Sadler, donde nos hartamos
de salmón ahumado procedente de los ríos de Escocia. Fue
un gesto, el de los británicos, que nunca agradeceré bastante.

Debe ser algo atávico, muy vinculado a los sentidos más primarios, pero además de imágenes curiosas, tengo indeleblemente grabados en el bulbo raquídeo o más allá recuerdos vinculados al hambre y la comida.

En enero y febrero de 1995 permanecí en el interior de Grozny, la capital de Chechenia, en unas condiciones tan divertidas como calamitosas. Justo a las 24 horas de entrar con enormes dificultades en la ciudad, que estaba siendo ya asediada por el imponente Ejército de Boris Yeltsin, nos expulsaron los vecinos de un bloque de apartamentos, donde habíamos montado nuestra guarida junto a Kurt Schork, el fenomenal corresponsal de *Reuters* curtido en la guerra de Bosnia, porque los lugareños estaban convencidos de que atraíamos los cohetes y obuses rusos.

Kurt se marchó a una especie de granja situada a una decena de kilómetros, donde después teníamos que acercarnos cada tarde para poder transmitir. Ígor Mihalev y yo encontramos refugio en el amplio chalet de Magomed, un acomodado y hospitalario mercader checheno, que nos ofreció de todo, menos comida, porque no había.

Durante casi dos meses, aterrorizados por los rusos que aplanaban manzana de casas tras manzana de casas con su artillería y obligados a pasar las noches en el foso de reparación de coches que nuestro anfitrión tenía en el garaje, comimos a diario huevos duros y caviar. No del que viene en lata, sino a granel, del que vendían por cuatro perras los traficantes a los que la guerra había cortado la posibilidad de sacar hacia Moscú de estraperlo lo que robaban en las factorías del

Caúcaso. Era una especie de pasta con vetas, apretada como un jabón y muy salada.

La primera semana, el caviar —aunque duro y pegajoso— tuvo el aliciente de la novedad y lo engullíamos casi con delectación, pensando lo que valía cada cucharada en París, Roma, Londres, Madrid o Nueva York.

Al final, aquello me resultaba tan repugnante que le he cogido un odio mortal. Se me ha quitado, por afinidad, hasta la afición a las anchoas, arenques y cosas parecidas. Y he recuperado el gusto por la mortadela, el pan de centeno, las judías blancas y la sandía.

La encomiable preocupación por alimentar al colega hambriento de que hizo gala Forbes con Labouchère, es una constante de la profesión periodística. En todas las estaciones y en todas las latitudes, los reporteros que llegan de refresco a un conflicto se toman siempre la molestia de llevar con ellos vituallas para los camaradas asediados.

La proliferación y el cada día más fácil acceso a las MRE o ración de combate —que es una comida empacada para ser fácilmente preparada y consumida por el soldado en el campo de batalla— ha simplificado bastante el asunto, pero no lo ha resuelto del todo.

En diciembre de 2001, un par de semanas después de la muerte de Julio Fuentes, la dirección de *El Mundo* despachó hacía Kabul a David Jiménez para sustituirme.

Estaba muy complicada tanto la entrada como la salida en Afganistán, por lo que, unos días después y para ahorrarnos el pastón que cobraba la Cruz Roja por hacerte un hueco en el avión a Islamabad, Enrique Serbeto y yo lo hicimos en coche, pero David se las arregló para camelarse a alguien en Pakistán y un anochecer, sin avisar, se presentó en el hotel Intercontinental.

Y, además del ordenador, el saco de dormir, el «sat-fax» y toda la parafernalia reporteril, traía escondido en el macuto un kilo de jamón pata negra y dos botellas de vino tinto.

A esas alturas, y tras haber esperado tres meses malviviendo al otro lado de la llanura de Sarobi y pasado un mes canino en Kabul, no es que tuviera un hambre de espanto; sufría acuciante necesidad. Entre otras razones, porque por precaución higiénica y algún melindre, me alimentaba casi exclusivamente de sardinas en lata.

Y no de las buenas, de esas gallegas o portuguesas envasadas con primor en aceite de oliva, sino de unas tailandesas y filipinas llenas de raspas y con sabor a sandalia de peregrino compostelano.

Todavía se me saltan las lágrimas cuando recuerdo aquellas finas lonchas de ibérico y su sabor pecaminoso en tierra de fanáticos islámicos, rociado cada mordisco con buches de embrutecedor Rioja.

EL JEFE DE PISTA Y EL ACRÓBATA 27

La estrecha y, a veces, mágica simbiosis entre reportero y director, ha sido y sigue siendo fundamental para la carrera y los éxitos profesionales de todo miembro de la «tribu» que se precie. Si el director es genial, tanto mejor, pero suele bastar que sepa lo que tiene entre manos y apoye a su hombre sobre el terreno.

En mi caso concreto, el azar hizo que coincidiera con Pedrojota Ramírez cuando yo ya había iniciado el vuelo, pero aleteaba despistado y debía orientar mi carrera.

Pedrojota había nacido en Logroño, era el primogénito de seis hermanos, había estudiado en la universidad que el Opus Dei tiene en Navarra y se había labrado una sólida reputación como cronista conservador en el diario *ABC*.

Su *Crónica de la Semana* –que ocupaba dos páginas, aparecía los domingos y mezclaba elementos de análisis y reportaje– se convirtió en una de las secciones más influyentes de la prensa española del momento.

> Pedrojota es de los que sostienen que el Periodismo es un fin en sí mismo y no un medio para llegar a nada.

Asegura que desde que a los ocho años le tocó por segunda vez consecutiva una caja repleta de juguetes que se rifaba todas las Navidades en el casino logroñés, no ha vuelto a participar en sorteos y juegos de azar porque prefiere «reservar la suerte para cosas importantes».

Según sus propias palabras, nunca había pensado que sería director de periódico: «Era un lobo solitario y como tal estaba cultivando al máximo mi firma», explica en *El Mundo en mis manos*, el libro sobre la creación del diario *El Mundo*, que escribió en 1991 junto a la rutilante Marta Robles.

«Nunca había tenido experiencia alguna como jefe de nadie y nunca me había parecido interesante ocupar posiciones relacionadas con lo que se podría llamar la carpintería o la infraestructura y organización de un periódico... De alguna manera consideraba que eso significaba ser el productor del *show* circense y a mí lo que me gustaba era pasearme en el alambre o salir vestido de payaso». Concluye afirmando, a modo de filosofía vital o credo profesional, que en un periódico solo querría ser redactor o director.

Pedrojota Ramírez tenía veintisiete años cuando ascendió súbitamente de redactor a director de periódico. Nada auguraba que fuera a dar ese triple salto mortal que supone pasar del alambre al despacho, pero el 20 de junio de 1980 fue nombrado director de *Diario 16*.

Juan Tomás de Salas, presidente de la empresa editora, tomó la inopinada decisión aconsejado por Joaquín Garrigues Walker, que en aquel entonces era adjunto a la Presidencia del Gobierno, jugaba un papel relevante en la extinta Unión de Centro Democrático y agonizaba discretamente, aquejado de una leucemia galopante.

El periódico en el que yo había hecho mis primeros pinitos como fotógrafo y donde seguía colaborando se había ido derrumbando y estaba al borde del colapso.

Juan Tomás le dijo a Pedrojota que vendían 30.000 ejemplares y que bastaría con subir a 40.000 para entrar en beneficios.

Pedrojota se presentó en *Diario 16*, se encaramó a una mesa, repitió la famosa frase del general Ridgway en Corea —«Estamos rodeados, esta vez el enemigo no escapará»—, y descubrió con estupor que el periódico apenas vendía 15.000 ejemplares.

Sería necesario elevar su tirada hasta los 140.000 para ponerlo en rentabilidad. A pesar de todo, del ambiente derrotista y kafkiano que se encontró al asumir su nuevo cargo, se lanzó con denuedo a la tarea.

Yo residía entonces en la convulsa Centroamérica como un modesto *freelance* que sobrevivía a base de publicar a destajo artículos y fotos en cualquier medio que aceptase lo que le enviaba. Aunque conservaba una cordial relación profesional con *Diario 16*, vivía con tanta intensidad como modestia mi correría por los trópicos que ni me enteré del desembarco de Pedrojota.

No supe que había flamante director en Madrid ni su nombre hasta pasadas muchas semanas, cuando asistí en directo al espantoso asesinato de un estudiante Testigo de Jehová a manos de la Policía de Hacienda salvadoreña, grabé en un casete los estampidos de la ejecución y sus estertores, envié vía telefónica la crónica al informativo *España a las ocho* de *Radio Nacional*, controlado en aquellos días por Felipe Sahagún, y Pedrojota —que se desayunó aquel día escuchando la pieza— ordenó agitado a las secretarias, apenas entrar en la redacción de *Diario 16*, que me pidieran un reportaje sobre el asunto.

Unos días después, una de las chicas me comunicó que el director tenía interés en hablar personalmente conmigo y que buscase un hueco para viajar a Madrid. No decían nada de pagarme el billete de Iberia y yo andaba «canino» así que me lo tomé con calma.

A finales de ese año, sin un chavo en el bolsillo pero con sombrero y embutido en un traje de lino digno de un traficante de marihuana colombiano, me presenté en la redacción, conocí personalmente a Pedrojota y acepté su oferta de trasladarme a España y trabajar *«full time»* como reportero audaz para el nuevo *Diario 16*.

Fue una decisión acertada. Confieso que di en el blanco de lleno, pero pasado el tiempo resulta inevitable volver la vista atrás, con nostalgia, a los dos años transcurridos desde que partí de Molinaseca y mi madre me dijo adiós desde la terraza.

Fue durante esa etapa crucial de mi existencia cuando me asomé por vez primera al abismo de la muerte, descubrí la naturaleza atroz de la guerra, y forjé la estructura profesional de lo que iba a ser mucho más adelante.

David Jiménez

Otro ejemplo de acrobacia es la de David Jiménez. Siempre ha sido un tipo fuera de lo común. Nos habíamos conocido en el Club Chamartín de Madrid, donde los fines de semana daba clases de tenis a los chavales. Un buen día de 1996, de improviso, se me acercó, me dijo que tenía entre sus alumnos a mi hijo Álvaro y que estaba a punto de terminar Periodismo en el CEU.

Quería ponerse a trabajar y le dije, como quien no quiere la cosa, que se montara un reportaje sobre el pádel, deporte muy social que entonces traía de cabeza a Pedrojota y la «crème» del Ibex 35, y que yo lo ayudaría a publicarlo.

Escribió un borrador, le dimos una vuelta, lo volvió a redactar, lo cocinamos de nuevo y cuando aquello quedó planchado —plagado de referencias a los famosos tipo Aznar que le pegaban a la raqueta— se presentó en *El Mundo*.

Los de Deportes —que siempre son muy suyos— le hicieron la «nevera» y el artículo durmió el sueño de los justos hasta que maniobré para que cayera en manos de Pedrojota. Se publicó, y a partir de ahí David Jiménez inició una carrera fulgurante.

Al verano siguiente se fue a Londres, por su cuenta, a sustituir a la corresponsal durante las vacaciones y a los dos inviernos se ofreció a la empresa a partir hacia Asia y ejercer de corresponsal, indiferente a la paga, los seguros, los billetes o sus derechos sociales. Corría el año 1998.

En su propio blog, se define a sí mismo David como «periodista, corresponsal y escritor español». Con base en Hong Kong y después en Bangkok cubrió para *El Mundo* las revueltas de Indonesia, Filipinas, Nepal o Birmania.

Reporteó en China, cubrió las guerras de Timor Oriental, Cachemira, Sri Lanka o Afganistán. La muerte de Bin Laden. Los grandes tsunamis del Índico y el Pacífico. La crisis nuclear de Fukushima...

Sobre Corea del Norte escribió grandes crónicas, desvelando el horror del régimen, el apocalipsis nuclear y otros mitos.

En 2007 publicó su primer libro, *Hijos del Monzón*. Le siguió, en 2010, la novela *El Botones de Kabul*. Su último libro es *El lugar más feliz del mundo*.

En 2014 recibió una beca Nieman, el programa para periodistas profesionales de la Universidad de Harvard, donde pasó un año «enrolado en cursos sobre liderazgo y proyectos sobre el futuro del Periodismo».

En abril de 2015, solo quince meses después de la caída de Pedrojota Ramírez, el Consejo de Administración de Unidad Editorial acordó la destitución de Casimiro García Abadillo como director del diario *El Mundo* y el nombramiento de David Jiménez.

En palabras de Pedrojota, en Periodismo solo hay dos puestos que merezcan la pena: redactor y director. David Jiménez saltó, literalmente, de uno a otro.

EL BAUTISMO DE FUEGO 28

En mi caso, el bautismo de fuego inmunizador ocurrió en Centroamérica, donde se revitalizaban desde mediados de la década de los 70 los movimientos guerrilleros y yo creía que me sería más sencillo, por el idioma, los precios y la cercanía cultural, abrirme paso como corresponsal de guerra.

Fue allí, cuando todavía era tierno, tenía el alma blanda y me comía el mundo, donde vi por primera vez matar a un ser humano.

No digo ver a un muerto, porque los que sean de mi quinta recordarán que antes, en la España en blanco y negro de Franco, se velaba al difunto en casa y la visión ocasional de un anciano pariente tieso como la mojama en un ataúd rodeado por un círculo de mujeres enlutadas y llorosas no era algo extraño para los niños de mi generación. Pero matar, lo que se dice matar a alguien, no lo vi hasta llegar a Nicaragua.

Fue también allí donde, por primera y única vez en mi vida, pensé que iba a morir. No que podía morir —que es un pensamiento bastante común y que nos embarga ocasionalmente a todos, sobre todo a los que sean un poco hipocondríacos–, sino que iba a morir, que mis días se habían acabado. Esa pegajosa sensación, la certeza de que te ha llegado la hora, es algo muy distinto a la difusa idea de que no somos eternos.

El «bautismo de fuego» me lo administraron los soldados de la Guardia Nacional del dictador Anastasio Somoza a la salida de la ciudad nicaragüense de Estelí, en el otoño de 1978.

Los guerrilleros del Frente Sandinista de Liberación Nacional se habían levantado en armas contra Somoza y tomado algunos barrios en media docena de localidades nicaragüenses.

Me había hecho amigo de la fotógrafa norteamericana Susan Meiselas y trabajábamos al alimón, compartiendo coche, comida, pistas y riesgos. Fue un idilio casto y accidental[40].

Hacer tándem con Susan Meiselas me venía de perla porque yo estaba todavía muy verde, y a ella, que era ya una estrella consagrada en la agencia *Magnum*, le permitía contar con un compañero de aventuras que dominaba el idioma, conocía a varios lugareños, estaba dispuesto a meterse donde fuera, daba charleta y no le hacía ni sombra ni competencia.

Un par de días después de habernos conocido en Masaya, salimos juntos de viaje hacia el Norte del país, de donde llegaban noticias confusas. Arribamos a Estelí al amanecer por la carretera que sube desde Managua y en el coche alquilado que pagaba *Magnum*, sin tropezar con controles militares o topar con dificultad alguna.

---

40   Casto porque para mí fue un camarada laboral y nada más. Accidental, porque yo no sabía quién era y ella no podía tener ni la más ligera idea de mi existencia, pero ensamblamos como anillo al dedo.

Llevábamos las letras «PRESS» y las siglas «TV» en mayúsculas y grandes caracteres, escritas con cinta aislante negra en los lugares mas visibles del vehículo[41].

Además, colocamos un palo de escoba con una bandera blanca en la ventanilla del acompañante y, como medida de precaución adicional, acordamos salir de Estelí en caravana con un camarógrafo estadounidense que iba por su cuenta y había pasado la jornada reporteando como nosotros. Él iría delante con su intérprete y nosotros detrás, a veinte metros de distancia[42].

En el último minuto se aproximó una mujer embarazada y nos preguntó si podíamos sacarla de allí junto al joven que la acompañaba. El ir en grupo alivia el miedo, pero también pensamos egoístamente que la preñada y el chaval contribuirán a conferirnos un aspecto más inocente. Los emplazamos en el asiento trasero y emprendimos la marcha.

Recorrimos las manzanas de casas en poder de los sandinistas, tomamos cientos de fotos de los muchachos con

---

41   En esto de los carteles, como en lo que se refiere a la indumentaria, hay diversas teorías. En la *Guía de Supervivencia* elaborada en octubre de 1994 por *Reporteros sin Fronteras* se aconseja no circular de noche, no transportar objetos que puedan prestarse a confusión —gemelos, chaquetas de camuflaje, artificios de señalización...— y franquear la zona caliente lo mas rápido posible. En el breve manual editado por el Comité para la Protección de los Periodistas, con sede en Nueva York, que regalaban a principios de la década de los 90 a todo el que se aproximaba a solicitar una acreditación de la ONU en las oficinas de los «cascos azules» en Zagreb, se especifica que nunca hay que llevar armas, vestimenta militar o parafernalia bélica. También recomiendan no ir solo. Por lo que se refiere al eterno dilema entre el «TV» y el «PRESS», los autores del panfleto se inclinan por la segunda opción, porque los combatientes identifican la televisión con un medio propagandístico y le tienen especial fobia. El norteamericano David Kaplan, productor de la cadena *ABC TV*, murió el 13 de agosto dc 1992 cruzando la desierta pista del aeropuerto de Sarajevo cuando la bala de un francotirador penetró en su furgoneta exactamente entre las letras «T» y «V» que había estampado en el lateral. En septiembre de 1978 Susan y yo no sabíamos nada de eso y complementamos el «PRESS» con varios «TV».

42   En la guía de supervivencia sugieren dejar al menos medio centenar de metros entre un vehículo y otro.

pistolitas, fusiles y machetes embozados con pañuelos roji-negros y a media tarde decidimos retornar a la capital.

Justo cuando dejábamos atrás la última casa del pueblo y enfilábamos hacia el cruce para entrar en la carretera panamericana, sin previo aviso abrieron fuego graneado sobre nosotros desde el edificio de una escuela situado en una loma enclavada en el margen derecho, a unos 300 metros de distancia.

No habíamos visto a nadie ni nada preocupante cuando empezaron a restallar los balazos. En la guerra, a diferencia de lo que ocurre en el cine, rara vez se ve al enemigo que dispara sobre ti.

Nosotros ignorábamos que la Guardia somocista había aprovechado la noche anterior para estrechar su cerco. Varios soldados se habían parapetado en aquella escuela y al ver dos coches procedentes del sector controlado por los insurrectos dieron por supuesto que éramos prosandinistas.

Afortunadamente estaban demasiado nerviosos o excesivamente borrachos y tardaron en precisar el tiro. Los primeros balazos pasaron altos, silbando entre las ramas de los árboles. Eso nos dio tiempo a Susan y a mí para acurrucarnos como conejos bajo el salpicadero, buscando la protección del motor.

La segunda andanada hizo saltar en añicos el parabrisas y embutió una bala en el muslo de la embarazada. Oíamos al camarógrafo americano, que estaba en su coche delante de nosotros, aullar consternado en castellano: «¡Periodistas! ¡Periodistas!», pero cada vez que agitábamos la bandera blanca o el gringo daba un berrido, nos largaban medio cargador.

La escena duró escasamente un minuto, que me pareció medio siglo. Concluyó cuando nos ordenaron salir con las manos en alto, emergimos temblorosos, explicamos lloriqueantes que éramos extranjeros, gente de la prensa, comprobaron nuestra documentación, y nos autorizaron a seguir.

Ni se preocuparon los uniformados de la embarazada herida, pero sí hostigaron, y con cierta violencia, al muchacho que la acompañaba. Frente a la escuela, en pleno cruce, permanecían los cuerpos semicarbonizados de una mujer y dos varones.

Hundido en la cuneta estaba el vehículo en el que debían haber llegado hasta allí: un Toyota todoterreno con más orificios que un colador. No estaban el coche y los ocupantes esa mañana, cuando entramos, lo que solo podía significar que habían muerto intentando hacer la misma maniobra que nosotros: salir pacíficamente de la ciudad.

Los tres cadáveres se hallaban sobre el asfalto. La mujer, boca arriba, con el vientre hinchado por los gases del intestino ya putrefacto. Habían quemado los cuerpos echándoles gasolina, como se hace en todas las guerras, y apenas eran reconocibles.

Susan pidió permiso para tomar unas fotos y el teniente somocista accedió, exigiendo que se diera prisa. Me acerqué con el angular y enfoqué a la mujer. Lo único que conservaba intacto eran los dientes. Los labios habían desaparecido y la lengua era un trozo de carbón. Me pareció la cara de la muerte.

Retrocedí, luchando contra el deseo de vomitar. El olor era tan fuerte que casi se podía palpar. No existe ningún tufo como el de un ser humano muerto. Se trata de una putrefacción melosa, una mezcla de carne corrompida y flores viejas: un pestazo dulzón y asfixiante. Se te mete en la ropa y la piel. Por muchas veces que te duches, por muchas veces que le digas a la chica de la lavandería del hotel que se lleve las prendas y las vuelva a lavar, ese olor regresa siempre en forma de obsesión o sueño maligno.

> No es peor que el vómito de los borrachos o el hedor del vertedero, pero los vapores de nuestros propios muertos deben de impactar en alguna glándula situada en el nacimiento de la columna vertebral, la morada de todo temor mudo e irreflexivo.

Junto al asco, me sentía extrañamente incitado a arrimarme a los tres difuntos. Era algo parecido a la curiosidad, pero más intenso; un impulso morboso cuyo nombre desconocía.

A lo largo de dos décadas de profesión me he hartado de ver cadáveres: suicidas colgando de las cañerías del sótano, degollados con marcas de tortura, y muchos otros que, simplemente, estiraron la pata cosidos a balazos o agujereados por la metralla. Pese a ello, siempre me impresiona observar al ser humano despojado del aliento vital, como un árbol sin hojas. La muerte siempre arrebata algo, algo inefable y sin embargo visible.

Apreté varias veces el disparador, cambiando de ángulo para meter disimuladamente a los soldados en el encuadre, y partimos a toda prisa hacia Managua.

Hasta el 15 de septiembre de 1978, fecha en que Anastasio Somoza Debayle –alias «Tachito»–, decretó el estado de sitio para atajar la insurrección lanzada simultáneamente por los sandinistas en Managua, Masaya, Rivas y Estelí, no sabía quién era Susan, ni que trabajaba para la Agencia *Magnum*, una cooperativa fundada por el magistral Henri Cartier-Bresson, propiedad de los extraordinarios fotógrafos que la integran y con oficinas en Nueva York, París, Londres y Tokio.

Además de compartir con los paisanos el miedo cerval que produce la lenta aproximación de decenas de soldados «enemigos», fusil en ristre y ojo avizor, Susan y yo padecíamos el temor adicional a ser despojados de los rollos de película impresionados durante los combates.

El lector, y en menor medida los colegas que pueblan la sala de redacción y tienen horario regular, comidas de empresa, fines de semana libres y problemas con el colesterol, ven la foto y el texto que arranca en primera página. Eso es todo. Aunque le den vueltas en todos los sentidos, escriban el pie, cuadren las columnas y recorten el material o lo complementen con cables de agencia, no es fácil que imaginen cuántos escalones, cuántos sudores, cuántas mentiras e incluso cuánta furia se pueden ocultar tras esa imagen o esas líneas.

No basta obtener una cinta magnetofónica, impresionar un rollo de fotografía o grabar un vídeo. Además, hay que conservar el material. Y hacerlo llegar a su destino.

Pocas cosas hay tan desagradables como contemplar impotente al aduanero, policía o agente de turno velar los negativos en aquellos tiempos, o decomisar la tarjeta digital ahora, que tanto sudor ha costado conseguir.

En Masaya, Susan sorteó satisfactoriamente el escollo escondiendo sus películas en sus bragas y yo metiendo las mías en los calzoncillos, a la altura de los genitales, para hacer mas bulto.

En cuanto llegamos a Managua nos fuimos al aeropuerto. Una vez salvado el material hay que enviarlo, y en eso cada uno tiene su triquiñuela.

La mía ha consistido casi siempre en presentarme en la terminal aérea, esperar pacientemente ante el mostrador de la compañía Iberia y, una vez localizada una monja entre los pasajeros de la cola, acercarme a ella con cara de seminarista y aspecto de no haber roto nunca un plato.

Las sores tienen la benéfica manía de no irse de juerga, rara vez extravían el equipaje y jamás cambian de hotel. Una vez en su destino se encaminan indefectiblemente al convento. Basta solicitarles la dirección, el nombre de la orden y rogar que llamen a tu empresa.

Monjas españolas hay por todo el planeta, incluidas selvas tropicales y zocos argelinos, y nunca fallan. Eso treinta años atrás, cuando no había miedo a que te metieran un cargamento de cocaína de rondón y se entraba en los aviones con los líquidos que te daba la gana, sin pasar arcos de metales y como quien va de romería.

Tras superar con éxito el examen de Masaya, sin necesidad de intercambiar palabra, comenzamos a operar como una solida pareja profesional. Susan conducía y yo parlamentaba con los locales, asumiendo alternativamente y sin pudor el papel de «macho hispánico», «corresponsal desvalido», «ex sargento de complemento de la fiel infantería española» o «católico progre».

Para los responsables del orden —policías, militares, funcionarios...—, el periodista representa el desorden, y eso obliga a jugar al escondite, buscar cómplices y hacerse respetar.

Existe un viejo dicho en la profesión, según el cual, «para comprender los misterios de ciertos oficios, el reportero ha de ensuciarse un poco las manos con los que los practican».

En la cansina ciudad norteña de Estelí nos tirotearon sin piedad, dejaron nuestro coche como un guiñapo, observé por primera vez de cerca el rostro terrible de la muerte, emergí indemne y me convencí de que Dios había creado esta profesión para mí.

Las estampas de la insurrección sandinista de septiembre de 1978, tomadas casi siempre con un angular de 24 milímetros, permitieron a Susan Meiselas ganar el Premio Robert Capa a la mejor fotografía de guerra del año.

A mí me sirvieron para perfilar una modesta firma, sacar un poco la cabeza por encima del rebaño, y para colocar a precio de saldo reportajes en revistas como *Cambio 16*, *Blanco y Negro* o *Interviú*.

De las gestiones comerciales con esas publicaciones se encargó desinteresadamente un fotógrafo estupendo y amigo incansable llamado Enrique Cano.

Leo Gabriel: un hippie libertario

Se suele decir que la prueba más evidente de que los austriacos son diabólicamente listos es que han sido capaces de convencer a la Humanidad de que el nazi Adolf Hitler era alemán y que el compositor Ludwig van Beethoven era austriaco, cuando es precisamente lo contrario.

Cito la frase, no porque el personaje que protagoniza buena parte de esta entrega del serial sea especialmente sibilino o maquiavélico, sino simplemente porque es austriaco y extremadamente inteligente. También culto hasta decir basta, y el paradigma, la encarnación, la prueba viva de que hay «progres» que lo son hasta la tumba.

Ahora, en España, sería dirigente de Podemos y entonces, hace casi cuatro décadas, era una mezcla de libertario hippie y rojillo incombustible. Su tesis actual es que «los tiempos en que los dirigentes políticos o partidos representaban al pueblo ya pasaron»; la de entonces era que había que extender la revolución por el planeta, como los discípulos de Cristo habían diseminado el Evangelio.

Estábamos ya en el verano de 1978 y se avecinaban cambios tecnológicos trascendentales, pero en España se seguía laborando al viejo estilo, sin excesiva prisa.

Todavía se tecleaba en ruidosos télex, los de televisión rodaban en cine o cargaban por separado colosales cámaras de vídeo y pesados magnetoscopios, se iba por el mundo arrastrando una máquina de escribir «Olivetti Lettera 32» y los reporteros podían perderse semanas, incluso meses, y a la vuelta publicaban sus experiencias en primera página como si fuera una primicia. Ahora basta un retraso de un par de horas para que en la redacción les parezca «viejo» el material, pero cuando yo entré, en Nicaragua todavía se podía tomar uno tiempo y en el ya fallecido *Diario 16* persistían las secretarias que mecanografiaban con las correcciones pertinentes lo que enviaba en bruto desde los antediluvianos teletipos de la PTT de Managua, para remitirlo a los teclistas que pasaban el texto a tipos de plomo.

Estuve unos días errando por la capital, que el terremoto de 1972 había reducido a escombros. Me acredité ante las autoridades, conocí a Marlene Chow, una militante sandinista de origen chino que había estado casada con uno de los comandantes del Frente Sandinista de Liberación Nacional (FSLN), y partí en autobús hacia el Norte, fronterizo con Honduras, en cuyas montañas operaba con más pena que gloria una pequeña columna guerrillera dirigida por Daniel Ortega.

Al llegar a Ocotal, para ahorrarme sobresaltos, decidí que lo más decoroso era presentarse en el cuartel de la Guardia Nacional.

Ocotal es uno de esos pueblos hispanoamericanos trazados en cuadrícula, con casonas solariegas, iglesia centenaria y una gran plaza en el centro.

Justo en el momento en que doblaba la esquina, vi como detenían a un joven con gafas, tez clara, barba poblada y aspecto de intelectual europeo.

Uno de los militares, que parecía construido por la misma firma que hizo las pirámides de Egipto, atenazaba por el cogote al barbudo y de vez en cuando le atizaba un puntapié en el trasero.

«¡Soy periodista!», gritaba a todo pulmón el joven, a lo que el uniformado replicaba: «¿Periodista? ¡Lo que sos es un hijo de la gran puta!»

El militar resultó ser el coronel del acuartelamiento. Le llamaban Ranger porque había completado un curso de contrainsurgencia en la Escuela de las Américas, una organización para instrucción militar del Ejército de los Estados Unidos situada ahora en Fort Benning, en la localidad de Columbus (Georgia), pero que de 1946 a 1984 estuvo en la zona del Canal de Panamá, donde actualmente –y desde el año 2000– funciona el hotel Meliá Panamá Canal.

Me fui al cuartelillo, en un esquina de la misma plaza, pregunté por el oficial al mando y para mi sorpresa apareció el gigantón que corría a patadas al inerme barbudo. Cuando me identifiqué, parapetado en la carta de recomendación elaborada por las autoridades de Managua, el coronel Ranger estuvo incongruentemente amistoso.

«A mí me gusta la gente decente, como usted, que viene con todo en regla. Lo que me friega son los periodistas que andan con engaños. Acabo de capturar a un pendejo austriaco que debe de ser sandinista y me estaba haciendo fotos de la instalación».

El «pendejo» al que aludía el expeditivo coronel se llamaba Leo Gabriel. Intercedí por él sin mucho ahínco, por eso de la solidaridad entre colegas, y contribuí a que lo soltaran unas horas después.

Hicimos juntos el camino de vuelta a Managua. Al arribar a la capital, tras nueve horas de compartir apreturas y sofocos en un desvencijado asiento de autobús, nos habíamos convertido en íntimos amigos. Lo seguimos siendo treinta y siete años después y eso que nos vemos de Pascuas a Ramos.

Leo ha sido siempre un intelectual «comprometido», de los de la vieja escuela, y un reportero muy peculiar. Es una especie de «Quijote sin mancha» enamorado de las causas perdidas, que desembocó en el Periodismo por casualidad y a quien resulta difícil imaginar sumergido en el torbellino de la guerra.

Hijo de un reputado catedrático de Filosofía de la Universidad de Viena, quien se perfiló en la posguerra europea como ideólogo del Partido Democristiano de Austria, creció entre libros de Platón, Kant, Sigmund Freud y Karl Kraus.

A los diecisiete años se apoderó de él una profunda «depresión filosófica» que lo condujo sucesivamente a un monasterio y a obsesionarse con el ajedrez.

Una vez recuperado de esas «fiebres», se matriculó en la Facultad de Derecho con la intención de ingresar en la carrera diplomática para gozar de una vida tranquila y dedicarse a escribir.

El azar hizo que coincidiera su visita académica a la Universidad de la Sorbona parisina con el estallido del «Mayo del 68». Conoció a Daniel Cohn-Bendit, se agregó a las algaradas estudiantiles y coreó hasta la afonía *«Je jouis dans les paves»* por el bulevar Saint-Germain.

Cuando el general Charles de Gaulle metió en cintura a los revoltosos, ante Leo se abrió la disyuntiva de regresar al sobrio entorno paternal de Austria o huir hacia adelante.

Escogió la segunda opción y marchó a México. Allí logro convencer a varios incautos de que estaba perfectamente facultado para impartir clases de Sociología y terminó integrándose en la Universidad Nacional Autónoma de México (UNAM), donde su gran mérito laboral consistió en crear un un grupo de teatro experimental.

En 1972, con sus compañeros de la farándula y bajo el pretencioso nombre de Grupo Informe, emprendió una gira por el continente. El plan de la cuadrilla era registrar en película de súper 8 o en *sketches* teatrales los apuros y las ruinas de los campesinos o de los pobladores de los suburbios en una comunidad y presentar el resultado a sus equivalentes de otros países vecinos.

Tres años después, con muchas semanas de calabozo e innumerables porrazos a la espalda, Leo retornó triunfante al México DC y se instaló como patriarca en una especie de comuna ubicada en una chalet de la calle Río Lerma, casi al lado del Ángel de Chapultepec.

Las tierras mexicanas, a las que tanto amaba y donde las envidias germinan con facilidad, no fueron siempre propicias para él. La racha en que no lo acusaban de ser agente de la CIA, tenía problemas amorosos y, cuando no le salían rateros en el grupo, germinaban los rivales; pero Leo sobrellevaba todo con paciencia bíblica y la convicción de estar haciendo el bien.

En 1977 los sandinistas empezaron a movilizarse en Nicaragua y Leo decidió montar una pequeña agencia de prensa «antiimperialista» y hacerse periodista.

En septiembre de 1978, el «doctor» Gabriel ya estaba algo lidiado como reportero pero seguía desconociendo los complicados vericuetos de esta singular profesión.

Quien me mandaría a mí meterme en esto

Ocurrió en Semana Santa. Yo había entrado en Nicaragua desde Honduras, caminando por las montañas, con una banda de guerrilleros sandinistas.

Y estos, que eran unos caraduras y unos desarrapados, aunque aquí los pintásemos con tintes heroicos en los medios de comunicación, asaltaron la ciudad de Estelí.

En titulares de periódico y a 8.000 kilómetros de distancia, lees Estelí y te parece gran cosa, pero de cerca no deja de ser poco más que un poblacho, al lado del cual Tomelloso, Venta de Baños o Betanzos parecen Nueva York.

Los sandinistas ocuparon a toda prisa la localidad, con la excepción del fortificado cuartelillo local, se dedicaron a saquear con esmero lo saqueable, ejecutaron tras unos remedos de juicio popular a varios desventurados cuyo delito podía ser tener un pariente en la Guardia Nacional de Somoza o haberle prestado una bicicleta al teniente de turno, y cuando el dictador envió desde Managua a sus dos compañías de élite para zanjar el asunto, optaron por salir por piernas.

Me explicaron que, aprovechando la noche, iban a cruzar hacia el monte y me propusieron que escapara con ellos.

Yo había hecho muchas fotos, guardaba conmigo los carretes y ese material me ardía en las manos. Había que sacarlo cuanto antes y venderlo a los medios internacionales.

También había enviado varios reportajes cortos a *Diario 16* y a *Interviú* desde el teléfono del único banco local y no las tenía todas conmigo.

Aunque suene paradójico, ser periodista, europeo, español y blanco te da una protección suplementaria en casi todas las zonas de conflicto y de noche todos los gatos son pardos.

Pensé –con bastante buen criterio por cierto– que si se producía una ensalada de tiros en medio de la huida, a nadie le iba a preocupar que me llamase Alfonso, me apellidara Rojo, fuera natural de Ponferrada y hubiera estudiado interno en los Jesuitas de León, en la misma época en que Mariano Rajoy y Fernando Becker eran alumnos mediopensionistas del colegio. Así que decidí quedarme escondido, a la espera de que aparecieran los primeros reporteros para unirme a ellos.

Anastasio Somoza no había permitido acceder a Estelí a periodista alguno durante los cuatro días de combates y en las primeras horas de aquel Jueves Santo no dejó entrar a nadie en la localidad, ni siquiera a representantes de los medios de comunicación.

Los soldados de la Guardia iban casa a casa, ordenando a los vecinos salir al centro de la calle y se llevaban a todos los que tenían rozaduras en las rodillas, pinta rara o marcas en el hombro, que pudieran corresponder al culatazo que pega el fusil cuando se dispara.

No era cuestión de quedarse esperando y que alguno de aquellos facinerosos, al verme y a solas, tuviera la ocurrencia de descerrajarme un tiro, por lo que me afeité como pude, me puse una camisa limpia, rasqué el barro de los pantalones, metí mis cámaras y cuadernos en la bolsa y más derecho que un palo, enfilé hacia el Colegio de la Asunción, donde daban clase varias monjas españolas.

El colegio queda justo a la salida, donde pasa la carretera Panamericana camino de Managua y estaba a punto de traspasar el portón, cuando me cortaron el paso varios soldados.

—¿Quién sos?

—Me llamo Alfonso Rojo y soy periodista...

—¡Hombre! El español.

Yo, en mi ingenuidad, hasta me sentí gratificado al descubrir que me conocían.

—¿Y dónde vas?

—Al colegio...

—¡Aaaah! Sos vos el que ha entrevistado a Daniel Ortega, ¿no?

Daniel Ortega, que ahora es el presidente de Nicaragua, muy amigo de Hugo Chávez y un sinvergüenza de tomo y lomo al que su propia hijastra ha acusado de violador empecinado, era en aquellos días el jefe de los sandinistas en la zona del Norte.

Yo asentí y el tipo, que llevaba estrellas y galones de teniente y parecía muy divertido, me preguntó:

—¿Y no querrás entrevistar a nuestro coronel Zúñiga?

Por lo visto se apellidaba Zúñiga el coronel de marras. Era una situación delicada: como verse entre los yakuza, esos gánsters japoneses ante los que hay que cortarse una falange del dedo meñique para probar que se es fiel.

En esas circunstancias, aunque no te apetezca lo más mínimo, no queda otro remedio que estirar los labios simulando complacencia y decir sí con la cabeza.

Asentí resignado, me hicieron un hueco en uno de los jeeps, partimos a toda velocidad hacia el cuartel, frenamos en seco y, apenas posé los pies en el patio, se abatió sobre mí una lluvia de bofetones.

Me subieron al jeep y salimos pitando hacia el cuartelillo. Llegamos y apenas había puesto un pie en el suelo del patio, empezaron darme sopapos y a llamarme de todo, desde mercenario hasta hijoputa.

Se arremolinaron los soldados y, en medio de improperios, me cachearon mientras permanecía con las piernas abiertas y las manos apoyadas en la pared. En un santiamén desaparecieron los documentos y el precioso material filmado con el que soñaba acceder a la fama y ganar premios.

Lo que más me asustaba o quien más me asustaba era uno muy flaquito que decía:

—Mi teniente, déjemelo a mí, déjemelo a mí.

Al mediodía me ordenaron subir a un camión descubierto. Me amarraron las manos a la espalda con una ira plástica de color blanco —Enrique Cano se burlaría después diciendo que me habían atado con cintas de la pastelería Mallorca—, me hicieron tumbarme en la caja y arrancamos.

—No te pongas pálido —comentó sarcástico el teniente.

—Te vas de viaje.

Temí lo peor. Supuse que me conducían hacia una zona de combate, a un lugar donde habían interceptado guerrilleros, donde me acribillarían, pondrían un arma en mi mano y dirían a la prensa internacional que había sido sorprendido ayudando a los insurrectos. Se me encogió el alma de terror.

El nuestro cerraba como vehículo escoba un largo convoy militar. En la cabina iban el teniente y el conductor y en la caja, sentados en los laterales, iban los soldados, mirando hacia fuera.

En el suelo de la caja, entre paquetes de munición, chalecos antibalas y raciones de comida MRE, iba yo.

Fue en ese instante, en aquella penosa posición, cuando pensé que iba a morir, que se había acabado mi peripecia en este mundo. Que me llevaban a algún vertedero para ejecutarme y que quemarían después mi cuerpo con gasolina, como se suele hacer con los cadáveres enemigos en las zonas de guerra.

A lo largo de mi vida he estado en muchas situaciones de peligro y mentiría si no confesara que en ocasiones he pasado un miedo atroz.

Cada vez que había que atravesar las líneas serbias para entrar en Sarajevo cruzando el aeropuerto; en Grozny cuando los artilleros rusos machacaban inmisericordemente con su artillería a los chechenos; en Ruanda durante las matanzas tribales o en Bagdad, cuando los terroristas islámicos comenzaron a secuestrar occidentales y a cortarles el pescuezo mientras grababan la escena en vídeo, he tenido miedo. Pero la convicción de que todo se había acabado, de que había llegado al final de mis días e iba a morir, solo ha embargado mi corazón una vez en tres décadas de reportero.

Una vez y fue durante los escasos tres minutos que el convoy tardó en llegar desde el cuartelillo de la Guardia Nacional somocista a la salida de Estelí.

Bueno, ¿y en qué pensé yo tirado en la caja del camión militar cuando daba por supuesto que iban a matarme?

Pues... lo primero que me a la cabeza cuando ya entonaba el adiós mundo cruel, fue... ¡quién me mandaría a mí ir aquí!

Lo segundo, que no me hicieran daño, porque el hombre teme a la muerte, pero siente pánico ante la muerte con dolor.

Que fuera rápido, a tiros, y no con un machete y con sufrimiento.

Lo tercero –porque me dio tiempo a darle bastantes vueltas a la cabeza–, que no me desfiguraran.

Soy el mayor de nueve hermanos, mi padre era ingeniero del ICAI, siempre me ha querido mucho mi familia... y me aterraba la idea de que al llegar mis restos mortales al aeropuerto de Cuatro Vientos en Madrid, cuando mi madre levantara la tapa del cajón de zinc, me faltaran los ojos, las orejas o la lengua, tuviera las uñas arrancadas con alicate o los genitales abrasados con un soplete. Iba sumido en estos lóbregos pensamientos, cuando noté que el camión perdía velocidad hasta casi pararse.

Cuando se aproxima la hora de la verdad te das cuenta de que la muerte rara vez se presenta arropada con las llamaradas de la gloria, sino que llega envuelta en el pálido destello del rayo de una linterna contra el rostro o en el rechinar de las botas de los soldados sobre el pavimento.

A lo único que te aferras es a la idea de que has sobrevivido a otros peligros e intentas resistir a la pesadumbre, hasta que te vence el cansancio y la auto conmiseración. Es entonces cuando empiezas a preguntarte en voz baja: «¿Quien me mandaría a mi meterme en esto?»

Durante varios minutos, en lo único que pensaba era en mi madre.

Me daba vueltas en la cabeza la descabellada fantasía de que, si no destrozaban mucho mi cadáver, terminaría inhumado en el panteón del cementerio de Molinaseca, mi pueblo en la provincia de León, y que cincelarían en la lápida algo así como: «Alfonso Rojo. Dio su vida por un titular en primera página».

El camión formaba parte de un convoy en el que iban a lomos de camiones de transporte dos vetustos carros blindados M4 Sherman, y a la salida de Estelí, casi en el punto donde nos habían tiroteado a Susan Meiselas y a mí el otoño anterior, aminoró la marcha hasta casi quedar parado.

Levanté la cabeza un poco y, justo a la altura del Colegio de la Asunción, donde estaba el control militar, atisbé un tropel de periodistas apostados en los arcenes de la carretera.

Ni me lo pensé: eché las piernas por encima de la trampilla trasera y pegué un brinco (Ahora no sería capaz, pero eran treinta y tres años y veinte kilos menos que ahora). No corrí, porque me hubieran disparado. Me limité a gritar:

—¡Soy Alfonso Rojo! ¡Soy periodista!

Erguí ligeramente la cabeza y distinguí una veintena de periodistas. Debían de estar allí esperando a que la Guardia diera luz verde para entrar en la ciudad.

Sin recapacitar, eché los pies por encima de la compuerta trasera y salté a tierra. No intenté correr. Ahí estuve listo, porque si salgo a la carrera, los militares me habrían acribillado. Habrían reaccionado de forma refleja, sin pensar. Por eso, solo grité con voz contrita:

—¡Soy Alfonso Rojo! ¡El periodista español que estaba en Estelí!

Un corresponsal moreno y cuarentón con pinta de contable se giró ceremonioso e inquirió con un inconfundible acento inglés: «¿Qué dice, señor?»

Creí que me tragaba la tierra y, al borde de las lágrimas, volví a vocear:

—¡Soy Alfonso Rojo y me llevan preso! ¡No sé adónde!

Se montó un follón, los soldados espantaron a los periodistas, pero hubo tiempo a que me hicieran fotos. En la imagen que distribuyeron las agencias aparecía con las manos amarradas a la espalda y sujeto por un soldado que medía la mitad.

Esa escena fue primera página en la edición del martes 17 de abril de 1979 de periódicos como *Diario 16*, *El País* o *Pueblo*. La noticia salió hasta en el *New York Times* y el *Washington Post*.

Oswaldo Sagastegui, el dibujante del *Excélsior* mexicano, me dedicó una viñeta en la que aparecía con los ojos vendados frente a un paredón, imaginando el Guernica de Picasso.

Me subieron a empellones al camión, me quitaron la camisa, me vendaron los ojos y esa noche, en el búnker que hay junto al Hotel Intercontinental de Managua, me interrogaron sin muchos miramientos.

En la caja del camión los soldados me despojaron de la camisa y me taparon los ojos con ella. El escritor Dominique Lapierre asevera que es un indicio fúnebre que los terroristas venden los ojos de los rehenes y que hay que evitarlo a todo costa.

«Es algo comprobado —dice el autor de *¡Oh Jerusalén!*, *Mañana la libertad* y *Arde París*—. Si un secuestrador pierde el contacto con los ojos de su víctima, entonces es que está dispuesto a matarla».

A pesar de la sagaz observación de Lapierre, presentí que mi vida ya no corría peligro inmediato, aunque seguía obsesionándome la posibilidad de ser torturado. Hasta alcanzar Managua y que me metieran en «El Chipote», donde Somoza tenía su búnker, debieron transcurrir diez horas.

En *Archipiélago Gulag*, tras haber consumido once años en un campo de trabajo estalinista, Alexandre Solzhenitsin escribió:

«El universo tiene tantos centros diferentes como seres humanos viven en él. Cada uno de nosotros es un centro del universo, y el universo se hace pedazos cuando nos susurran al oído: queda arrestado... La mayoría permanece quieta y hasta es capaz de hacerse ilusiones. Puesto que no somos culpables, ¿cómo iban a arrestarnos? Se trata de un error. Ya te llevan a rastras, cogido del cuello, y todavía te empeñas en gritarte a ti mismo: ¡Se trata de un error! ¡Aclararán las cosas y me soltarán! Otros han sido arrestados en masa, pero a lo mejor aquel era culpable?... ¿Para qué salir corriendo... por qué ofrecer resistencia ahora? Después de todo, solo lograrás empeorar aún más tu situación; solo conseguirás dificultarles la labor de esclarecer el equívoco».

Eso era, más o menos, lo que discurría por mi aturullada mente en el patio del cuartel de la Guardia Nacional hasta que me hicieron montar en el camión. Lo que intuía cuando brinqué y opté por no correr.

Tras el rocambolesco episodio a la entrada de Estelí, ya casi a oscuras y tendido en aquella camioneta, me desasosegó la eventualidad del dolor. No era un pensamiento banal. Había sido capturado en zona de guerra y después de haber convivido cinco meses con los guerrilleros sandinistas.

Lo lógico es que supiera datos relevantes y que no fuera totalmente inocente, pero me asía como a un clavo ardiendo al sueño de que yo no era «torturable».

Hay un pasaje de *Nuestro hombre en La Habana*, la novela de Graham Greene, en donde el protagonista y el capitán Segura se encuentran en el viejo bar del Havana Club.

Con un tablero de damas entre ellos, el siniestro policía batistiano explica al inglés algunas de las leyes básicas de la represión. Cuando Wormold pregunta si han torturado al doctor Hasselbacher, Segura responde risueño que el alemán no pertenece a la clase de los torturables.

Después aclara quienes componen esa clase: «Los pobres de mi país y de todo país latinoamericano... los emigrantes de Europa oriental, los obreros, los campesinos...»

Yo era blanco, español, educado, periodista y, medido con el miserable rasero local, bastante rico.

Contaba además con la solidaridad de la profesión: el mercurial Miguel Ángel Aguilar, el siempre atento Luis María Anson, la americana Karen DeYoung, que triunfaría en *The Washington Post*, Alan Riding, actual corresponsal del *New York Times* en París, o Filadelfo Martínez, corresponsal de *ACAN-EFE* y decano de la prensa extranjera en Nicaragua por antonomasia... Todos, se movilizaron con vigor para sacarme del hoyo.

Cuatro días después, con un buen susto en el cuerpo y muchas horas de afligirme en pelotas aguantando un «benigno» interrogatorio, además del fajo de dólares que me prestó el corajudo embajador Pedro Manuel de Arístegui y Petit, llegué sano y salvo, y como si fuera Julio Iglesias tras una gira, al aeropuerto de Barajas, en Madrid.

El 19 de julio, cien días después de iniciar la ofensiva final que dio con mis huesos en la cárcel, los guerrilleros del Frente Sandinista habían entrado en Managua.

Anastasio Somoza había huido hacia Miami dos días antes. Ahora buscan otros refugios, pero en aquella época la «opción Florida» parecía atraer irresistiblemente a los dictadores latinoamericanos.

Probablemente es algo relacionado con el clima y la boyante economía local, pero sea la razón que sea, es en Miami donde desembocaban todos los malvados regionales cuando sus gobiernos se caían en pedazos.

Somoza aterrizó en el Miami International Airport acompañado de su familia, de sus generales, de su amante Dinorah y de dos ataúdes que contenían los restos de su padre Tacho y de su hermano Luis, ambos ex presidentes de Nicaragua.

Con los féretros y sus «íntimos», el dictador se había llevado diez millones de dólares metidos en cajas de cartón, perros, gatos, jaulas de pájaros y el recuerdo de haber gobernado Nicaragua durante medio siglo como si fuera su finca privada.

En el búnker que se había hecho construir en la colina del Chipote, donde yo había sido interrogado en cueros vivos unos meses antes, justo al lado del hotel Intercontinental, se olvidó un viejo loro que los guerrilleros desplumaron a balazos.

El 17 de septiembre de 1980, en Paraguay, donde había optado por irse pensando en un exilio muy prolongado, un comando guerrillero integrado por montoneros argentinos y con el apoyo logístico de la embajada nicaragüense, atacó con lanzagranadas el Mercedes blindado del ex dictador.

Para extraer el cadáver fue preciso cortar con sopletes de acetileno los restos de chapa del automóvil. Durante tres días Nicaragua fue una fiesta.

Con la excepción de la guerra de Cuba, hay pocos acontecimientos bélicos en los que los periodistas extranjeros hayan jugado un papel tan relevante y sido tan decisivos para la victoria de uno de los bandos como la insurrección sandinista en Nicaragua.

Un papel por otra parte desastroso, a la vista de la mangancia, brutalidad, estupidez y desidia que impuso el FSLN y de lo mal que les ha seguido yendo a los nicaragüenses.

Son pecados por los que alguna vez tendremos que entonar un «mea culpa» y cumplir cierta penitencia.

En noviembre de 1978 me encontraba de nuevo en Madrid, con un millón de pesetas en la cuenta corriente y la certidumbre de que la revolución guerrillera no tardaría en rebrotar con ímpetu.

El 4 de diciembre, festividad de Santa Bárbara −patrona de los mineros, de los artilleros y fecha de mi cumpleaños−, me despedí temporalmente de la redacción de *Diario 16* y emprendí de nuevo viaje hacia Centroamérica.

Esta segunda singladura fue muy distinta a la primera. En Nicaragua todo parecía haberse aplacado.

De la «tribu» solo perduraba en la zona el singular Leo Gabriel. A esas alturas el austriaco se las había arreglado para fundamentar lazos consistentes con Marlene Chow, madre de un hijo del corrupto comandante sandinista Bayardo Arce, y ganarse la confianza una de las células urbanas del FSLN.

Un poco antes de las Navidades, Leo organizó un viaje al otro lado de la frontera hondureña. Desde San Marcos de

Colón, a pie y escoltados por media docena de guerrilleros, enfilamos trabajosamente hacia los cerros boscosos cercanos a Estelí, donde los sandinistas tenían uno de sus principales campamentos.

Avanzábamos de noche y dormíamos durante el día, eludiendo los caminos y los ranchos. En cabeza, caminando con una regularidad de metrónomo, iba guiando el baquiano.

A cinco metros de él, marchaba el guerrillero que dirigía la patrulla. En medio Leo y yo, y detrás de nosotros, espaciados de cinco en cinco metros, los otros cuatro sandinistas.

Íbamos en completo silencio. Nos deteníamos a intervalos, al chasquear el jefe los dedos, y reemprendíamos el camino con otro chasquido. La travesía duró ocho días.

El campamento quedaba en una meseta, entre la espesura de las montañas que circundan Estelí. Había sesenta hombres y ocho mujeres, casi todos ellos estudiantes huídos de la ciudad a raíz del fracaso de la insurrección de septiembre.

La columna estaba dividida en tres escuadras. Cada una cubría una ladera de la montaña. Los combatientes dormían en champas de lona, en grupos de cuatro o cinco. Las medidas de seguridad eran muy estrictas.

La alimentación se limitaba al arroz, los frijoles, el café y, ocasionalmente, unas hebras de carne de vaca. Los restos de comida, las colillas y los excrementos se enterraban.

No se hablaba ni en voz baja, solo en susurros o con chasquidos. Ni siquiera utilizaban la madera de los arboles para cebar el fuego. Para evitar modificaciones en la fisonomía del paisaje, recogían ramas caídas y troncos semipodridos.

Tras la excitación de las primeras jornadas, el tiempo discurría con cuentagotas, porque aquello se limitaba a esperar, esperar y esperar...

Uno de los pormenores más duros era la humedad. Se filtraba por cualquier resquicio, impregnándolo todo con una pátina permanente. La ropa adquiría un tufo ácido, muy parecido al olor que despiden los aparejos de las caballerías.

A eso se sumaban la guarrería y el aburrimiento. Imaginaba aventuras, emboscadas y acción, como en las películas, pero la vida real del guerrillero se consume en marchas agotadoras, interminables esperas y tareas miserables.

A finales de enero de 1979 las lluvias se espaciaron y la temperatura aumentó un poco. Comenzaba la estación seca. A mediados de marzo, aprovechando la bajada de una patrulla camuflada a Estelí, Leo abandonó el campamento, pilló un autobús en la carretera y retornó a Managua.

El 6 de abril, creyendo equivocadamente que la dirección del FSLN había puesto en marcha la anhelada «ofensiva final» contra Somoza, los guerrilleros de la zona cayeron sobre Estelí.

Ayudados por la sorpresa, ocuparon casi toda la localidad, con la excepción del cuartel de la Guardia Nacional y unos cuantos edificios aledaños.

Durante cuatro días saborearon el triunfo. Los sandinistas luchaban contra un tirano gordo y con aspecto de vicioso, lo que les hacía «moralmente superiores» y les absolvía de antemano de cualquier abuso, robo o mangancia.

Eran jóvenes e idealistas, como nosotros. Hablaban el mismo lenguaje que nosotros habíamos utilizado en la universidad española y eso facilitó que estableciera con ellos, como hicieron Leo, Susan y bastantes otros periodistas, una intrincada complicidad.

La manifestación más penosa de ese conchabamiento fue nuestra obstinación ulterior en obviar cualquier detalle que pudiera empañar la fachada aparentemente pura y generosa de la revolución sandinista.

> La inexperiencia se puede alegar como atenuante,
> pero lo cierto es que muchos —como lo habían sido
> otros en la Guerra Civil española o durante la
> Guerra Fría en sus estimaciones sobre el Bloque
> Soviético— éramos selectivos en nuestra compa-
> sión. Parecíamos capaces de excusar cualquier
> fechoría mientras sus autores incluyeran la
> palabra «liberación» en sus proclamas.

En mi caso concreto, nunca hice referencia en las cinco crónicas que mandé desde Estelí a los brutales interrogatorios o las ejecuciones sumarias de supuestos colaboradores de la Guardia Nacional.

Fui testigo de excepción de algunas de estas barrabasadas. Como periodista estaba obligado a informar, pero lo soslayé a pesar de que ciertas escenas me conmovieron hasta la médula.

Todavía recuerdo el brutal tormento a un tipo al que unos lugareños habían denunciado sin prueba alguna de ser ex miembro de la Guardia. Los sandinistas estaban convencidos de que el sujeto había sido enviado desde el cuartel a espiar sus posiciones.

Los juveniles rebeldes tenían a media docena de prisioneros en una esquina, todos maniatados y esperando su destino.

A otro, al que les parecía importante, le habían despojado de los pantalones y la camisa y lo tenían en cuclillas en medio de un patio, con las manos atadas a la espalda y los ojos vendados. Uno de los guerrilleros, el que hacía las preguntas, permanecía agachado frente a él; los otros dos vigilaban enhiestos con los fusiles en ristre.

La luz se colaba entre las hojas de los árboles y formaba rayas en el piso, como si una jaula intangible retuviera al prisionero.

El interrogador preguntaba y los otros dejaban caer, alternativamente, las culatas contra los hombros del cautivo. Después le mandaron abrir la boca y le empotraron la punta de un kalashnikov hasta la campanilla, jurándole a gritos que le iban a volar los sesos. No le dieron el «paseíllo» hasta la noche, y yo bajé con ellos a mirar.

El condenado era bajito, compacto y tenía un rostro primitivo. Cuando alcanzamos la barranca, solo inquirió si lo iban a matar. Le dijeron que sí y preguntó si podía rezar.

Lo enfocaron a la cara con una linterna, soltaron sus manos para que se santiguara. Le mandaron cavar y se negó. Le golpearon y se siguió negando. Dejaron volar unos segundos y una muchacha de apenas quince años le descerrajó dos balazos en la cabeza. Cayó a tierra sin exhalar un gemido.

MORIR EN «TERRITORIO COMANCHE» 29

La cercanía es esencial para un buen reportaje pero, a base de aproximarse a la barrera, a veces se traspasa y termina convirtiéndose uno en noticia aunque no lo desee. Eso no está mal si se puede volver victorioso a casa, como me ocurrió a mí en abril de 1979.

Todavía recuerdo el explosivo recibimiento que me propinaron mis ocho hermanos y mis padres cuando crucé la aduana del aeropuerto de Barajas.

Fue tanta la efusión, que el siempre imaginativo Miguel Ángel Aguilar llegó a decirles en tono circunspecto a mis parientes:

«Tranquilos... si seguís así va a quedar gracioso en la edición de mañana: reportero español retorna intacto de la guerra y fallece por asfixia tras ser abrazado por sus numerosos parientes».

Si la razón de la fama —siempre efímera— estriba en que te han dado un tiro y has pasado a formar parte del dilatado y heroico contingente de periodistas caídos en acto de servicio, el asunto deja de tener gracia.

Hay dos formas tradicionales de morir en la guerra. Una es cuando se lleva poco tiempo y todavía uno no sabe moverse bien.

Arturo Pérez Reverte dice que a la mitad de los que mueren los matan en el estreno, sin darles tiempo a aprender trucos útiles como distinguir un disparo de salida de otro de llegada, moverse por una calle donde hay francotiradores, no recortarse en las puertas y ventanas, o saber que cuando hay muchos tiros a la gente le importa un comino que seas periodista.

Otra posibilidad, la más frecuente, es caer víctima de la ley de probabilidades.

> En la guerra casi nunca asesinan a los periodistas;
> los matan cuando están trabajando en un lugar
> donde vuelan los balazos, silba la metralla y
> abundan los hijos de puta.

El índice de mortalidad entre los reporteros, incluyendo a los que se dedican al duro oficio de la guerra y asumen los trances que eso conlleva, es más bajo que el de los bomberos, los policías o los corredores de Moto GP, por poner tres ejemplos. Pero no se puede minimizar.

A riesgo de que se me olvide alguno –y Dios me perdone si ocurre–, son por lo menos nueve los corresponsales españoles que han caído en acción en los últimos años:

- El 22 de diciembre de 1989, el fotógrafo del diario *El País* Juan Antonio Rodríguez «Juantxu» es abatido a tiros en Panamá por soldados norteamericanos

- El 17 de mayo de 1992, el fotógrafo catalán Jordi Pujol Puente, que andaba de «*freelance*» por la antigua Yugoslavia y mandaba material al rotativo Avui, muere en Sarajevo, la capital de Bosnia-Herzegovina, alcanzado por la metralla de una granada de mortero

- El 18 de enero de 1997, Luis Valtueña, fotógrafo de la Agencia *Cover*, pereció en Ruanda junto a dos cooperantes españoles a manos de guerrilleros «interhamwe» (los que matan juntos) cuando trabajaba como voluntario de la ONG *Médicos del Mundo*

- El 24 de mayo de 2000, Miguel Gil Moreno, cámara de televisión que trabajaba para la Agencia estadounidense *Associated Press* (AP), cae en Sierra Leona acribillado en una emboscada de la guerrilla, junto al americano Kurt Schork, cuando se desplazaba en coche para informar de los combates entre el Ejército gubernamental y los rebeldes

- El 19 de noviembre de 2001, el periodista del diario *El Mundo* Julio Fuentes, muere tiroteado cuando se dirigía a la capital afgana desde Jalalabad. Junto a él murieron otros tres periodistas: dos de la agencia de noticias *Reuters* y la corresponsal de *El Corriere della Sera*

- El 7 de abril de 2003 Julio A. Parrado, muere en Irak cuando un misil tierra-aire estalló en medio del centro de operaciones tácticas de la 2ª Brigada de la Tercera División de Infantería de EEUU, situado en la retaguardia de esa unidad a un centenar de kilómetros de Bagdad
- El 8 de abril de 2003, el cámara de Telecinco José Couso fallece en Bagdad a causa de las heridas provocadas por un proyectil disparado por un carro blindado de EEUU contra el Hotel Palestina, en el que se alojaban la mayoría de los periodistas internacionales que cubrían la información de la guerra en Irak
- El 7 de marzo de 2004, el periodista de Antena 3 Ricardo Ortega fallece tras recibir dos balazos disparados por facinerosos haitianos en Puerto Príncipe

No en todos los casos la reacción de los periodistas y de la opinión pública española fue similar. Y no precisamente por la personalidad o el medio para que el trabajaban los fallecidos.

Desgraciadamente, porque obliga a reflexionar y replantearse algunas cosas, el perfil de los «homicidas», su nacionalidad, ideología y el lugar donde se producen las muertes, parecen ser la clave, como dejan patente casos como el de Parrado y Couso.

La muerte en el estreno

Yo trabajé un tiempo con Julio A. Parrado y nunca llegué a suponer que podría fallecer como lo hizo, porque era lo más alejado que se puede ser de un reportero de guerra.

Había nacido en Córdoba, el 3 de enero de 1971, era hijo del líder comunista Julio Anguita y cuando llegó al periódico, por razones que se me escapan, nunca firmó una pieza usando el «Anguita».

Prefería ser Parrado y mantuvo esa costumbre cuando se fue a EEUU, comenzó a colaborar desde allí con el periódico, y en vísperas de la Guerra de Irak hizo un curso de empotramiento con los americanos.

El Periodismo empotrado tiene muchos detractores porque evoca una imagen del corresponsal supuestamente independiente que se somete a mentores militares que le entregan información cuidadosamente dosificada y de un optimismo absurdo.

Para algunos, el periodista empotrado es un retorno grotesco al reportaje al estilo de la Primera Guerra Mundial, cuando la horrenda carnicería en las trincheras era presentada como una serie de progresos sabiamente planificados por los generales.

Mi experiencia es que muchas de esas críticas se hacen a la ligera y son injustas. Acompañar a los Ejércitos en el terreno es a menudo la única manera de descubrir lo que están haciendo o piensan que están haciendo.

Y, en algunas zonas del planeta, tampoco existe alternativa. Desde que Al Qaeda, los decapitadores del DAESH, y otros malandrines comenzaron a considerar a los periodistas extranjeros como objetivos o rehenes potenciales, es imposible circular por Irak, Afganistán, Libia o Siria sin correr extremo peligro.

No siempre fue así. Cuando comencé en Centroamérica a finales de los años setenta, como he contado ya y quedó patente en Nicaragua, era probablemente más seguro ser periodista que cualquier otra cosa. Hasta los paramilitares y las guerrillas tenían «encargado» de prensa y se desvivían por ganar tu complicidad.

El empotramiento con un Ejército regular limita tu ubicación, restringe tus movimientos, tiene inconvenientes y puede originar una información sesgada, pero no más de lo que supone ir con la guerrilla o con una banda de narcotraficantes.

«Fecha de nacimiento, peso y tipo sanguíneo», «¿tiene alergia a algún tipo de medicación?», «¿sufre del corazón?», «¿tiene alguna discapacidad que le impida correr?»

Esas son algunas de las preguntas que te hacen en el formulario de solicitud para acompañar a las tropas estadounidenses y fue, tras responderlas y escuchar atentamente muchas horas de instrucciones, que Julio A. Parrado pidió en 2003 ir a Irak y en el diario, con más ligereza de la que hubiera sido necesaria, se le dio luz verde.

Parrado murió por el impacto de un cohete iraquí contra el campamento de la Segunda Brigada de la Tercera División de Infantería estadounidense con la que viajaba. Ese día, podía haber ido al frente en un blindado, pero decidió ser «prudente» y optó por no sumarse a la expedición.

No está muy claro el motivo, pero los siempre estrictos norteamericanos le advirtieron de que su chaleco antibalas no cubría los requisitos de seguridad pertinentes y se barruntaba una jornada caliente, porque ya estaban entrando en Bagdad.

El responsable entonces de Información de Internet de *El Mundo*, Borja Echevarría, había hablado con él esa misma mañana y lo cuenta así:

«Nos confirmó el ataque de la mañana y nos dijo que él había pensando ir, pero que cuando estaba a punto de marcharse llegaron varios heridos del frente, alcanzados con granadas de mortero. Ahí le volvieron a recordar que su chaleco no era el adecuado. Así que él mismo nos dijo que había hecho bien en no ir».

En *El Mundo*, mal aconsejados por una periodista que se daba muchas ínfulas y por orden de un director adjunto que de esto no sabía nada, eligieron el equipo pensando en la «comodidad».

Julio había estudiado Periodismo en la Universidad Complutense de Madrid. En agosto de 1990 publicó su primer reportaje en el diario Córdoba, había llegado a *El Mundo* en 1993, y tras unos meses en la sección internacional, se fue a Nueva York.

Fue testigo en directo de los atentados del 11-S y se alistó, más por curiosidad que por otra cosa, en un curso de entrenamiento, en Quantico (Virgina), para corresponsales de guerra organizado por El Pentágono.

Desde el 21 de marzo de 2003 estaba sobre el terreno. El 7 de abril, ya a las puertas de Bagdad, mientras curioseaba con el alemán Christian Liebig en la sala de ordenadores del centro de operaciones tácticas de la Segunda Brigada, donde los siempre tolerantes americanos permitían el acceso a los corresponsales, bajo unas frágiles tiendas de lona le alcanzó de lleno el misil iraquí.

El cohete mató también al otro periodista, el reportero del semanario alemán *Focus* y a dos soldados, y destruyó 17 vehículos.

Fue quizá uno de los pocos tiros acertados de la artillería de Saddam Hussein en toda la contienda, pero le cayó encima. Julio tenia treinta y dos años y Christian, treinta y cinco.

Harald Henden, fotógrafo del periódico noruego *Verdens Gang* de Oslo, relató las circunstancias que rodearon la tragedia, dejando patente el papel determinante del azar:

«La noche anterior nos invitaron a asistir a la incursión. Tuvimos la libertad de decidir y Julio y el reportero alemán prefirieron quedarse. Nos habían advertido de que el ataque sería muy duro. Nos metieron en un blindado y recibimos mucho fuego, pero volvimos sanos y salvos. Cuando estábamos en Bagdad llegó la noticia de que había caído un cohete en el cuartel general y habían muerto dos periodistas. Nos imaginamos que eran ellos. Es increíble que en el lugar más seguro les haya pasado esto».

La procedencia del proyectil, y quizá el lugar, hicieron que su muerte no levantase excesivas olas en la profesión. No ocurrió lo mismo con José Couso, cuyo caso todavía colea más de doce años después.

El caso Couso

Es llamativo, chocante, o por lo menos curioso, que ninguno de los periodistas españoles caídos en acción haya levantado la décima parte de la polvareda que ha desatado la muerte de José Couso.

Ni «Juantxu» Rodríguez, ni Luis Valtueña, ni Miguel Gil, ni Julio Fuentes, ni Julio A. Parrado, ni Ricardo Ortega han provocado manifestaciones, protestas, plantes o campañas similares.

¿Cual es la razón por la que Parrado, fallecido el día anterior, a escasamente cien kilómetros de distancia y en la misma guerra, no haya generado polémica alguna y Couso siga siendo objeto de pugna y debate doce años después de su muerte?

La única respuesta que se me ocurre es que la metralla que acabó con el cámara de *Telecinco* procedía de un carro blindado norteamericano y que en aquel momento presidía el Gobierno de España el Popular José María Aznar. No encuentro otra explicación.

Ocurrió el 8 de abril de 2003 y yo todavía no había llegado a Bagdad, aunque llevaba en Irak más de dos meses. Me habían negado reiteradamente el visado las maquiavélicas autoridades iraquíes, irritadas por los artículos que había publicado en *The Guardian* y por el libro que saqué al término de la Guerra del Golfo.

Para acceder al frente —a uno de ellos porque en el principal que era el del Sur estaba ya Parrado y a la capital me estaba vetada— tuve que hacer malabares.

A través de un amigo de la infancia y compañero de innumerables tropelías, que se llama Pepe Villarejo y es comisario de Policía, logré que Monzer Al Kassar, multimillonario traficante de armas sirio afincado en España, me gestionara un salvoconducto con los siniestros generales del régimen de Bashar Al Assad.

Villarejo es un tipo muy especial, único. Es un comisario, pero no tiene comisaría. Es un mando policial, pero no tiene cargo orgánico dentro del estamento. Se encuentra en «servicios especiales» y siempre ha sido un amigo de quien me he fiado por completo. Y nos conocemos desde hace más de treinta años.

Haciendo comparaciones, pienso que como amigo es una versión más sofisticada y compleja que la del ruso Ígor Mihalev, de quien un chófer tártaro que tuvimos en Moscú decía que había que tener siempre cuidado a la hora de criticar a alguien delante de él, porque corríamos el riesgo de que se nos presentase con la cabeza del ofensor en una bolsa de plástico y preguntase con cara inocente: «¿Qué te había hecho?»

A Pepe Villarejo no le dejaría nunca dinero a deber durante mucho tiempo, ni haría negocios con él, pero cuando he necesitado algo realmente importante, desde un chaleco antibalas a un contacto para entrevistar al escurricido Abu Abass, líder del Frente de Liberación de Palestina y organizador del secuestro del barco Achille Lauro, me ha repondido.

Todavía hoy, «Pepe» hace y deshace. Desde hace tres décadas aparece relacionado con asuntos de lo más rocambolesco, y todos con vinculaciones políticas. Si algo puedo certificar sobre él, tras muchas aventuras conjuntas y bastantes riesgos asumidos al alimón, es que es valiente de verdad y amigo de sus amigos hasta el final.

Cuando le pedí ayuda para acceder a Irak, evitándome la larga espera en territorio turco, Villarejo estaba adscrito a la Dirección Adjunta Operativa de la Policía Nacional, pero realmente no dependía de nadie.

Consiguió en un santiamén que fuéramos a ver a Al Kassar y que el magnate —que ahora se pudre condenado a cadena perpetua en una prisión de EEUU— nos gestionara un pase «VIP» para acceder a la zona controlada por los kurdos, siguiendo la ruta que arranca en Damasco, llega hasta la aldea de Faysh Khabur en el lugar donde coinciden las fronteras de Siria, Irak y Turquía, y a través de Zarkho acaba en Erbil, capital de facto del Kurdistán iraquí.

Cuando falleció Couso, yo acababa de entrar en Tikrit, la ciudad natal de Saddam, 140 kilómetros al noroeste de Bagdad y los primeros soldados norteamericanos habían logrado acceder la víspera a los suburbios de la capital iraquí. Se combatía con salvaje intensidad.

El ataque de la coalición encabezada por EEUU había comenzado, sin que mediara siquiera declaración de guerra, el 20 de marzo de 2003.

La negativa de Turquía a que el Ejército estadounidense utilizase su territorio, lo que hubiera permitido a los aliados realizar una rápida maniobra en tenaza para tomar Bagdad, obligó al Pentágono a realizar toda la invasión desde el Sur y retrasó el avance.

Fuerzas especiales norteamericanas y británicas tomaron contacto con las milicias kurdas, y eso permitió a presionar también desde el Norte a Saddam[43].

Frente a eso, las desesperadas maniobras del dictador, quien ordenó dividir Irak en cuatro secciones y encargó la defensa de cada región a un sicario de su entera confianza, poco podían hacer.

---

43   En cualquier caso, el grueso de la embestida venía de abajo, donde el Pentágono había desplegado 225.000 soldados, 800 tanques M1 Abrams, 600 vehículos de combate de infantería M2/M3 Bradley, 100 helicópteros AH-64 Apache, 200 helicópteros AH-1 SuperCobra, 100 helicópteros de transporte CH-47 Chinook, UH-60 Black Hawk y CH-53 Sea Stallion, 50-60 F-14 Tomcat, 90 F-15 Eagle, 75 F-16 Fighting Falcon, 180-220 McDonnell Douglas F/A-18 Hornet, 50 A-10, 36 bombarderos B-1B, B-52 y B-2, 60 Harrier AV-8B y 4 grupos de combate marítimos que incluían a los portaaviones Constellation, Harry S. Truman, A. Lincoln y T. Roosevelt.

Los iraquíes disponían, en teoría, de un Ejército de 327.000 hombres, 400.000 reservistas y 2.200 carros de combate de origen ruso y chino, de los cuales unos 700 eran T-72, 500 T-62, 500 T-54/T-55, 350 Tipo 69 y 150 Tipo 59.

Sin fuerza aérea efectiva, porque sus MiG-21, MiG-23 y MiG-25 de fabricación soviética y una cincuentena de Mirage F-1 franceses ni siquiera llegaron a despegar, su única opción fue usar a destajo la artillería, parapetarse tras la población civil en las ciudades y crear confusión lanzando misiles Al-Samud contra Kuwait, Israel y todo lo alcanzable.

El sistema de radar iraquí continuó operando en los primeros días de la invasión pese al fuerte bombardeo estadounidense, aunque poco después dejó de funcionar.

Los estadounidenses avanzaron rápidamente sin encontrar oposición destacable hasta la llegada al puente de Nasiriya, donde sufrieron una treintena de bajas mortales. De ahí llegaron las primeras imágenes de norteamericanos abatidos. La televisión iraquí incluso mostró a cinco prisioneros.

El 27 de marzo de 2003, unos mil paracaidistas estadounidenses se lanzaron sobre el Norte de Irak para sumarse a los guerrilleros kurdos.

Superado a cañonazo limpio el nudo de Nasiriya, la siguiente gran dificultad que afrontaron los invasores fue una fuerte tormenta de arena, que permitió a varias unidades de la Guardia Republicana iraquí replegarse casi intactas hacia la capital.

Como ocurre siempre en la guerra de verdad, las operaciones de la Coalición estuvieron plagadas de errores, incluyendo el letal *friendly fire*. El 2 de abril un F/A-18 Hornet estadounidense fue abatido sobre los cielos de Bagdad por las propias fuerzas estadounidenses.

El 8 de abril, el día aciago en que lo destrozó la metralla, el camarógrafo de *Telecinco* José Couso se encontraba en el Hotel Palestina, donde se hospedaban unos 200 periodistas internacionales, autorizados por el régimen del sátrapa para seguir desde allí el conflicto.

Las tropas estadounidenses comenzaban a penetrar en la capital. Se escuchaban disparos y explosiones por doquier y en la distancia; desde las habitaciones más altas del Hotel Palestina o del contiguo hotel Sheraton se podía incluso distinguir algún carro blindado.

Couso, como los miembros de otros equipos de televisión, se apostó cámara en ristre en la barandilla de la terracita de la habitación 1403. Justo encima de él, en el piso decimoquinto y mirando también al río Tigris, estaba haciendo lo mismo el ucraniano Taras Protsyuk.

De repente, a 1.700 metros de distancia, desde el puente Al Jumhuriya, un tanque Abrams M1 efectuó un único disparo de cañón. El proyectil impactó de lleno en el piso en el que se alojaban los periodistas de la agencia *Reuters*, matando al instante al ucraniano Protsyuk y dejando herido de muerte a José Couso.

El cámara gallego expiró poco después, mientras estaba siendo operado en el Hospital San Rafael de la capital iraquí.

La primera reacción de algunos colegas –lógico porque a los periodistas en «territorio comanche» solo les estremece de verdad la muerte de un compañero–, la dejó patente el español Jon Sistiaga, cuando afirmó tajante que aquello había sido un acto premeditado destinado a «silenciar a *Telecinco* y a los medios críticos con el Pentágono».

Dos días después en Madrid, en el Senado y en un acto sin precedentes, medio centenar de corresponsales parlamentarios protagonizaron un «plante» al presidente del Gobierno español, dejando sus cámaras y micrófonos ante el escaño de José María Aznar.

Momentos antes, a su llegada, en la Plaza de la Marina Española, Aznar había sido recibido con gritos de «no a la guerra» por parte de varias decenas de personas, entre las que destacaba la presencia del portavoz del grupo parlamentario socialista en el Senado, Juan José Laborda, junto a numerosos parlamentarios del PSOE y trabajadores de la Cámara Alta.

Todos, en un alarde de parcialidad espectacular donde llama la atención la presencia de tantos periodistas, culpaban al presidente del Gobierno de la muerte de Couso, por haberse fotografiado en las islas Azores el 16 de marzo de 2003, junto al presidente George W. Bush, el Primer Ministro británico Tony Blair y el portugués José Manuel Durão Barroso, en una reunión previa a la decisión de ir a la guerra contra Saddam.

En el caso de Couso, la demagogia no terminaría ahí, ni afectó solo a periodistas y políticos.

Yendo a los hechos concretos y a lo que sabemos con certeza, hay que subrayar que al mando de la tripulación del Abrams M1, una máquina infernal que manejan solo tres hombres encajonados en un cubículo muy pequeño, estaba el sargento Thomas Gibson.

El sargento, un afroamericano, siempre ha dicho que estaban recibiendo fuego enemigo y que efectuaron un disparo de «disuasión», convencidos de que desde el hotel Palestina se les estaba «marcando».

Para entender la tensión de Gibson y sus dos compañeros, a muchos les hubiera bastado compartir la experiencia que algunos reporteros españoles, como Julio Fuentes, Miguel Gil y otros, tuvimos muchas veces en la antigua Yugoslavia, cuando conseguías plaza en un transporte blindado para entrar en Sarajevo cruzando el aeropuerto o para pasar con los soldados españoles al interior de Mostar.

El zumbido metálico de los impactos, aunque sean solo de bala, en la chapa exterior es escalofriante y te pasas el recorrido encogido temiendo que en cualquier instante algún desaprensivo acierte en un punto débil con un simple lanzagranadas RPG 7 o con algo más grande y quedes carbonizado en el sitio.

Gibson y sus dos camaradas no las podían tener todas consigo. El Abrams M1 va equipado con visores que permiten hasta un máximo de diez aumentos. A 1.700 metros, que era la distancia a la que tenían el hotel Palestina –y en contra de lo que trataron de demostrar posteriormente el juez Santiago Pedraz y los que fueron posteriormente a Irak para insistir en que la muerte de Couso fue un crimen de guerra premeditado–, todo lo que podían vislumbrar era que había gente en las terrazas altas del hotel.

En esas condiciones, maniobrando a todo prisa, escuchando el enervante repiqueteo de las balas sobre el metal exterior y en territorio hostil, porque eran la vanguardia de su columna, discernir si los objetos de las balaustradas eran teleobjetivos de televisión o prismáticos con los que un ojeador enemigo señalaba su posición a la artillería iraquí, era físicamente imposible.

Podían distinguir que había personas, pero en modo alguno su identidad o algo más. En el hotel, según el testimonio de otros periodistas españoles, no operaban ni francotiradores ni ojeadores iraquíes, pero los americanos del Abrams M1 creyeron justo lo contrario.

Solo efectuaron un disparo, lo que refuerza la tesis de que sí estaban enterados de que en el enorme edificio, así como en el continuo que alberga el hotel Sheraton, residían centenares de corresponsales extranjeros.

Antes de abrir fuego, y tras informar por radio que creían estar siendo «señalados», pidieron instrucciones a sus superiores.

El teniente coronel Philip de Camp, al mando del regimiento de blindados número 64 de la Tercera División de Infantería, dio su aprobación y transmitió la orden al capitán

Philip Wolford, quien a su vez autorizó al sargento Thomas Gibson.

En mi opinión, Couso cayó como Julio Anguita Parrado, Miguel Gil, Julio Fuentes, Jordi Pujol Puente o Ricardo Ortega. Imputar a Gibson y sus colegas un delito contra la comunidad internacional en concurso con uno de homicidio, como hizo el juez Pedraz, es una insensatez, por mucho respaldo mediático y popular que tuviera esa estrambótica decisión.

Entender, como hace el magistrado, que el Pentágono pretendía «amedrentar» a los medios para que no informaran, es no entender absolutamente nada. Y aceptar como premisa que el Pentágono pretendía silenciar a Telecinco, es una bobada sonrojante.

Los militares procesados por Pedraz aseguraron en su momento que dispararon tras ver el reflejo de «una luz amenazante» que provenía del lugar en que se encontraba el cámara ferrolano.

El Pentágono, que investigó el caso, concluyó que sus soldados no tuvieron culpa de la muerte del periodista gallego porque no cometieron negligencia ninguna y solo respondieron a una amenaza: «Fue un acto de guerra contra un enemigo erróneamente identificado».

El 27 de octubre de 2016, casi diez años después del fallecimiento y criticando la nula colaboración de las autoridades norteamericanas, el Tribunal Supremo español confirmó el sobreseimiento del llamado «Caso Couso».

José Couso, que había nacido en 1965 en Ferrol en una familia de tradición militar y era licenciado en Ciencias de la Información rama de Imagen por la Universidad Complutense de Madrid, estaba casado y tenía dos hijos.

Ni había sido enviado a Irak por su opulenta cadena televisión con un seguro de vida millonario, ni contaba en su empresa con especiales garantías, pero eso es muy frecuente.

A alguno le chocará, porque eramos empleados de una gran empresa de comunicación, pero Julio Fuentes, Javier Espinosa, Fernando Múgica, Fernando Quintela y yo mismo, hicimos trabajos similares muchas veces sin seguro de vida ni nada por el estilo. Y éramos periodistas «fijos y de plantilla» en un diario nacional.

Los caídos

En el Sudeste asiático, que entre 1945 y 1975 fue un constante lodazal de odio y masacre, la metralla nunca tuvo excesivo respeto por las reputaciones de los reporteros.

Durante la contienda vietnamita perecieron cincuenta corresponsales y otros dieciocho desaparecieron en acción. Unos cayeron en accidentes de helicóptero, otros al pisar una mina, alcanzados por una bala o ejecutados a sangre fría por los facinerosos del Viet Cong.

No ha sido, ni con mucho, el conflicto más mortífero para la prensa. Aunque es muy difícil hacer tablas, porque en grandes choques bélicos como las dos guerras mundiales los reporteros eran a menudo indistinguibles de los combatientes, sobre todo en el bando ruso y el alemán, a *grosso modo* la escala está así:

- Primera Guerra Mundial (1914-1918): 2
- Segunda Guerra Mundial (1940-1944): 68
- Guerra de Corea (1950-1953): 17
- Guerra de Vietnam (1955-1975): 66
- Argelia (1993-96): 58
- Colombia (1986- 2015): 52
- Balcanes (1991-95): 36

- Filipinas (1983-87): 36
- Turquía (1984-99): 22
- Tayikistán (1992-96): 16
- Sierra Leona (1997-2000): 15
- Afganistán (2001-04): 9
- Somalia (1993-95): 9
- Kosovo (1999-2001): 7
- Guerra del Golfo (1991): 4
- Guerra de Irak (2003-2011): 85
- Guerra de Siria (2011-...): 91

Dicho esto y aunque las cifras carecen de precisión porque faltan entre los caídos centenares de periodistas locales, hay que subrayar que Vietnam nunca fue una broma.

UNALECCIÓNDEVERDADERO PERIODISMO

30

De Arturo Pérez Reverte[44], además de que es el novelista vivo —y no es poca cosa eso de seguir coleando y ser además miembro de la Real Academia de la Lengua— de más éxito que tiene España, hay que subrayar lá precisión de cirujano con que analiza esta profesión.

---

44   Arturo Pérez-Reverte, que solo es un mes más viejo que yo y nació en Cartagena, hoy se dedica en exclusiva a la literatura, tras vivir veintiún años (1973-1994) como reportero de prensa, radio y televisión.

Sobre la relación con el entorno, y en concreto con los políticos, cuenta una anécdota genial:

«Hace medio siglo recibí la más importante lección de Periodismo de mi vida. Tenía dieciséis años, había decidido ser reportero, y cada tarde, al salir del colegio, empecé a frecuentar la redacción en Cartagena del diario La Verdad. Estaba al frente de esta Pepe Monerri, un clásico de las redacciones locales en los diarios de entonces, escéptico, vivo, humano. Empezó a encargarme cosas menudas, para foguearme, y un día que andaba escaso de personal me encargó que entrevistase al alcalde de la ciudad sobre un asunto de restos arqueológicos destruidos. Y cuando, abrumado por la responsabilidad, respondí que entrevistar a un político quizás era demasiado para mí y que tenía miedo de hacerlo mal, el veterano me miró con mucha fijeza, se echó hacia atrás en el respaldo de la silla, encendió uno de esos pitillos imprescindibles que antes fumaban los viejos periodistas, y dijo algo que no he olvidado nunca: «¿Miedo?... Mira, chaval. Cuando lleves un bloc y un bolígrafo en la mano, quien debe tenerte miedo es el alcalde a ti».

Todo el Periodismo, su fuerza, su honradez, hasta su épica, se resume en esas magníficas palabras. En esa declaración segura de sí, casi arrogante, formulada por un humilde redactor de provincias.

Tras ese arranque en *La Verdad*, donde le dejaron claro que con un cuaderno, un bolígrafo y una cámara no tienes que temer a nadie, recaló en el diario *Pueblo*, del inconmensurable y polémico Emilio Romero, donde bregó como un galeote durante doce años.

Con la Transición y el desmantelamiento de lo que se llamaba «Prensa del Movimiento», saltó a TVE donde pasó nueve años y triunfó como especialista en conflictos armados.

Cubrió la guerra de Chipre, las del Líbano, la de Eritrea, la campaña de 1975 en el Sáhara, la guerrilla del Polisario, la guerra de Las Malvinas, la carnicería de El Salvador, la revolución sandinista en Nicaragua, la guerra del Chad, la crisis de Libia, las guerrillas del Sudán, la guerra de Mozambique, la de Angola, el golpe de estado de Túnez...

Los últimos conflictos que cubrió, y en los que coincidí varias veces con él, fueron lo que llamó sin serlo «revolución» de Rumanía contra Nicolae Ceaucescu, la guerra del Golfo y el cruel y despiadado desmembramiento de la antigua Yugoslavia.

Un buen día, con una determinación propia de cónsul romano, dijo «adiós a las armas» y se dedicó a la Literatura con mayúsculas.

Julito Fuentes: un tipo que se vestía por los pies

Me acuerdo muchas veces de Julio Fuentes. Han transcurrido ya quince años, desde aquel aciago 19 de noviembre de 2001 en que unos facinerosos capitaneados por un psicópata llamado Reza Khan lo mataron en un recodo del tortuoso desfiladero que lleva de Jalalabad a Kabul, y, a menudo, cuando me hundo en esas soledades en las que los hombres hablan consigo mismos o con Dios, me viene a la memoria su rostro.

Era un chaval a quien yo quería. Le encantaba el Periodismo y fue de los que se abrió paso como reportero, sorteando todo tipo de obstáculos, rechazos e incomprensiones. A diferencia de otros –que no han tenido para esta profesión ni una centésima del peso que tuvo Julito– no se montan cada año rimbombantes homenajes en su honor. Y me duele. Es el nuestro un país desmemoriado y desagradecido.

La mañana que murió yo estaba en Kabul, donde tres días después llevaron su cadáver.

Conmocionado por su muerte, el diario *El Mundo* publicó a botepronto dos piezas en memoria del compañero caído –una firmada por Fernando Múgica y otra por Gervasio Sánchez– y un pequeño suelto editorial, donde explicaban que todo empezó la tarde anterior de aquel lunes espantoso.

Julio había enviado una crónica brillante. Se trataba, una vez más, de una exclusiva. Había encontrado en una base abandonada de Al Qaeda unos estuches de cartón que contenían ampollas. En los envoltorios podía leerse en ruso, con caracteres cirílicos: «gas sarín».

Llamó muchas veces a la redacción para asegurarse de que entendíamos la importancia del hallazgo. Comentó, casi de pasada, que había organizada una caravana de periodistas para ir desde donde la antigua capital veraniega de los reyes afganos hasta Kabul.

Al amanecer hizo su equipaje a toda prisa y se reunió con una treintena de colegas que habían formado ya el convoy. No pudo meterse en el coche de TV3 porque estaba al completo. Consiguió meterse en un Toyota gris junto a su amiga del *Corriere della Sera*, María Grazia Cutuli, el cámara australiano Harry Burton, que trabajaba para la agencia *Reuters*, y el fotógrafo afgano Azizula Haidari. El destino y sus deseos de llegar cuanto antes a la capital quisieron que su conductor adelantara a todos y su vehículo se pusiera en cabeza.

Estaban a noventa kilómetros al Este de Kabul cuando entraron en una carretera atroz, que serpentea por el fondo de una garganta. A la derecha, el precipicio del valle de Sarobi y el río. Al otro, una pared de rocas abruptas sin vegetación. El lugar perfecto para una emboscada.

Junto al puentecillo de Tangi Abishum, el vesánico Reza Khan y sus fanáticos islámicos los interceptaron kalashnikov en ristre. El chófer del segundo vehículo de la caravana, que iba lejos, atisbó algo, giró en redondo y dio la vuelta a toda prisa. La caravana, lejos de la vista, se detuvo.

A ellos les hicieron bajar y los llevaron a culetazos y empellones hasta un sucio recodo. Julio, al ver que agredían a la chica, intentó defenderla. Sonaron unos disparos, después varias ráfagas.

Los cuatro periodistas estaban muertos. El 8 de octubre de 2007, dos días antes del Día Mundial contra la Pena de Muerte, fue ejecutado en Kabul el bestial Reza Khan, el jefe de los asesinos, que permanecía preso tras haber sido condenado por un tribunal local en 2004.

El Gobierno español, recogiendo los deseos de algunos de los familiares de los periodistas muertos, había pedido que se conmutara esa pena de muerte. Yo me alegré de que al malvado le dieran lo suyo.

Julio Fuentes era como sus reportajes de guerra: apasionado, vital, emotivo y un poco taciturno. El Periodismo no fue para él un medio de vida, sino un modo de vida. Veía el planeta como un inmenso campo de batalla en el que el bien y el mal libran una guerra sin cuartel y siempre tuvo claro su lado de la trinchera.

Nadie mejor que quien se acerca rutinariamente a los infortunados –y Julito lo hizo durante dos décadas–, sabe que la pobreza solo resulta pintoresca desde el interior de un coche climatizado y que los balazos, la explosión de las granadas,

Era de los que decía –parafraseando a León Felipe–, que el niño huérfano de la guerra sabe más del infierno que Dante, Virgilio, Rimbaud, Blake y otros poetas malditos.

Conocí a Julio Fuentes a mediados de los 80 en la redacción de *Cambio 16*, y lo que más me llamó la atención de él fue su abrasador deseo de ser corresponsal de guerra.

Hacía escasas horas que, dentro de los que se denominó «Operación El Dorado Canyon», los pilotos norteamericanos habían bombardeado Trípoli por orden de Ronald Reagan y recuerdo, como si fuera hoy, la luz que brillaba en sus pupilas cuando se acercó a la mesa de edición y se ofreció voluntario para marchar a Libia.

Ninguno de los redactores veteranos manifestaba el más mínimo deseo de ir al inhóspito desierto del coronel Muamar el Gadafi. El que no alegó compromisos familiares «ineludibles» esgrimió una cita con el médico o comentó que iba de testigo a una boda. Una vergüenza.

Por aquel entonces, Julio estaba relegado a tareas menores en la sección de Cultura, pero porfió tanto y con tal vehemencia que lo enviamos a lo desconocido con un fajo de dólares, un par de cámaras y poco más.

Para asombro de todos, cruzó en lancha el Mediterráneo, desembarcó en la costa del Golfo de Sitre, reporteó como un descosido y escribió un artículo antológico. Así comenzó su brillante carrera.

Julito carecía por completo de sentido del humor y su sordera le hacía resultar distante o distraído, pero tenía un olfato inigualable para las historias y sabía bucear como nadie en esos pequeños dramas personales que permiten entender al lector la gran tragedia general.

Y era valiente de verdad. No se ponía nervioso y, como estaba sordo como una tapia, en ocasiones bordeaba lo irracional.

En octubre de 1991, durante la salvaje guerra de Yugoslavia, cuando la minoría serbia se negó a acompañar en la independencia a la mayoría croata y él cubría la carnicería en Eslavonia oriental, metió el colchón en el cuarto de baño del hotel Osijek porque estaba agotado y quería dormir a pierna suelta después de días y días de insomnios, reportajes y bombardeos.

Hubo que reventar la puerta para sacarlo cuando el inmueble se convirtió en un objetivo de la artillería serbia. Menos de un mes antes, en un ataque similar y en el mismo hotel, al corresponsal del diario *ABC* en Centroeuropa, Ramiro Villapadierna, la metralla y los fragmentos de cristal lo habían dejado literalmente como un mapa de heridas y cicatrices.

Después de siete años en *Cambio 16* había ingresado en 1989 en *El Mundo* formando parte del equipo fundacional y había cubierto varios conflictos armados en Centroamérica, la antigua Yugoslavia, Asia y África.

En aquella época Julio ya había iniciado una prometedora carrera como escritor, pero lo suyo era la acción y acababa de regresar de Bosnia, que se estaba tapizando también de cadáveres.

Parecía soso, pero tenía éxito con las mujeres y en su agenda de teléfonos rara era la página en que no aparecía un personaje de relumbrón. Triunfaba en corto, en el ligue y el enamoramiento volcánico, pero no le solía ir bien en las relaciones más largas. Le gustaba demasiado la vida en el frente de batalla para atender el «frente doméstico», como aconsejan los cánones.

De él escribió Arturo Pérez Reverte el 2 de diciembre de
2011:

*«Julio sabía mejor que nadie que a un reportero
de guerra no lo asesinan nunca, sino que lo matan
trabajando. Decir que te asesinan es insultarte. Son
las reglas, y solo los ignorantes o los idiotas creen
seriamente que un guerrillero afgano analfabeto,
un majara liberiano o un francotirador serbio van
a comportarse según las exquisitas normas de la
Convención de Ginebra, en un mundo donde Dios es un
canalla emboscado».*

En la guerra de Afganistán, cuando corrió la rumor de
que Julio Fuentes estaba entre un grupo de periodistas acribillado en la ruta de Jalalabad, en la destrozada habitación
del hotel Intercontinental con trozos de plástico en lugar de
ventanas donde habíamos alistado una precaria cama para
Julito, los más viejos del oficio evocamos muchas veces su figura y alguna de las fascinantes anécdotas que protagonizó.

En los libros de Periodismo anglosajón siempre se cita
como caso único el del escritor Stephen Crane, a quien se entregaron los vecinos de una localidad durante la guerra de
Cuba y recibió a los militares norteamericanos al grito de:
«Este pueblo lo tomé yo personalmente ayer, antes de desa-
yunar».

La frase de Crane es casi la misma que el bueno de Julio
Fuentes hubiera podido espetar al despistado oficial de la 82
Aerotransportada de EEUU, que se acercó a él poco después
de que nuestro compañero capturara a medio centenar de
soldados iraquíes en la guerra del Golfo:

*«En el desierto, he tenido uno de los privilegios más
tristes de mi vida: un aterrorizado soldado iraquí se
me ha rendido»*, comenzaba Julio la crónica publicada
en la edición de *El Mundo* del 28 de febrero de 1991.

«Avanzó hasta mí con una bandera blanca, en medio de un desierto en que solo nos encontrábamos nosotros. Aquel hombre era la viva imagen de la derrota, la humillación y el absurdo. Detrás de él caminaba renqueante otro soldado, herido en una pierna. Le dije que era periodista, pero no me entendió y siguió avanzando, dando gritos. Los ojos aterrados de aquel oficial iraquí me acompañaron durante mucho tiempo...»

Una de las características más entrañables de Julito fue ser siempre muy cumplidor. Era de los que hacían miles de kilómetros para presentarse en el funeral de tu padre, de los que jamás te hacían un feo y —cosa rara en esta profesión— vestía con elegancia. Informal, pero impecable.

Le gustaba el campo, amaba a su madre con locura y palpitaba con la hermosa casa-fortaleza que se estaba construyendo en los Picos de Europa.

Hablé con Julio unos minutos antes de que iniciara el fatídico viaje hacia Kabul, pero no será esa breve conversación en la que me dijo que no estaba seguro de subirse al convoy y que quizá fuera mejor quedarse un par de días más en Jalalabad a rematar lo del gas sarín, lo que quedará grabado en mi memoria.

Mi último recuerdo de él es su sólida figura, en escorzo sobre una de las mesas de la redacción, tres meses antes, el día que partí hacia Afganistán, haciendo ruta por Moscú y Tayikistán.

«Cuídate mucho —me dijo—. En cuanto pueda, salgo para allá. Nos vemos en Kabul».

No nos vimos, porque unos desalmados idiotizados por el fanatismo segaron su vida en el camino, pero Julito permanecerá para siempre en mi corazón.

Ni recordaba cuándo había llorado por última vez, pero cuando nos llegó la noticia de que el cuerpo sin vida que traían era el de Julio, se me rompieron las paredes del sentimiento.

Estaba frente al hotel Intercontinental, con Evaristo Cañete, Miguel de la Fuente, Vicen San Clemente y Fran Sevilla, los chicos de TVE y RVE con los que había entrado en Kabul a bordo de una *pick up* —la del ente público porque la carraca en la íbamos Fran y yo había reventado en una cuneta y nos recogieron generosamente los televisivos— empotrada entre los guerrilleros de la milicia del Norte y persiguiendo a los talibanes. Y sentí, como todos, que se me desgarraba el corazón por el amigo perdido.

Ni pudimos rendirle honores «in situ». Embalaron con premura el cadáver, lo metieron en un avión militar y lo despacharon hacía la base de Cuatro Vientos, en Madrid, donde llegó a las 19.00 horas del 22 de noviembre de 2001.

Lo fueron a recibir los que pudieron de los buenos: Gervasio Sánchez, Ramón Lobo, Fernando Quintela, Santiago Lyon, Javier Bauluz, Enric Martí...

Fueron horas de gran tensión emocional. Miles de personas pasaron por la capilla mortuoria. Y en un ejercicio de cinismo que sonroja, allí todos querían en el tanatorio formar parte de los íntimos de Julio, aunque fueran de los que lo habían menospreciado hasta el insulto, jamás lo hubiesen visto o solo se hubiesen cruzado con él en la máquina expendedora de refrescos.

Codazos se pegaron por agarrar el féretro, algunos con nombre conocido y puesto de relumbrón que lo ponían a caer de un burro y jamás tuvieron el mínimo aprecio por él, pero así es la vida.

Arturo Pérez-Reverte, fino y sarcástico como siempre, describió la escena casi con crueldad en un artículo titulado: *La leyenda de Julio Fuentes*:

«Se habría partido de risa, el muy cabrón, si hubiera sabido de antemano lo que se iba a decir y a escribir sobre su fiambre. Hasta los tertulianos de radio y los periodistas del corazón estuvieron, los días que siguieron a su muerte, llamándolo compañero —nuestro compañero Julio Fuentes, decían sin el menor rubor— y glosando con toda la demagogia del mundo su compromiso moral con la información y su sacrificio casi apostólico en aras de la humanidad, la libertad, la igualdad y la fraternidad [...] Julio se habría carcajeado hasta echar la pota. Ni puñetera idea, habría dicho. Esos cantamañanas no tienen ni puñetera idea. Pero déjalos. A estas alturas me da lo mismo. Y además, qué coño. Suena bonito».

Julio Fuentes fue un tipo magnífico, enamorado del Periodismo. Se vestía por los pies, era educado de verdad, un caballero con todas las de la ley en un oficio donde abundan los gañanes.

Julio era un profesional de la guerra. Un «mercenario» en el más honesto sentido del término. Un reportero de élite para quien aquello en lo personal era —o al menos lo fue durante mucho tiempo— una solución: un extraño hogar donde el horror puede asumirse como realidad cotidiana y de esa forma deja de ser sorpresa o trampa. Una escuela de lucidez donde uno mismo está siempre dispuesto a pagar el precio.

Un mundo fascinador y terrible donde, a diferencia de la puerca retaguardia, de las ciudades presuntamente civilizadas y razonables, todo es maravillosamente simple y funciona según normas elementales y precisas: el malo es el que te dispara y el bueno es aquel cuya sangre te salpica.

Y cuando no tenía a mano guerras que meterse en vena, Julio vagaba por las ciudades y las redacciones como un alma en pena, colgado, autista, igual que un marino sin barco o un cura sin fe.

Como todos, después de tantos años de oficio, en los últimos tiempos empezaba a pensar en cambiar de vida: una mujer, una casa, tal vez hijos. Pero ya nunca sabremos cómo habría sido. En aquella carretera de Afganistán salió su número.

No tuvo suerte. O tal vez sí la tuvo, porque de ese modo se convirtió, por fin, en la leyenda en que siempre quiso convertir su vida. Quizá aquel día se limitó a pagar el precio.

Ahora, como de costumbre, los vivos recordamos. Y lo hacemos con esa sonrisa de la que hablaba antes, al pensar en los iraquíes que se le rendían a Julio durante la guerra del Golfo, porque en su ansia por entrar el primero en Kuwait llegó a adelantarse a las tropas norteamericanas.

O en como fue la envidia de la «tribu» ligándose a Bianca Jagger en El Salvador —«eso llevo ganado para cuando palme», decía—. O aquel bombardeo en Osijek, cuando empezaron a caer cebollazos y todos bajamos al refugio y él se quedó durmiendo arriba sin enterarse de nada, tan tranquilo, porque se había quitado el sonotone de la oreja para dormir. O cuando en Sarajevo unos periodistas jovencitos le preguntaron cómo se llamaba y respondió: «Soy Julio Fuentes, chavales. Una leyenda».

Ahora el muy perro nos ha hecho a sus amigos la faena de convertirse, por fin, en esa leyenda. Era el hombre más tierno del mundo y vivió obsesionado por ser un tipo duro. Lo fue y pagó el precio allí donde se envejece pronto y donde a veces no se envejece nunca. Muriendo de pie.

Y ahora está con Juantxu, Luis, Jordi, Miguel y los otros, con su sonotone y su chaleco antibalas, en el recuerdo de quienes tanto lo quisimos. En ese lugar a donde van, cuando los matan, los viejos reporteros valientes.

Un maestro llamado Manu Leguineche

Manuel Leguineche –que era vizcaíno y había nacido en 1941 y falleció el 22 de enero de 2014 después de una vida intensa dedicada al Periodismo y a la Literatura– escribió una vez que la Segunda Guerra Mundial empezó en su pueblo, Guernica.

La guerra siempre formó parte de la vida de este hombre de paz, extraordinario jugador de mus, cazador empedernido, fundador de dos agencias de prensa, *Colpisa* y *Faxpress*, autor de dos decenas de libros y de miles de artículos, trotamundos incontenible, hincha del Athletic –«¡hasta la muerte!»–, maestro de periodistas y uno de los grandes nombres de la prensa española de todos los tiempos.

Manu –como lo conocía toda la profesión– pasó los últimos años de su vida recluido en su casa de Brihuega, en la provincia de Guadalajara, enfermo y cansado, entre sus libros y sus recuerdos. Los pasó también en la memoria de todos sus compañeros.

«La enfermedad empezó a maltratarlo demasiado pronto», escribió en su blog *Los desastres de la guerra* el reportero Gervasio Sánchez, quien visitó a menudo a Manu en Brihuega.

Manu, que se perdió la revolución digital, ganó todos los premios periodísticos posibles: Premio Nacional, Premio Cirilo Rodríguez, Premio Ortega y Gasset, Medalla de la Orden Constitucional...

No es ese, sin embargo, su principal legado. Su enorme mérito han sido los cientos de periodistas, entre los que están Gervasio, Arturo Pérez-Reverte, Chani Pérez Henares y yo mismo, que aprendieron el oficio con él o con sus artículos, que heredaron una forma cosmopolita y abierta de contemplar el reporterismo.

Manu empezó a trabajar en el semanario *Gran Vía* de Bilbao y se formó en una de las mejores escuelas de Periodismo, el diario vallisoletano *El Norte de Castilla*, cuando lo dirigía Miguel Delibes.

Desde muy pronto comprendió que su universo informativo no estaba en la España franquista, en las carreras delante de los grises, sino en el Tercer Mundo, en el momento de las guerras postcoloniales, y también en el nacimiento de decenas de países.

Era un mundo lleno de optimismo, de fuerza, aunque también de tragedias y Manu lo contó como nadie.

«No tuvimos infancias felices, pero tuvimos Vietnam» era una de sus frases favoritas, tomada de *Dispatches*, de Michael Herr, a quien trató mucho porque formaban parte de la misma pandilla de periodistas en el Saigón de los ventiladores en el techo del hotel Continental.

De aquello le dijo a Juan Cruz en una de sus últimas entrevistas, en enero de 2007:

«Vietnam fue un clásico del Periodismo de nuestra época. Ahora te tienes que mover en función del mercado. Entonces a mí me cogió esa guerra y las guerras de Asia, mientras hice el viaje alrededor del mundo, que luego contaría en el libro El camino más corto. En primera persona, allí donde pasaba aquello».

Viajó por los cinco continentes, a decenas de conflictos, desastres, elecciones. A través de sus crónicas pueden seguirse los principales acontecimientos del siglo XX, desde la guerra de Vietnam o los conflictos indo-paquistaníes, hasta las guerras yugoslavas, la caída de la URSS o la primera guerra del Golfo.

Solo la enfermedad lo obligó a quedarse en casa. Manu se perdió la revolución digital pero en 1992, cuando recibió el premio Ortega y Gasset, ya hizo una reflexión totalmente vigente sobre los cambios que empezaba a sufrir la profesión.

«Los de la galaxia Gutenberg debemos aprender en estos tiempos a ajustar el tiro, porque la televisión en directo lo ha trastornado todo... ¿Para qué repetir lo que ya se ha visto por la CNN? Cada vez pasan más siglos entre la retransmisión de la CNN y tu artículo en el periódico, y no digamos, en la revista. Hay que decir adiós a la narración escenográfica de los hechos, escudriñar allí donde los objetivos de la televisión no llegan, describir antecedentes y consecuentes, atmósferas, ambientes secretos».

Manu escribió decenas de ensayos; casi se puede decir que inventó un género propio que mezclaba la narración de viajes, el Periodismo, la investigación y la Historia.

También es un autor de una sola novela, *La tribu*, una historia de periodistas en Guinea Ecuatorial durante la caída de Francisco Macías Nguema.

Contaba –con cara de mus y mucha socarronería– que no se le ocurriría volver a intentar meterse en la ficción. Eso sí, dejó una palabra con la que desde entonces se conoce a los enviados especiales: la «tribu».

También decía –traduciendo del inglés cuando en España no lo hablaba ni el «tato»– que todos los reporteros sufren las tres D: depresivos, divorciados, dipsómanos.

La que sí era suya –y se me quedó grabada de forma indeleble– es una que soltó en 2007 sobre los cambios en esta profesión: «Joder, todo, todo ha cambiado. El Periodismo ya no es lo que era. ¡Ahora los periodistas solo toman agua! Y, de repente, me doy cuenta de que ya no hace falta ni ir a las guerras, yo que he hecho tantas».
Clave en la peripecia personal de Manu e iniciático para él y todos los que después tratamos de imitarlo, es la vuelta al mundo que inició en 1965.

De esa peripecia nació *El camino más corto*, su obra maestra y el texto que hace medio siglo contribuyó decisivamente a desatar decenas de vocaciones periodísticas. Yo puedo dar fe de ello, como certifico que Miguel de la Quadra Salcedo y sus reportajes amazónicos me metieron de niño en el alma el afán de aventuras.

Tenía entonces Manu veintitrés años, ganaba de sueldo mensual el equivalente a veinte euros y nunca explicó muy bien cómo se las había arreglado para que le dejaran sumarse a lo que bautizaron como la *Trans World Record Expedition.*

Salió de la península con dirección al Norte de África un 19 de abril con tres periodistas estadounidenses –Harold Stevens, Albert Podell y Woodrow Stans–, el fotógrafo suizo Willy Mettler, a bordo de un Toyota Land Cruiser y –según su propia confesión— llevando en el equipaje libros de Stevenson, Kipling o Conrad, un jersey de lana gruesa, puros Farias, varias botellas de anís Machaquito, un chisquero con una mecha de un metro, una boina de vuelo ancho de Elósegui y un par de navajas de Albacete.

Su libro, cuyo título sale de la frase de Hermann Keyserling, «El camino más corto para encontrarse uno a sí mismo da la vuelta al mundo», se publicó en 1978, mucho tiempo después de concluida una aventura en la que atravesaron Libia antes de Gaddafi, cruzaron Irak cuando Sadam Hussein todavía no se había apoderado del país, pasaron por Líbano cuando era la Suiza de Oriente Próximo, entraron en Afganistán en los años dorados del rey mucho antes de que este país se viese engullido por un conflicto que todavía no ha terminado, y se vieron inmersos hasta en la guerra entre India y Pakistán.

En Australia, cuando iban a embarcar el Toyota hacia Estados Unidos, le llegó un telegrama del director del diario *Madrid* ofreciéndole un contrato para hacer de reportero de guerra para ellos y eso catapultó su carrera.

Gervasio Sánchez

De los miles de aspirantes españoles a periodista para los que el ejemplo de Manu Leguineche sirvió de catalizador hace tres décadas, quizá sea Gervasio Sánchez quien más apasionadamente encarne el prototipo.

Gervasio, que nació en Córdoba en 1959 y emigró muy niño a Cataluña con su familia para instalarse en Hospitalet del Infante, es un tipo entrañable y pesado como el plomo pero tiene un mérito inmenso.

Comenzó a trabajar con solo once años, sin dejar nunca de estudiar y con la vista clavada en un sueño: ser reportero de guerra. A los quince años laboraba de camarero en el chiringuito Fina de la playa del Miracle los tres meses de verano. Cuentan de él que no tenía rival sirviendo paellas y no me extraña. Allí, con persistencia de hormiga, retornó cada estío hasta 1990 para ahorrar unas perras con las que costearse los primeros viajes.

Se licenció en Periodismo por la Universidad Autónoma de Barcelona en 1984 y, desde entonces, con un esfuerzo encomiable, sin los recursos de sus competidores, sin tener detrás una empresa que pagase sus gastos o pudiera financiar el coche o el hotel, ha cubierto —primero como fotógrafo y después como reportero integral casi siempre conectado al *Heraldo de Aragón*— la mayor parte de los conflictos armados de América Latina, fue a la Guerra del Golfo, se la jugó decenas de veces en Bosnia durante el desmembramiento de Yugoslavia, saltó a África y se ha movido de esquina a esquina por Asia.

El reconocimiento, en forma de premios como el Ortega y Gasset de Periodismo o el Cirilo Rodríguez, tardó en llegar pero llegó y eso nos ha quitado a todos un peso de encima. Gervasio es inasequible al desaliento y si no nos hubiera abrasado a los colegas que lo queremos de verdad.

Miguel Gil: los ojos de la guerra

El Periodismo de guerra profesional tiene tres siglos de existencia y rebuscando en los nombres de los grandes reporteros no se me ocurre nadie, ni siquiera el mítico William Howard Russell o el pequeño Ernest Pyle, muerto en Okinawa el 18 de abril de 1945 tras firmar los despachos más emotivos de la Segunda Guerra Mundial, que tuviera ni de lejos el talento literario de Hemingway.

Si hay, sin embargo, muchos que han hecho realidad la máxima de Capa, incluidos de forma notable y reciente varios españoles. A vuelapluma se me ocurren nombres como Julio Fuentes, Javier Espinosa o Miguel Gil Moreno.

A Julito, un tipo que se vestía por los pies y murió en 2001 acribillado por mujaidines talibanes en Afganistán, ya le hemos dedicado un capítulo.

De Javier, corresponsal de *El Mundo*, secuestrado en 2013 por una banda de psicópatas musulmanes europeos cerca de Raqqa, la capital del llamado Estado Islámico y mantenido en cautiverio 194 días, hablaremos más adelante.

Ahora toca Miguel Gil, uno de los personajes más notables que han pasado por el Periodismo español en la últimas décadas.

Miguel era amigo mío. De verdad, mucho más allá del sano pero tenue afecto que existe entre colegas. Cuando se adquiere veteranía —lo que no está necesariamente relacionado con la edad, sino con la experiencia—, se establece entre los corresponsales de guerra esa camaradería de vestuario que solo tiene parangón en el Ejército o entre los marineros.

En esas memorables ocasiones en que se coincide para cenar, bromear y perder el tiempo, la charla es mucho menos una conversación que un concurso: una serie de monólogos sucesivos cuyo objeto es dejar patente quién ha visto las escenas más horrorosas o asumido los mayores riesgos. Miguel no era así.

A él no le gustaba hablar de la guerra, de las exclusivas o de sus éxitos, que fueron muchos. Detrás de su estampa acipresada y cervantina, escondía un alma tierna, casi infantil.

Citaba con frecuencia a Pato, que era como llamaba a su madre, hablaba de su hermana pequeña, soñaba con tener hijos, preguntaba por la gente, por los compañeros, por la familia, y hasta buceaba en los recovecos del alma propia y ajena.

Miguel no era de los que se asustaban con el mínimo latido irregular de su corazón, pero sabía preocuparse por la gente y jamás dejaba tirado a un compañero.

Había nacido en Tarragona el 21 de junio de 1967 y era el segundo de cuatro hermanos.

A finales de 1980 su padre falleció en un accidente de tráfico y la familia se trasladó a Barcelona, donde él terminó el bachillerato y estudió Derecho.

Una vez licenciado, realizó prácticas en un bufete laboralista, pero pronto abandonó su labor como abogado, soñando con ser corresponsal de guerra.

Recuerdo nítidamente el día en que vino a verme a la redacción de *El Mundo*, contó que había estudiado en la universidad, que estaba ejerciendo de picapleitos y me dijo, con ojos brillantes como ascuas, que se iba a Yugoslavia a hacerse corresponsal.

Conservaba cierto aire adolescente y mucha blandura en el corazón, pero en su interior alimentaba una confianza ciega en su buena fortuna. Me impresionó, porque llevaba su destino escrito en el rostro, demacrado y largo, como los de los personajes de El Greco.

Le expliqué que era complicado, que la prensa española es cruel y miserable con el colaborador, que las transmisiones son costosísimas y que la competencia de las agencias es despiadada, pero Miguel era inasequible al desaliento. Me impresionaba porque llevaba su destino escrito en el rostro, demacrado y largo, como los de los personajes de El Greco.

Partió encaramado en su moto y llevando por todo equipaje un par de botas, un saco de dormir, alguna camisa, una cazadora de cuero, una radio de onda corta, un casco militar y poco más. Se sentía eufórico. Era libre, tenía el destino en sus manos y ni siquiera se le pasaba por la cabeza la posibilidad de fracasar.

Lo asaltaron en una carretera y le robaron la moto, pero no se arredró. Tiró para delante y poniéndose el planeta por montera, empezó a mandar reportajes al diario *El Mundo* y a la *Cadena SER*.

Sufrió lo indecible, acosado por burócratas cicateros que desde el periódico y la radio se negaban, por el simple placer de parecer importantes, a descolgarle el teléfono o a pagar sus llamadas.

Pasado el tiempo resulta inevitable volver la vista atrás, con tanta nostalgia como rencor, hacia aquellos días en los que todo parecía volverse contra él y durante los que Miguel tuvo que hacer de conductor para las cadenas de televisión en Sarajevo.

Arriesgó la vida cotidianamente saliendo y entrando de la ciudad sitiada y cruzó una y otra vez líneas de combate, que los demás solo osábamos atravesar aterrorizados, cuando llegábamos de nuevas y el día que nos íbamos.

Sobre el terreno trabajaba con escalofriante seriedad, pero siempre encontraba un hueco para el afecto y eso le hizo enormemente popular, tanto entre los extranjeros, que le llamaban «Migüel», con acento inglés, como entre los españoles, para los que siempre fue «Miguel».

Que hubiera llegado a su primera guerra, la de Bosnia, en moto, y tuviera las pelotas de sortear cada poco a los letales francotirados apostados en los vericuetos de los senderos del Monte Igman, contribuía a la leyenda.

Fue en Sarajevo, durante esa etapa crucial, cuando Miguel se asomó por vez primera al abismo de la muerte, descubrió la naturaleza atroz de la guerra, y forjó la estructura profesional de lo que iba a ser poco después.

Era uno de los periodistas más populares de la «tribu». Tenía facilidad para los idiomas, se enamoraba locamente en cada conflicto, volvía periódicamente a su Barcelona natal a lamerse las heridas del corazón y era muy valiente.

Siempre se dice que hay que ir «lo más rápido y lo más lejos posible», pero eso no vale de nada si no vuelves al hotel en condiciones de escribir y transmitir tu crónica. Miguel lo sabía, pero amaba ir hasta el fondo de las historias y no se dejaba intimidar.

> El perenne dilema en «territorio comanche» es que demasiado lejos no consigues la imagen y demasiado cerca no queda salud para contarlo.

El afán de estar cerca le hizo quedarse en Pristina, la capital de Kosovo, cuando la OTAN inició los bombardeos sobre Serbia y todos fueron expulsados, lo que lo empujaba a permanecer durante meses en las heladas montañas de Chechenia.

En el Zaire, cuando se desmoronaba el régimen de Mobutu, casi lo mataron a culatazos los sicarios del dictador, pero no se arredró. Volvió a los pocos días y siguió informando.

El 24 de mayo de 2000, mientras desarrollaba su labor profesional para *Reuters* y se encaminaba en Sierra Leona en un camión hacia el volátil frente rodeado de soldados, una emboscada guerrillera acabó con su vida y con la de su colega y amigo Kurt Schork.

Tras su fallecimiento, las autoridades de Sarajevo entregaron a la directora de su agencia en Bosnia el pasaporte de Miguel como ciudadano bosnio.

Tanto él como Kurt eran dos profesionales de verdad. Tenían la piel curtida por el humo de mil combates e instinto para barruntar dónde hay que parar y dar media vuelta.

Eran los mejores y por eso su muerte fue tan tremenda, tan injusta, tan dolorosa para todos los que los habíamos conocido.

Miguel, a diferencia de lo que se estila en la profesión, era creyente. Yo estoy seguro de que está en el cielo.

Reporteras sin miedo

El nerviosismo es algo normal. Ataca a los actores antes de salir al escenario. A los soldados, antes de entrar en combate. A los agentes secretos, antes de una incursión ilegal. No tiene nada de extraño que afecte también a los periodistas. El drama entre los reporteros es que no puedes admitirlo.

Por mucho riesgo que envuelva una zona en guerra, te sientes como un desertor si no vas. No tiene que ver con la redacción, el director o los lectores; es algo más profundo y personal.

Los veteranos de la «tribu» no se ven a sí mismos como responsables de una misión. Eso, con contadas excepciones, se lo dejan a los columnistas políticos y a los que ganan su estipendio cultivando a diputados, sindicalistas o concejales.

Los reporteros de guerra se consideran consumados profesionales, hombres cuyo trabajo está justificado por su capacidad para ejecutarlo. En la decisión de tirar para adelante influye bastante la imperiosa necesidad de preservar tu reputación.

> Cuando te dedicas a esto en cuerpo y alma hay muchas veces en que te ves obligado a obedecer una voz interior que te urge a ir más allá de lo razonable.

En contra de lo que piensan los machistas, esa voz no conoce sexos. El reportero más distinguido de la guerra de Corea fue una mujer y se llamaba Marguerite Higgins. Asumió tantos riesgos como el más bravo de sus colegas varones y era un competidor feroz. Marguerite no es un caso único.

Si hubiera que señalar un héroe periodístico en el largo y expuesto conflicto yugoslavo, entre los candidatos con más papeletas estarían por derecho propio la fotógrafa de *Reuters* Corinne Dufka, la reportera de la *CNN* Christiane Amanpour y la redactora del *Guardian* Maggie O'Kane.

Corinne fue el miembro de la «tribu» que tuvo la bizarría de permanecer en el barrio musulmán de Mostar en 1993 acompañando a los «cascos azules» españoles bloqueados allí por los musulmanes bosnios.

El resto de la prensa, incluidos los corresponsales españoles, puso pies en polvorosa en cuanto los musulmanes autorizaron la salida de civiles, por si no había una segunda oportunidad de hacerlo.

Christiane, quien ya destacó en Bagdad durante la guerra del Golfo, ha pateado todos los frentes y todas las trincheras para terminar teniendo programa propio en *CNN* y convirtiéndose en una autoridad planetaria en política internacional.

Maggie, además de investigar casos de violación sistemática y arriesgarse a gatear desde Dobrinja hasta Butmir por el túnel del aeropuerto de Sarajevo, ha combinado coraje a raudales con un agudo talento narrativo.

El túnel por el que fue la primera periodista en pasar unía los barrios de Sarajevo Dobrinja y Butmir, permitiendo que los alimentos, los suministros de guerra y la ayuda humanitaria entrara en la ciudad, y permitiendo a la gente salir. Fue una de las principales maneras de eludir el embargo de armas internacionales y facilitó a los defensores musulmanes de la ciudad el armamento que mandaban turcos y otros aliados.

El Periodismo y la milicia son profesiones machistas y, apenas iniciada la contienda coreana, el mando norteamericano ordenó a Marguerite Higgins retornar a Japón argumentando que en el frente no había «letrinas para mujeres».

La reportera, habituada a batirse el cobre en las trincheras, se negó en redondo. Apeló al general Douglas Mac Arthur, movió Roma con Santiago y logró que los militares revocaran la orden de expulsión. El resultado de su cabezonería fue un perpetuo flujo de anécdotas hilarantes, además de una sucesión de crónicas admirables.

UNAPROFESIÓNFASCINANTE,
NOEXENTADEFRUSTRACIÓN 31

La de enviado especial es una profesión fascinante
en la que a uno le pagan por hacer lo que le más le
gusta. Como dicen los encallecidos veteranos, es
mucho mejor que trabajar, aunque no esté exenta
de transitorias frustraciones.

Una de ellas es que a miles de kilómetros de distancia,
en el trajín de la redacción, piensen que las cosas son de un
modo cuando en realidad son de otro, y orienten la información en sentido contrario al que tu pretendes dar desde el lugar de los hechos.

En Rumanía, en las Navidades de 1989, cuando enviaba
télex insistiendo en que no topaba con los racimos de muertos por lado alguno —se hablaba de miles de cadáveres, y el
circunspecto *El País* llegó a publicar que había «más víctimas que en Vietnam»—, *El Mundo* se sumó un par de días a
la necrofilia general convencido de que la siniestra Securitate
de Nicolae Ceaucescu estaba sembrando de «fiambres» los
Cárpatos.

Ya les podías decir que las imágenes de alguna de las su-
puestas masacres que afluían vía agencias eran un montaje,
porque en la guerra no se hace autopsia alguna a los que caen
y aquellos cuerpos mostraban cicatrices médicas y aparatosos costurones, signo evidente de que habían sido sacados de
los frigoríficos de la morgue para impresionar a los reporteros extranjeros.

Casi ocurre algo parecido durante la guerra del Golfo,
cuando en Bagdad era evidente que los abotargados soldados
iraquíes no iban a plantear batalla, y en Madrid Pedrojota
y los suyos seguían creyendo que Sadam podía tener armas

químicas y algo peor. Como a todos los afortunados que nos dedicamos a esto, me volvió a ocurrir unas cuantas veces.

En Kosovo, entre el 24 de marzo y el 10 de junio de 1999, período durante el cual las fuerzas de la OTAN bajo la batuta de su Secretario General, el socialista español Javier Solana, se dedicaron a bombardear sin descanso objetivos en Serbia, llevándose por delante desde los puentes del Danubio al McDonald's a la televisión oficial, con buena parte de los que estaban dentro.

Los milicianos albano-kosovares atacaban a campesinos y civiles de origen serbio y las fuerzas militares serbias sacudían con saña a los mayoritarios paisanos de origen albanés. Ese espanto se tradujo en una limpieza étnica en toda regla, con desplazamientos masivos de población, lo que fue muy bien instrumentalizado contra Slobodan Milosevic por la propaganda de la Casa Blanca.

Daba igual lo que contara yo, que estaba sobre el terreno y entré en Pej, viajando en coche desde la frontera macedonia con Elisabetta Rosaspina del *Corriere della Sera*, dos días antes de que llegaran muy atildadas las tropas de la OTAN.

Nos refugiamos en un diminuto convento de monjas católicas, donde también se habían metido dos curas, y aquella atalaya, que los contendientes respetaban como «lugar sagrado», nos permitía tener acceso a fuentes de primera y a una información de instantánea y muy fidedigna de lo que se cocía alrededor.

En la sección de Internacional miraban el «trapo», veían que desde Washington filtraban a *Reuters* que una columna de «50.000 refugiados huía por la carretera» y titulaban con eso, aunque tú detallaras en tu crónica que aquello estaba desierto, la gente se escondía asustada y que no había convoyes de desesperados por lado alguno desde que los aviones aliados habían confundido uno con una unidad motorizada serbia y la dejaron como un colador. Y eso que en la época estaba Carlos Salas, que es un tipo con criterio.

Con John Müller –que había sido su predecesor– era más fácil sintonizar, y eso que lo suyo siempre fue el análisis, la coyuntura y las grandes fuerzas socio-económicas que agitan el planeta.

Personalmente, eso o escuchar al burócrata de turno mientras esperas colgado del teléfono y con la cabeza entre el inodoro y la ducha por miedo a la metralla a que te digan el número de palabras que te tocan ese día, comentar socarrón a los de la sección vecina que no te enteras de nada o que estás en la piscina rascándote la barriga, no es eso lo que más duele. Son gajes del oficio.

Lo frustrante es sudar un mes en pleno corazón de la noticia, comiendo porquerías, enviando lo que uno considera crónicas emocionantes, ajustados despachos y arriesgados reportajes, y que al retornar a casa, nada más poner los pies en la morada familiar, tu madre te pregunte cándida: «¿Cómo vive realmente la gente allí? ¿Y qué comen?» Esa es la prueba irrefutable de que se ha fracasado y que los lectores, los que cuentan de verdad, no se han enterado de nada.

Y si fueran solo los lectores, el asunto tendría un pase, pero hay ocasiones en que tu labor pasa también desapercibida para tus colegas y jefes. El único que siempre está al tanto es el severo gerente, porque al final es a él al que le llegan tus cuentas de gastos.

En diciembre de 1994, cuando comenzó la primera guerra de Chechenia, yo estaba en Moscú, donde entonces el corresponsal de *El Mundo* era Franciso Herranz alias «Pakovich»; de traductora hacía la metódica Galina y daba apoyo el mallorquín Antonio Palmer.

La noticia de que los rebeldes chechenos habían masacrado una columna rusa, a la que Boris Yeltsin había despachado irresponsablemente hacia el corazón de Grozny sin cobertura de ningún tipo, convencido de que aquello sería un rápido y quirúrgico conflicto seguido de una capitulación rápida, nos pilló al borde de Nochebuena.

No me acuerdo de si Pakovitch seguía en Rusia o había viajado a Madrid a pasar la Navidad con la familia, pero Ígor Mihalev y yo partimos como un rayo hacia el Caúcaso.

Como conté en un capítulo anterior, nos costó Dios y ayuda entrar en la asediada ciudad, tuvimos que mendigar un alojamiento y pasamos un mes de espanto sufriendo cada anochecer para llegar a la granja donde Kurt Shorck y los de Reuters tenían el satélite de transmisión, comiendo hasta la extenuación huevos duros y paladas de caviar sin depurar, durmiendo en el foso del mécanico por miedo a las bombas y viendo muerte y desolación a diario.

Lo del foso, con diferencia fue de lo peor, porque hacía un frío glacial, no tenía luz eléctrica y estaba lleno de patatas a medio camino de la putrefacción.

El Ejército de Moscú se había sumergido, por falta de previsión, en un sangriento pantano y operaba con torpeza, porque en lugar de enviar profesionales de otras partes de Rusia, los corruptos jerifaltes de la época optaron por hacer levas locales.

Muchos de los milicianos chechenos eran veteranos de la invasión de Afganistán y peleaban como fieras, lo que no dejó a los rusos otra opción que ir aplanando todo a golpe de morterazos, obuses, cohetes katiusha y bombas aéreas. Los ataques indiscriminados con artillería y aviones causaron grandes pérdidas entre la población civil chechena.

Solo en las primeras semanas de 1995, durante la ofensiva contra Grozni, murieron en la ciudad más de 25.000 personas. El centro urbano, sembrado de escombros y vehículos calcinados, recordaba las fotos que habíamos visto del Berlín nazi, cuando entraron los soviéticos.

Ya he contado que era tal la desolación, que hasta opté por llevarme el icono de la cabeza de San Juan Bautista de la desierta catedral para preservarlo del fuego. En resumen: pasé más miedo que en ninguna cobertura anterior, sufrí físicamente lo indecible y curré como un galeote.

Pues bien, cuando a finales de febrero entraba sacando pecho en la redacción de *El Mundo*, me topé con la sagaz Lucía Méndez —que unos meses después se marcharía a La Moncloa a trabajar con Miguel Ángel Rodríguez y el equipo de comunicación del presidente Aznar—, quien me dijo tan risueña como afable:

—¡Qué buen aspecto tienes! ¿Has adelgazado mucho, no?

—Cuatro o cinco kilos —contesté yo poniendo cara de penitente.

—¡Vaya mérito! Para mí es casi imposible hacer dieta en vacaciones.

Me quedé helado porque acababa de darme cuenta de que Lucía, corresponsal política de las buenas y con mesa y ordenador fijo en Nacional —al otro lado de la sala pero en la misma planta que Internacional—, tampoco se había enterado de que yo venía de pasar un mes atroz en Chechenia y eso que había estado publicando casi todos los días.

Como mi madre o como Ramón Lobo, colega de *El País* que cubrió el asunto desde la vecina localidad de Argún, se acercó una mañana a la plaza Minutka y volvió a España convencido de que había puesto una pica en Flandes y los demás nos habíamos estado tocando las bolas, lejos de la acción.

Suena feo, pero seguir lo que sucedía en Grozny desde Argún viene a ser como reportear sobre disturbios raciales en el Harlem del neoyorquino barrio de Manhattan, instalado en la terraza de un hotel de New Jersey regentado por italianos.

El enigma rumano

«El periódico debe creer su historia o despedirlo, porque en caso contrario carece de sentido despachar a un reportero a cinco mil kilómetros de distancia», recalcó en su cáustico mensaje a la redacción el siempre brillante Herbet Matthews durante la guerra de España, cuando *The New York Times* trataba de equilibrar su cobertura del conflicto colocando al mismo nivel sus despachos y los de otros que escribían de oídas y se tragaban la propaganda oficial, como ocurrió en la Batalla de Teruel.

La diatriba de Matthews estableció con toda nitidez un precepto cuya vigencia se da por sobrentendida desde entonces en el Periodismo digno de ese nombre, pero que no es aplicado a rajatabla en todos los casos.

Todavía llevo clavado como una espina el recuerdo de lo que ocurrió en diciembre de 1989, cuando crucé media Europa en coche, aterido de frío y en compañía del culto Ignacio Vidal Folch —por aquel entonces corresponsal en Praga del diario *ABC*— para cubrir el derrumbe del régimen de Nicolae Ceaucescu.

Habíamos salido de Praga y al llegar a Bucarest verificamos que no había combate real entre partidarios del dictador y opositores. La cacareada «revolución rumana» era una farsa. Se trataba de un golpe de Estado auspiciado desde Moscú.

El 21 de diciembre de 1989, recién retornado de Teherán, Ceaucescu cometió el trágico error de convocar a las masas a una «magna concentración» en la plaza del Palacio de Bucarest.

Todo marchó de acuerdo al programa hasta que, al fondo, un grupo de estudiantes comenzó a increpar al tirano, acallando con su vocerío a la aborregada multitud que vitoreaba al Conducator.

Al disolverse la manifestación, el puñado de contestatarios se concentró en la Plaza de la Universidad, frente al hotel Intercontinental. Por la noche llegaron las tropas y los dispersaron a palos y a tiros.

A la mañana siguiente se reanudó la protesta, pero en esta ocasión el Ejército se negó a disparar. Fue la señal y el punto de inflexión.

Ceaucescu y su esposa Elena huyeron en un helicóptero desde el tejado de la sede del Comité Central del Partido Comunista, pero antes de que pudieran abandonar el país, fueron detenidos.

El resto es de sobra conocido. La tarde del 24 de diciembre Nicolae y Elena fueron fusilados contra el desconchado muro de un cuartel. Nos enteramos cenando las miserias que nos dieron como ágape de Nochebuena, en el gran salón del Intercontinental.

El ex presidente de Rumanía tenía setenta y un años, y su esposa y mano derecha, Elena, acababa de cumplir setenta. Habían gobernado el país durante veinticuatro años con mano de hierro, con un culto a la personalidad de ambos insólito en Europa y una represión notable.

Ceaucescu[45] y su mujer, Elena, vicepresidenta del Gobierno y presidenta de la Comisión de Control del partido, fueron pasados por las armas tras un juicio sumarísimo, sin la mínima garantía legal, en el que se los sentenció por delitos de genocidio, demolición del Estado y acciones armadas contra el Estado y el pueblo, destrucción de bienes materiales y espirituales, destrucción de la economía nacional y evasión de mil millones de dólares hacia bancos extranjeros.

La condena impuesta fue la de la pena capital y la confiscación de todos sus bienes materiales.

La morgue y las autopsias

A esas alturas circulaban ya a granel fotos temendas y salían en los periódicos de medio mundo crónicas rocambolescas, con tanta carnaza como exageración.

Yo, al notar que muchos de los cuerpos tenían marcas hospitalarias, costurones de arriba a abajo, como los que deja la autopsia y habiendo visto mucho fiambre real en otras latitudes y conflictos, comencé a mosquearme.

Sospechaba –y con razón– que las nuevas autoridades rumanas salidas del aparato oficial hurtaban cadáveres de la

---

45   De origen campesino, Ceaucescu había nacido el 26 de enero, de 1918 en Scornicesti, al Sur de Rumanía.

Se afilió al Partido Comunista Rumano a los quince años de edad, cuando trabajaba como aprendiz de zapatero.

Actuando con eficacia y decisión, el dictador realizó una rápida carrera política en el seno del partido comunista tras la Segunda Guerra Mundial, y a la sombra de Gheorghe Gheorghiu Dej fue escalando hasta llegar al poder absoluto.

morgue para proveer de carnaza a los fotógrafos extranjeros y lo comuniqué reiteradamente al periódico, pero en Madrid, en la redacción de *El Mundo*, estuvieron un par de días maquillando mis crónicas a base de añadirles párrafos de teletipo más falsos que un duro de madera y titulando que había miles de muertos.

Se fiaron más de las agencias, cuyos empleados no habían entrado en el país o estaban pegados al télex del hotel Intercontinental.

Hubo muertos –y bastantes–, pero la mayoría cayó víctima de su propia curiosidad, porque la gente se apelotonaba junto a los soldados y policías en medio de los más feroces tiroteos para mirar o llevar pastelitos y bastantes tuvieron la desgracia de recibir un balazo.

En el caso rumano, el aforismo de que la primera víctima de todas las guerras es siempre la verdad resultó perfectamente adecuado. Ni hubo guerra, ni hubo revolución digna de ese nombre.

Todo lo teledirigió con su maquiavelismo habitual la KGB rusa por orden expresa de Mijaíl Gorbachov, que estaba ya metido hasta las trancas en su propia *perestroika* y veía a Ceaucescu como un estorbo molesto.

Ya había caído el Muro de Berlín, la Revolución de Terciopelo triunfaba en lo que fue Checoslovaquia, Hungría estaba de hoz y coz entregada al capitalismo, Polonia estrenaba democracia y hasta Bulgaria se olvidaba de que había sido una pieza esencial en el bloque soviético. Los sucesos que se conocen como «revolución rumana» fueron sin duda dramáticos, pero todo se infló descaradamente o se tergiversó hasta la caricatura.

Los principales responsables del cambio fueron los jefes militares rumanos, que ocultaron estar confabulados en un golpe patrocinado por Gorbachov, pero en la gran mentira colaboraron con entusiasmo variable y distintos grados de inocencia desde la Policía hasta la televisión oficial, pasando por el cuerpo diplomático acreditado en Bucarest y los corresponsales extranjeros.

En lo que se refiere a los periodistas y a su proclividad al dramatismo, jugó un papel muy negativo la temprana muerte del fotógrafo francés Jean-Louis Calderón.

El mismo día en que Vidal Folch y yo atravesábamos la frontera húngara en un coche alquilado, Calderón tuvo la desafortunada ocurrencia de auparse a un carro blindado en Bucarest.

Buscaba un ángulo elevado de la manifestación estudiantil que se desarrollaba en la plaza contigua al hotel Intercontinental. Cuando el tanque arrancó inopinadamente, el fotógrafo estaba atareado enfocando.

Perdió el equilibrio, resbaló hacia atrás y fue aplastado por las cadenas del vehículo. Esa noche solo dormimos en Bucarest media docena de corresponsales y lo que nos contaron al llegar ponía los pelos de punta.

No había luces en la capital, porque nunca las hubo durante la etapa comunista y los camareros te susurraban al oído que el francés había sido asesinado para dar ejemplo.

Los países sometidos a férrea censura de prensa siempre ofrecen campo abonado a los embustes.

La noticia de la funesta muerte de Calderón, sumada a las alarmistas noticias que propagaban los embajadores extranjeros y a los desmesurados relatos de las emisoras húngaras nutridas de testimonios sin contrastar que aportaban los miembros de la minoría magiar en la frontera, acicalado todo con ensaladas de tiros y unos vídeos morbosos, hicieron el resto.

Entre las secuencias mas difundidas logró notable popularidad la de los muertos del cementerio de Timisoara. Los cadáveres fueron exhumados para las cámaras y se presentaron como víctimas recientes de los combates. A simple vista se podía distinguir que habían pasado una temporada bajo tierra y que lucían los aparatosos costurones de la autopsia hospitalaria.

Para explicar por qué persistían los tiroteos una vez que los agentes de la Securitate se habían unido a la «revolución», los responsables de la televisión tuvieron la pericia de lanzar a los cuatro vientos la nueva de que «numerosos comandos terroristas libios e iraníes» habían arribado al país.

Para dar mayor verosimilitud al bulo, se recordaba que el dictador había estado visitando oficialmente Irán el 17 de diciembre de 1989, solo unos días antes.

Aunque parezca increíble, el *scoop* de los voluntarios musulmanes fue «rebotado» por televisiones extranjeras, agencias de noticias y periódicos de medio mundo.

Durante todas las Navidades no tuvimos oportunidad de ver un solo iraní o de atisbar un libio, pero a varios colegas parecía bastarles con que un asustado director de hospital asegurase que en su depósito había un fallecido «con el tono de piel oscuro, típico del norte de África».

Otra de las fábulas fue que la ciudad estaba surcada de túneles secretos por los que se escabullían los nostálgicos del dictador y de su esposa Elena.

Lo único comprobable era que la gente había retirado las tapas de las alcantarillas y, como las farolas del alumbrado público parecían fuegos fatuos, corrías el riesgo de partirte la crisma a cada paso.

Un enviado a sueldo de la *Associated Press*, que nunca se separó del descuajaringado télex del hotel y hasta hacía pis en una botella para que no pudiéramos los demás ni tocar la máquina, insertó en uno de sus despachos que Bucarest estaba siendo escenario«de las batallas callejeras más duras desde la Segunda Guerra Mundial».

En el baile de difuntos participó hasta la supuestamente infalible *BBC*, cuyos periodistas repescaban los noticieros de las emisoras húngaras o lo que decía la agencia yugoslava-Tanjung, y difundían que había miles de victimas.

El País llegó a subrayar en una de sus notas que había habido más muertos de los que los norteamericanos sufrieron en la guerra de Vietnam y adelantó la cifra de 80.000.

Es importante reseñar el efecto perturbador de la televisión. Los camarógrafos no filmaban combates reales, pero contaban con atronadoras ráfagas, ruidosos cañonazos, ciudadanos airados dispuestos a hacer declaraciones, tanques en movimiento, algún fiambre y bastantes incendios.

Con ese telón de fondo, la confusión general y la aprensión provocada por el aplastamiento del fotógrafo Calderón, el ametrallamiento posterior del belga Dany Huwe –confundido por un psicótico francotirador con un rumano fiel al depuesto Ceaucescu–, y el acribillamiento de tres reporteros turcos, no era fácil mantener la cabeza fría.

Si argumentabas tímidamente que no podía haber verdadera lucha en un lugar donde solo morían civiles y la gente curioseaba a pecho descubierto en las esquinas, te cerraban irritados la boca apelando a la «suicida idiosincrasia» de la población rumana. De idiotas.

Ese día Dios no acudió en nuestra ayuda

Todos los cadáveres se asemejan, pero cada muerte es distinta. Una de las escenas más vívidamente impresionadas en mi cerebro tras treinta años de dar tumbos por el mundo yendo de guerra en guerra es la de un padre bosnio que se presentó en junio de 1992 en un hospital de Sarajevo suplicando que reanimasen a su hijo.

Llegó con una muchacha que debía ser su esposa y todavía más joven que él, justo en medio del bombardeo, apenas unos instantes después de que unos morterazos nos hubieran hecho meternos a toda prisa en la atestada recepción del edificio.

El hombre apenas tendría veinticinco años y sujetaba en sus membrudos brazos a un niño al que la metralla había arrancado un tercio de la cabeza. Su hijo estaba muerto, pero el hombre se negaba a aceptarlo.

Lo acunaba, intentaba taponar con la palma de la mano el horrendo orificio del cráneo y le susurraba palabras cariñosas al oído.

Cuando le convencieron de que no se podía hacer nada, se acurrucó en un rincón con la criatura apretada contra el pecho y estuvo así, llorando sin sonido, varias horas.

A pesar de esa escena aciaga, no es el fallecimiento de ese niño lo que recuerdo con más espanto.

En 1980, en San Salvador, asistí a la ejecución a sangre fría de un Testigo de Jehová que hasta el último instante de su vida estuvo convencido de que Dios acudiría en su ayuda.

Hacía pocas semanas que habían asesinado a monseñor Óscar Romero. La universidad era un foco de protestas y las autoridades militares decidieron cerrarla. Podían haber clausurado el centro con un decreto y dos funcionarios, pero escogieron la forma dura: despacharon hacia las aulas a cientos de soldados armados hasta los dientes.

En aquellos días yo formaba tándem reporteril con Ian Mates, un sudafricano que había abandonado su tienda de discos en Johannesburgo para no tener que combatir por tercera vez consecutiva en la sabana de Namibia y que acabó sus días en un polvoriento camino salvadoreño, víctima de una mina Claymore plantada por el Frente Farabundo Martí.

Ian falleció el 13 de enero de 1981 cuando el vehículo en el que viajaba con dos colegas topó con la mina de la guerrilla. Yo vi el cadáver unos días después, cuando acompañé a Étienne Montes a la morgue, a «empaquetar» el cuerpo y remitirlo a Sudáfrica.

El día del Testigo de Jehová no venía Étienne con nosotros. Retornábamos Ian y yo al hotel Camino Real, después de la preceptiva gira exploratoria por las «zonas calientes» de la capital salvadoreña, cuando divisamos a varios agentes de la Policía de Hacienda apostados en el patio de la Escuela de Agronomía. Algunos llevaban un atuendo trasnochado: botas por encima de la rodilla y guerrera de húsar.

Paramos el coche y nos acercamos cautelosamente. Habían arrinconado en el piso superior a varios estudiantes y los conminaban a entregarse. Para reforzar sus amenazas, desde abajo, largaban de vez en cuanto unos balazos que iban a estrellarse contra el travesaño del dintel.

En el aula debía de haber dos docenas de estudiantes. Probablemente se habían refugiado en la habitación al ver aparecer a los policías. Estaban aterrorizados. Se escuchaba a uno de ellos clamar con voz lastimera, invocando a Jehová y solicitando su socorro.

Súbitamente, sin esperar a que cesaran los disparos, abrió la puerta y descendió las escaleras dando tumbos. Los soldados le obligaron primero a arrodillarse, después a tenderse en el suelo y prosiguieron su letal tarea.

Echado en tierra, boca abajo, el muchacho siguió entonando salmos. Solo suspendía su patético canturreo para instar a otro alumno a salir: «¡Ricardo! ¡No temas! ¡Dios nos ayudará! ¡Jehová está con nosotros!»

Durante diez minutos todo siguió igual, pero de repente, como si se hubiera hartado de la salmodia, uno de los policías se acercó pausadamente al joven, sujetó la carabina con una sola mano, apuntó a su cabeza y apretó el gatillo.

La primera bala perforó la oreja del estudiante y rebotó en el pavimento. El muchacho se limitó a elevar el tono de voz e incrementar sus gimientes invocaciones.

El agente, frío como un tempano, volvió a disparar. Esta vez el proyectil impactó en la parte inferior de la nuca del muchacho, que profirió un ronco estertor y comenzó a agitar circularmente la cabeza, como un lagarto al que hubieran partido la espina dorsal. El parsimonioso policía se demoró una inmensidad en darle el tiro de gracia.

Cuando lo hizo, sin un murmullo, conscientes de que seríamos ejecutados como bestias si descubrían que su crimen tenía testigos, escapamos hacia el hotel.

En aquella época el Camino Real era un hervidero de periodistas y apenas pusimos los pies en el «lobby» facilitamos la tétrica grabación a todo el que la quiso. No es lo usual, pero se trataba de protegerse, de diseminar la culpa.

Si los Escuadrones de la Muerte se habían llevado por delante a todo un arzobispo, no había razón alguna para suponer que iban a respetar la vida de dos humildes periodistas que ni siquiera eran norteamericanos.

Pocas veces en mi vida he agradecido tanto el estar rodeado de colegas como en las horas siguientes al asesinato de aquel Testigo de Jehová.

CUANDO LA IDEOLOGÍA Y LA POLÍTICA EMPAÑAN EL PERIODISMO 32

P.J. O'Rourke afirma provocador, en *Vacaciones en la guerra,* que algunos se preocupan por la diferencia entre el bien y el mal, pero que a él lo que le importa es la diferencia «entre lo que está mal y lo que es divertido».

Ahora, cuando me da la vena cínica, comparto en ocasiones esa línea de pensamiento. Pero en Nicaragua, a finales de la década del 70 y comienzos de los 80, éramos todavía demasiado jóvenes, románticos e ilusos como para asimilar lo glamurosa, fascinante, entretenida y apasionante que puede resultar esta profesión sin meterse en berenjenales ideológicos. Estábamos imbuidos de lo «trascendental» y, de un modo u otro, nos implicamos hasta la ingle en favor de los sandinistas.

El holandés Ian Schmeitz, el sueco Peter Torbiornsson, el alemán Klaus Dietar, el austriaco Leo Gabriel, la estadounidense Susan Meiselas y casi todos los que cubrimos la zona en los convulsos años que siguieron al triunfo de los muchachos del pañuelo rojinegro, tendimos a pasar por alto sus garrafales errores, obnubilados por el miedo a que nuestras críticas pudieran servir de munición propagandística al presidente Ronald Reagan y a los «contras» que operaban desde la fronteras hondureña y costarricense con financiación de la CIA.

Nosotros, que poníamos el grito en el cielo ante un porrazo a un manifestante en la opulenta Europa o el menor recorte a los beneficios sociales de las minorías, tardamos mucho más tiempo del debido en denunciar las flagrantes violaciones de los derechos humanos sometidas por las autoridades revolucionarias en Centroamérica o el hostigamiento implacable de que eran objeto los indios miskitos de la costa atlántica nicaragüense por reivindicar autonomía o la alfabetización en su propia lengua.

Muchas veces, como hicieron durante la
Guerra Fría multitud de intelectuales
occidentales, traspasamos el límite y dimos

Más de treinta años después de sobrevivir a un atentado con bomba en una conferencia de prensa que protagonizaba Edén Pastora en un remoto paraje de la selvática frontera entre Costa Rica y Nicaragua y en el que murieron tres periodistas –además de alguno de los «contras» que luchaban contra los sandinistas–, el sueco Peter Torbiornsson sigue atormentado por la culpa.

No por haber escapado de la muerte ese 30 de mayo de 1984. Ni siquiera porque inadvertidamente ayudó al terrorista disfrazado de periodista y con gorra de jugador de béisbol enviado por el FSLN, sino por haber ocultado la sonrojante verdad más de tres décadas.

«Me tomó mucho tiempo aceptar que habían sido mis amigos quienes pusieron la bomba», explica Torbiornsson, que ahora tiene 73 años.

«Ha sido como una herida en mi alma... No puedo enfatizar cuánto lo siento».

Torbiornsson, que empezó a escribir sobre América Latina en la década de 1960 y con quien compartimos mesa, cama, marchas y coche muchas veces Leo Gabriel, Ian Schmeitz y yo en la etapa brutal de los alzamientos guerrilleros en Nicaragua y El Salvador, añade que ha sido al sentirse viejo cuando se ha dado cuenta de que tenía que confesar.

«Creo que la persona que ha sido más severa al juzgar mi comportamiento entonces he sido yo mismo. Ahora bien, si hablo ahora es para que otros juzguen lo que sucedió».

En el 2011, Peter hizo publicó un documental titulado *Last Chapter, Adiós Nicaragua*, en el que admitió abiertamente –por primera vez– que había guardado silencio durante décadas sobre las circunstancias exactas que llevaron a la explosión.

Quien puso la bomba –que los medios de comunicación casi sin excepciones intentaron presentar como una turbia operación de la CIA norteamericana orquestada por el teniente coronel Oliver North–, fue el camarógrafo que hacía equipo con él y al que en la foto de la lancha, se ve con el brazo alzado, tapándose la cara, justo detrás del bigotudo y rubio sueco.

El terrorista –que utilizó un pasaporte robado en el que aparecía como periodista danés– era en realidad el argentino Vital Roberto Gaguine, compañero de fechorías de los montoneros y sicario de Daniel Ortega y los sandinistas.

Es una historia fascinante que une al sueco ahora canoso a uno de los episodios más oscuros de la violencia en América Central y plantea importantes cuestiones sobre la brecha que se abre a menudo entre la realidad y el relato periodístico, entre el reportero y el activista, cuando se toma partido de una manera tan fogosa.

La confesión de Torbiornsson le ha granjeado feroces críticas por parte de otros corresponsales, incluidos algunos de los que sobrevivieron a la explosión.

Los hechos fueron brutales. En mayo de 1984, Torbiornsson formaba parte de un pequeño grupo de reporteros que viajaron a lo largo del río San Juan, que marca la frontera entre Nicaragua y Costa Rica, y arribaron a La Penca, el remoto escondite que usaba Edén Pastora, héroe sandinista en 1977 por haber tomado el Congreso somocista y en aquella época líder de los rebeldes nicaragüenses que operaban desde el Sur, con respaldo de EEUU.

Yo había estado unas semanas antes con Edén Pastora en el mismo enclave, que era un pútrido agujero infecto, de complicado acceso, siempre húmedo y trufado de mosquitos y reptiles.

Fue en abril de ese mismo año y hablé largo y tendido con quien el 22 de agosto de 1978 se convirtiera en portada de todos los periódicos del mundo y en el más aclamado héroe sandinista por haber asaltado con éxito el Palacio

Nacional de Nicaragua, en el momento en que somocistas y opositores celebraban una sesión del Congreso Nacional.

Fue tal impacto de lo que popularmente se comenzó a denominar «Operación Chanchera», que hasta el procastrista Premio Nobel Gabriel García Márquez le dedicó un relato memorable.

El sueco ha explicado que, aunque era casi de noche cuando los reporteros llegaron a La Penca, les esperaba Pastora y que de inmediato se organizó una rueda de prensa.

Las imágenes captadas por una cámara –que sobrevivió milagrosamente intacta– muestran el líder de los rebeldes antisandinistas en medio de una frase, respondiendo a las preguntas. A continuación, la pantalla se llena de repente de humo blanco.

Torbiornsson recuerda perfectamente al tipo que puso la bomba, camuflada entre el material de filmación y que había abandonado la cabaña justo unos instantes antes de la explosión.

Pastora, objetivo del atentado, resultó gravemente herido, pero sobrevivió.

Torbiornsson fue alcanzado por la metralla, pero salvó la vida porque la periodista inglesa Susan Morgan, que estaba de pie frente a él, hizo de pantalla entre él y la bomba.

Ambos fueron lanzados varios metros en el aire y sufrieron graves lesiones en brazos, piernas y hasta en la cara.

Otra reportera, la estadounidense Linda Frasier que tenía treinta y ocho años y trabajaba para el *Tico Times* –un periódico en inglés de Costa Rica–, perdió ambas piernas y se desangró hasta la muerte esperando ser evacuada.

«Me produce dolor recordar todo aquello», comenta Torbiornsson, consciente de que ni fue el único que enmascaró la verdad entonces, ni será el último periodista que tome partido y se olvide de la verdad.

El asesino Gaguine, el terrorista argentino que actuó camuflado de periodista danés, murió en 1989 con el grupo de alucinados montoneros que atacaron el acuartelamiento militar de «La Tablada» en Argentina.

CAMBIARELCURSODELA HISTORIA

33

A pesar de lo pretenciosos que somos y del postín que nos solemos dar, hay pocas ocasiones en que los artículos de un periodista cambien el curso de la Historia, aunque a veces ocurre.

Uno de los ejemplos más esplendorosos es el de Januarius Aloysius MacGahan, un norteamericano de origen irlandés que medía casi dos metros, lucía un bigote frondoso, solía cubrirse con un gorro de astracán y aborrecía ferozmente todo lo que sonaba a injusticia y opresión.

Sus colegas le llamaban el «corresponsal cosaco». Entre sus virtudes se contaba la de hacer amigos con facilidad.

En 1876 comenzaron a circular por Estambul –la antigua Constantinopla y antes Bizancio– rumores sobre desquiciantes atrocidades perpetradas por fuerzas turcas contra las poblaciones cristianas del Sur de Bulgaria.

A esas alturas, Januarius MacGahan era ya un periodista de renombre, autor de algún libro sobre viajes, y fue comisionado por el *Daily News* londinense para que se desplazase a Bulgaria e indagase.

La región hervía de sentimientos independentistas. Más de doce mil hombres, mujeres y niños habían sido masacrados por los kurdos y bashi-bazouks, a los que las autoridades turcas habían dejado mano libre para suprimir la revuelta.

MacGahan entrevistó a cientos de supervivientes y envió un reportaje desgarrador:

«Creo que llegué con una actitud honesta e imparcial... Temo que ya no soy imparcial, y ciertamente no me siento en absoluto frío... Hay cosas demasiado horribles para poderlas investigar de forma calmada; hechos de tal vileza que los ojos se resisten a mirar y que la mente humana se niega a aceptar... Encontramos el cadáver de una muchacha de no más de quince años... Seguía cubierta con una camisa y llevaba medias hasta los tobillos, pero no llevaba zapatos... Debido a que el calor había resecado la carne en lugar de descomponerla, los pies eran casi perfectos... El procedimiento parece haber sido siempre el mismo: cogían a una mujer, le quitaban todo menos la camisa, la despojaban de toda joya, y tantos hombres como querían, disponían de ella... El último violador se encargaba de matarla...»

Los informes de MacGahan provocaron una conmoción en la opinión pública mundial —especialmente entre los eslavos— y sirvieron de acicate para que Rusia, alegando razones humanitarias, declarase la guerra a Turquía, que se enfrentaba ya a una rebelión de los serbios y a serios problemas en Bosnia-Herzegovina.

El conflicto, desatado por los escritos de MacGahan, cambió la fisonomía de los Balcanes y liberó las fuerzas que en 1914 desatarían la Primera Guerra Mundial.

Poco después de la rendición turca, el periodista llegó a Estambul, donde contrajo el tifus y falleció. Los búlgaros, que le atribuyeron justamente un papel crucial en el nacimiento de su Estado, conmemoran todavía su muerte celebrando cada año una misa solemne dé réquiem en Tirnovo.

Más de un siglo después, en la antigua Yugoslavia —una región que también formó parte del Imperio Otomano pero esta vez con víctimas musulmanas en lugar de cristianas—, el periodista Roy Gutman realizó un trabajo humanitario y de investigación muy similar al de MacGahan.

Gutman es un solitario, como lo era MacGahan, aborrece la injusticia, como su predecesor, y, al igual que aquel es norteamericano. Es bajito y no lleva bigote. Sus artículos en el *Newsday* neoyorquino, publicados a principios del verano de 1992, desataron una ola de indignación popular en media Europa y EEUU, al poner al descubierto la existencia de campos de concentración en los Balcanes.

Ha habido después enorme controversia sobre la verdadera realidad de campos como el de Trnopolje, donde un equipo inglés pudo filmar varias escenas y cuyas imágenes fueron portada en todo el mundo, pero lo cierto es que esa cobertura fue de esas mágicas, casi únicas en ocasiones, en que un periodista hace girar el viento de la Historia. A Gutman, además, le dieron el *Premio Pulitzer*.

> Es curioso lo poco que cambia la Historia y lo persistente que resulta la maldad humana.

Algunos de los testimonios sobre violaciones masivas o masacres, que desveló primero Gutman y que recogimos posteriormente los que husmeamos en el pudridero del conflicto yugoslavo, se parecen extrañamente a los relatos que, en forma de cartas y entre el 28 de julio y el 16 de agosto de 1876, envió MacGahan.

Tampoco dábamos importancia entonces a las legítimas quejas de opositores nicaragüenses como Alfonso Robelo o Violeta Chamorro, porque estaban estigmatizados como «derechistas» y vivían en «mansiones».

Nunca se me pasó por la cabeza que los progres millonarios de Occidente –las Janes Fondas, las Shirleys

MacLaines, los Ramoncines, las Anas Belenes, los Antonios Galas, los Manueles Serrats...– emitían sus gemidos contra la explotación en Centroamérica desde unas casas dos veces más grandes y lujosas que las de los «explotadores» Robelo y Chamorro.

A lo largo de una vida profesional hay muchas cosas de las que uno se arrepiente, pero muy pocas que te den realmente vergüenza. Entre estas últimas, la que mayor bochorno me sigue produciendo ocurrió pocas semanas después del triunfo sandinista.

La mayor parte de los guardias somocistas eran campesinos del Norte reclutados a la fuerza. Cuando se derrumbó el régimen, bastantes militares huyeron en bandada a Honduras o se escondieron entre sus parientes de Somoto, Ocotal, Chinandega, Estelí y Matagalpa.

Incluso antes de que la CIA enviara asesores argentinos y cargamentos de armas y organizara a los «contras» como una verdadera fuerza militar, algunos montaron cuadrillas. Eran más bandidos que insurgentes políticos, pero profesaban un odio áspero a todo lo que oliera a sandino-comunista.

A mediados del verano de 1979, una de estas bandas asesinó salvajemente a un maestro. Pocos días después los sandinistas anunciaron haber capturado al autor del crimen y nos convocaron a una rueda de prensa en Managua.

El Ministerio del Interior quedaba en uno de los edificios de lo que los nicaragüenses denominan «los escombros», que no es otra cosa que lo que quedó del centro de la capital tras el terremoto.

Cuando entramos en tropel al auditorio ya era de noche. El ministro Tomás Borge hizo una breve exposición y ordenó que sacaran al detenido al escenario.

Lenín Cerna, el corpulento jefe de la Seguridad –torturador, espía, jefe de comandos electorales, conspirador y uno de los personajes más oscuros de la reciente historia del país–, y cuatro de sus agentes llevaron casi en volandas a un sujeto de aspecto afligido al que depositaron bajo los focos.

Tenía una marca violácea en torno al cuello, similar a la que presentaban algunos de los presos sandinistas con los que yo había compartido calabozo aquella Semana Santa.

Uno de los tormentos habituales en las mazmorras de Somoza era la «goma», que consistía en anudar un elástico en torno al pescuezo del detenido y tirar por los extremos hasta provocarle la asfixia.

Cuando el desventurado estaba a punto de perecer, se aflojaba la presión, y cuando recuperaba el resuello, se reanudaba el suplicio. El hombre respondió con monosílabos a las preguntas de los periodistas.

Primero afirmativamente, aceptándolo todo, pero de repente empezó a titubear y a retractarse, presintiendo que su confesión le conducía a la fosa.

En ese instante, el gordo Lenín Cerna susurró entre dientes: «¡Cuidadooo...!»

La siseante amenaza tuvo un efecto mágico sobre el detenido. Era evidente que lo habían atormentado y que la voz del verdugo trajo a su mente el recuerdo lacerante de muchas horas de dolor.

A principios de 1993, en la cárcel de Sarajevo entrevisté a un hombre llamado Borislav Herak cuya historia personal –o lo que le hacían recitar sus captores musulmanes tras muchas sesiones de tortura y lavado de cerebro– era el paradigma de todo el horror y la barbarie que libera una guerra.

Pasado el tiempo, con perspectiva, siempre he alimentado en el fondo de mi cerebro alguna duda sobre aquella historia. A lo largo de las cuatro décadas que llevo en esta profesión, tres cuartas partes dando tumbos por el mundo de guerra en guerra, solo ha habido una vez en que de forma consciente he mentido.

Fue en el verano de 1979, en Nicaragua, donde los entonces idolatrados sandinistas acababan de asaltar el poder. Empezaba a operar la «contra» y una noche, a toda prisa, nos convocaron al Ministerio del Interior para mostrarnos al «contrarrevolucionario» que había asesinado a uno de los alfabetizadores en las montañas del Norte.

Sacaron al tipo y al apenas ponerlo a la luz, en el escenario vi con nitidez en su membrudo cuello la infame marca morada que deja la goma, cuando los martirizadores te la aprietan una y otra vez hasta casi ahogarte en el interrogatorio.

Inmediatamente, a merced de los ojos de ofidio de Cerna, recitó tembloroso la versión oficial como si fuera un autómata. Parecía a punto de desplomarse, y Tomás Borge, en un alarde de sarcasmo, ordenó a los soldados que sujetaran con fuerza al «peligroso individuo».

La Semana Santa anterior, tras ser capturado por las tropas somocistas, yo había pasado tres días en las mazmorras del «Chipote» y había visto la misma huella en las gargantas de los que volvían del «examen».

Cuando me llegó el turno, lo que tenía que haber preguntado —alto y claro— a aquel desgraciado era si la confesión que musitaba con ojos espantados le había sido arrancada con tortura.

No lo hice porque eso hubiera supuesto disgustar irreparablemente a mis entonces amigos sandinistas. Me puse como todos los presentes a favor de las olas. Ni inquirí allí ni escribí después y me he arrepentido de ello. No solo cuando descubrimos que los sandinistas robaban, reprimían y algunos, como el presidente Daniel Ortega, hasta abusaban sexualmente de sus hijas adoptivas.

Opté por seguir la corriente general y es algo de lo que todavía me abochorno casi cuarenta años después, no tanto como el sueco Peter Torbiornsson debe avergonzarse de haber cooperado con los malnacidos que pusieron la bomba en La Penca, sabiendo de antemano que morirían varios de los periodistas que asistían a la rueda de prensa de Eden Pastora, pero bastante.

La de Herak –como la de aquel «contra» que nos echaron de pitanza en Managua el siniestro Tomás Borge y su sicario Lenín Cerna– fue una confesión demasiado redonda para ser verdad.

En aquellos años y en aquellos parajes, raro era el vecino que no se sumaba con entusiasmo al aquelarre y aquel retrasado habría participado en muchas cosas, pero no me cuadra todo lo que nos dijo. Entre otras razones porque parecía un guión prefabricado para hacer titulares en la siempre expectante prensa internacional.

Con dudas sobre su veracidad, puedes leer lo que me contó descargándote el contenido de este bidi:

Borislav Herak tenía veintiún años, era serbio y desde el 15 de noviembre de 1992, cuando se equivocó de camino viajando de Vogosca a Ilidza, estaba preso en la cárcel de Sarajevo.

En el sumario, presentado por el fiscal en el juicio público al que fue sometido unos meses después, aparecía una lista de veintinueve asesinatos y se incluían al menos ocho violaciones, todas ellas cometidas en un destartalado motel llamado Café Sonia.

Vogosca era una población industrial controlada por los serbios a cuatro kilómetros del centro de Sarajevo, y el Café

Sonia quedaba a las afueras, a un lado de la carretera que conectaba la capital de Bosnia-Herzegovina con Zagreb.

Herak permanecía sentado, inclinado hacia adelante, y hablaba sin pasión, sin manifestar remordimiento o miedo. En una ocasión nos pidió cigarrillos, y cuando le alargamos el paquete, encendió uno y se guardó el resto en el bolsillo.

Le habían rapado el pelo. Tenía los brazos y las piernas muy largos, lo que le daba aspecto de ave zancuda. Apenas miraba, era muy pálido, barbilampiño, y se había mordido tanto las uñas que llevaba las puntas de los dedos en carne viva.

Cuando un prisionero habla de sus propios crímenes como lo hacía Herak, es inevitable la sospecha de que confiesa bajo presión o para salvar su vida, pero el serbio daba la impresión de no pensar en nada. Su terrible historia —fuera cierta o imaginada— reflejaba con abrumadora exactitud el horror de la guerra en Bosnia-Herzegovina.

Fuera auténtico o inducido su testimonio y al margen de su origen —porque igual de perversos fueron serbios, croatas y musulmanes bosnios—, Herak encarnaba simplemente uno de los especímenes que sirvieron para consumar la «limpieza étnica».

Era, o le hacían aparecer sus captores, el ejemplo vivo del «ejecutor». En los meses posteriores, para reformar el relato, con cierta periodicidad, los militares musulmanes presentaban a la prensa internacional muchachas bosnias, supuestamente huidas del Café Sonia de Sarajevo, como prueba de las violaciones en masa.

BAJOELFUEGODEBAGDAD 34

Al concluir la guerra del Golfo me permití la ligereza de bromear públicamente y con cierto sarcasmo sobre la huida en masa de los periodistas destacados en Bagdad. Visto con perspectiva, fue una ligereza mezclada con pequeñas dosis de vanidad, porque no hacía falta.

Conscientes de que la guerra tenía fecha, porque EEUU había fijado un ultimátum exigiendo a Saddam Hussein salir de Kuwait el 15 de enero de 1990, habíamos acudido en masa a Bagdad periodistas de todo el planeta.

Tras agotar en los grandes almacenes de nuestros países de origen las existencias de chalecos de pescador, linternas, gorros, pantalones multibolsillos y toda esa parafernalia, eramos más de trescientos reporteros los que atiborrábamos los hoteles de Bagdad.

Al régimen –que hasta el último instante creyó que George Bush y sus aliados no se atreverían a atacarlo– le convenía tener muchos «testigos occidentales» *in situ* y daba visados de entrada como rosquillas.

Los bombardeos comenzaron la medianoche del 17 al 18 de enero de 1990 y, a esas alturas, los directores de los medios de comunicación occidentales llevaban varios días machacando a sus enviados especiales con el mensaje de que había que salir de allí, porque se avecinaba el Apocalipsis. Actuaban los jefes presionados por la Casa Blanca y por los gobiernos respectivos y la campaña del miedo tuvo efecto.

Convencidos de que corrían peligro –lo que contaré con detalle más adelante–, el 95% de los periodistas dejaron Bagdad a toda prisa, incluidos más de veinte españoles.

Dos días después, los agentes de Saddam echaron a patadas a los que restaban, casi todos británicos, y nos quedamos solo dos: el corresponsal en Jerusalén de la *CNN*, Peter Arnett, y yo, que trabajaba para *El Mundo*.

También Ígor Mihalev y otros siete periodistas «invitados» procedentes de la Unión Soviética, que carecían de dólares para pagar la fortuna que aquellos taxistas piratas, compinchados con los espías del Ministerio de Información, cobraban por llevarte hasta la frontera jordana. A los soviéticos no les dejaron salir del hotel y tampoco trabajar.

Hice piña con los rusos y la relación con Arnett fue glacial, porque me negó en todo momento el pan y la sal, como él mismo reconoció posteriormente. Cuando le preguntaron por qué no me había dejado ni usar su teléfono por satélite, argumentó –como ha quedado registrado en el libro *Reporters under fire*– que para que alguien te preste algo, tienes que ser como poco amable con él.

El hecho de que un periodista español permaneciera cincuenta y cinco días en Bagdad bajo el fuego de los aliados fue un hecho histórico sin precedentes en el Periodismo español.

El Mundo había nacido el año anterior y se marcaba un tanto de aúpa, que Pedrojota supo jugar con maestría. Lo que yo publicaba en *El Mundo* se reproducía en diarios de todo el planeta, sobre todo en *The Guardian*, y aquello se me subió un poco a la cabeza.

Al salir, en Amán y después en Madrid, Lisboa, Londres, París, Miami y todos los sitios donde me entrevistaron las cadenas de televisión –incluyendo la sacrosanta *BBC*–, cada vez que me preguntaban por qué me había quedado cuando todos habían escapado, contestaba muy ufano que yo era reportero de guerra y había ido a Bagdad a cubrir una guerra y no a pescar carpas en el Tigris.

Añadí que si tu profesión consiste en contar un conflicto, no era de recibo salir de estampida cuando comenzaban los tiros y los bombazos. Esa «prepotencia» no tuvo trascendencia con la mayoría de mis colegas hispanos, pero hubo más de uno con quien mis relaciones se enfriaron bastante. Para siempre.

Claves secretas de Bagdad

Casi cincuenta y cinco años después de la guerra civil española, en enero de 1991, un truco sirvió al reportero de la Cadena CBS para enterarse con tres horas de anticipación de que los aliados iban a iniciar el bombardeo de Bagdad.

Antes de abandonar Washington camino de Iraq, Larry Doyle se había preocupado de urdir un pacto con los corresponsales de su televisión en el Pentágono.

En cuanto tuvieran la certeza de que la Casa Blanca había dado la orden de ataque, le filtrarían un mensaje cifrado. La frase clave era: «Tu mujer y tu familia están bien, pero tus hijos han cogido la gripe».

La noche del 17 de enero yo estaba por casualidad en la habitación 504 del hotel Rachid de Bagdad conversando con

Richard Beeston, corresponsal infatigable del *Times* en el Próximo Oriente que falleció en 2014, cuando vimos a Doyle pegar un respingo.

El americano soltó la lata de cerveza, hizo gestos con la mano para acallar al equipo, dio las gracias por el auricular con voz temblona y colgó el teléfono.

«¡Muchachos!»

El desastrado reportero de la CBS hizo una larga pausa, consciente de que la concurrencia estaba pendiente de él.

«En tres horas tendremos aquí a los aviones; manos a la obra; hay que salir corriendo!»

Tres pisos mas arriba, en la habitación 828, hacía ya largo rato que la mayor parte de los veinticinco periodistas españoles destacados en Iraq discutían acaloradamente sobre qué hacer en las siguientes horas.

Cuando entré en el cuarto —en realidad una suite alquilada por el equipo de TVE—, alguien relataba la conversación mantenida esa tarde con el portavoz de Presidencia. Gobernaba en España el socialista Felipe González.

En medio del bullicio, sonó el teléfono y brotó al otro extremo del hilo la inconfundible voz de Jordi García Candau, director general de Radiotelevisión Española.

Jordi, como antes el portavoz de Presidencia y los directores de los principales medios informativos españoles, nos instó a salir urgentemente de la ciudad, con la sombría advertencia de que se avecinaba un cataclismo militar sin precedentes.

Yo, como todos los presentes, aproveché para telefonear a Madrid. En la redacción de *El Mundo* apenas quedaban jefes. Hablé con Juan Carlos Laviana, y el asturiano, que en aquel entonces coordinaba la redacción, se limitó a aconsejarme prudencia.

«Pedrojota ha dicho que hagas lo que te parezca».

Ese mensaje, con el que Pedrojota se tapaba el culo y el diario se eximía de toda responsabilidad pero a la vez me dejaba vía libre, demuestra que en *El Mundo*, a diferencia de lo que ocurrió en el resto de los grandes medios de comunicación españoles, se entendía entonces lo que es el Periodismo y lo importante que es el criterio de tu hombre sobre el terreno.

Decidí quedarme, aunque todos se manifestaron tajantemente en favor de levantar el campo.

Mirando hacia atrás, después de todo lo que ha sucedido, me sorprende con qué poco temor escogí y nula aprensión aquel camino. Necesité probablemente unos tres segundos, la veinteava parte de un minuto, para decidirlo en medio del barullo de la habitación.

No intuí la importancia de mi resolución; no podía darme cuenta de que en las siguientes horas iban a suceder una serie de acontecimientos que alterarían para siempre mi vida profesional, tanto o más que aquel salto del camión de la Guardia Nacional somocista que dí en 1979.

La disyuntiva me parecía tan clara e inequívoca que lo único que me turbó fue la indecisión, la desbandada general y el temor de los otros.

Hubo un momento fastidioso al mediodía siguiente, cuando se arremolinaban tres centenares de periodistas en el aparcamiento del hotel Rachid y empezaron a partir vehículos hacia la frontera.

Mis colegas corrían hacia los coches apretándose unos contra otros, con miedo pero con la dignidad fingida de los oficinistas que intentan encaramarse al vagón de Metro en el ultimo segundo y empujan disimuladamente.

Me despedí cordialmente de los españoles, pero a esa hora ya había tanta distancia entre nosotros que parecíamos estar en planetas diferentes.

El Mundo de Pedrojota fue el único medio escrito del planeta que tuvo un corresponsal en Iraq durante todo el conflicto.

Normalmente, el mero accidente de poseer pasaporte estadounidense supone una considerable ventaja, pero en Iraq jugó claramente en contra de los periodistas de esa nacionalidad, al igual que les sucedió a los británicos y, por contra, fue determinante a mi favor el hecho de ser español.

El 19 de enero de 1991, cuarenta y ocho horas después de iniciada la guerra, los funcionarios iraquíes recibieron la orden de deshacerse de la veintena de periodistas extranjeros que seguíamos en Bagdad.

El grupo grande, aproximadamente trescientos —incluidos veinticuatro españoles—, había huido a toda prisa dos días antes.

Era evidente que los bigotudos empleados de Saddam Hussein solo iban a permitir quedarse a Peter Arnett, pero bastó esgrimir jovialmente mi condición de español y apelar a los «lazos históricos» entre árabes e hispanos, para que el director de Información, Naji Sabri Ahmad Al-Hadithi —antiguo profesor de Literatura inglesa en la Universidad de Bagdad y por lo que se descubrió años después también informante de la CIA—, aceptara prorrogar mi estancia veinticuatro horas, que terminaron convirtiéndose en cincuenta y cinco días.

En medio del bombardeo, y bajo el ojo vigilante de la policía secreta de Saddam, era intrincado recolectar fuentes de información, pero Fidel Castro había decidido mantener en el país a unas docenas de médicos, enfermeras y diplomáticos, y los cubanos veían muchas cosas.

Todavía resultó mas útil el coronel Viktor Pazaluk, consejero militar de la embajada soviética que había servido en Afganistán junto al fotógrafo Ígor Mihalev, desde entonces mi mejor amigo, hermano de correrías profesionales por medio mundo y autor de las primeras fotos del bombardeo de Bagdad.

Pazaluk fue quien me reveló —en exclusiva mundial— que la supuesta fábrica de leche infantil destruida por los misiles aliados era en realidad un centro de investigación nuclear. El coronel había medido la radiación con un contador Geiger, que coló de matute durante una visita anterior a la que los sicarios del sátrapa me montaron a mi y a un puñado de periodistas extranjeros. Además, en Iraq hay una comunidad de un millón de cristianos que habla arameo como hacía Jesucristo.

Dio la casualidad de que el hombre del Papa en Bagdad era polaco, dominaba perfectamente el castellano y se sentía encantado de recibir en la Nunciatura. Se llamaba Marian Oles y a través de él supe que el Ejército iraquí se desplomaba en el frente sur y que los soldados desertaban a miles de las trincheras.

Poco después de capitular, en pleno desbarajuste ocasionado por la rebelión simultánea de los chiítas del Sur y los kurdos del Norte, Saddam Hussein nos expulsó hacia Jordania y fueron los reporteros ubicados en Arabia Saudí los que quedaron dueños de la noticia o del bulo. En el terreno no quedó nadie.

En marzo de 1991, el derrotado Saddam Hussein ni siquiera sintió un ligero dolor de cabeza al enviar a sus generales a una tienda del desierto para firmar la rendición ante el general Norman Schwarzkopf: se limitó a proclamar una aplastante victoria sobre los enemigos de Alá.

PRIMICIAS, UNA MEZCLA DE SUERTE Y OSADÍA 35

En el reporterismo de guerra los *scoops* suelen depender más de la mezcla de fortuna y osadía que de devanarse los sesos.

En las Navidades de 1991, en los mismos días en que Boris Yeltsin desplazó a Mijaíl Gorbachov y se aupó al poder en Rusia, se desencadenó un violento levantamiento contra Zviad Gamsajurdia en Georgia, una de las naciones cristianas del Cáucaso que recuperaron la independencia al desmembrarse la URSS.

Gracias a Dios, y a los músculos y la determinación del fotógrafo Ígor Mihalev —con quien había entablado una amistad fraternal y a prueba de bomba desde que coincidimos en Bagdad en plena «Tormenta del Desierto», y tras sobrevivir cinco días en una de las salas de espera del aeropuerto moscovita de Domodédovo, repleto de estudiantes africanos y mafiosos– logramos introducirnos en un avión repleto de traficantes caucasianos con destino a Kutaisi. Desde allí, a golpe de dólar, taxi y autobús, enfilamos hacia Tbilisi, donde arribamos al filo de la Nochevieja. El centro de la capital georgiana recordaba el Beirut de los años terribles o el Sarajevo de los peores momentos.

Estaba Tbilisi —el Tiflis de los españoles— en estado «hobbesiano», cada hombre luchando contra otro, como si los violadores, asesinos, maníacos de todas las prisiones hubieran sido liberados y a ellos se hubieran sumado los psicóticos de los manicomios, con armas y permiso para hacer lo que quisieran.

Muchachos con granadas de mano colgando de la pechera; milicianos que vaciaban el cargador con las piernas abiertas y el cigarrillo Marlboro en los labios; ametralladoras antiaéreas disparando a ras de suelo; civiles de ojos despavoridos que escapaban de los edificios chamuscados de la avenida Rustavelli y, sobre todo, una imbecilidad suicida.

No había corriente eléctrica en la ciudad y lo único que parecía funcionar, además del bar y el generador del hotel Sheraton Metechi, eran los morteros y los cañones. Aquello era como cubrir un ensayo del fin del mundo.

El presidente Gamsajurdia permanecía desde el 22 de diciembre atrincherado en su búnker, en los sótanos de la mastodóntica Casa de Gobierno.

En apariencia el edificio estaba totalmente rodeado y, según la media docena de periodistas extranjeros acantonados en el hotel, era imposible entrar o salir del inmueble.

Sin mucha esperanza, apenas amaneció el 1 de enero, Ígor y yo nos encaminamos hacia la Casa de las Bodas, un edificio de atormentada arquitectura y decoración deleznable, diseñado por las autoridades comunistas para compensar a los candidatos al matrimonio por la falta de liturgia religiosa.

Estaba enclavado en un altozano, en la ribera este del río de Tbilisi, al Sur de la capital, y servía de posición avanzada a un centenar de «gamsajurdistas» mandados por un joven ex teniente del Ejército Rojo.

El teniente confesó a Ígor que mantenía una línea de contacto con el asediado presidente. Al cabo de media hora de charla y arengas, nos embarcó en un renqueante Lada, comprimidos entre malolientes milicianos, y partimos hacia la parte antigua de Tbilisi. Sin saber bien lo que nos esperaba y con más miedo que vergüenza, ascendimos las tortuosas calles empedradas de la zona vieja.

Salvamos dos controles «leales», patinamos media docena de veces en el hielo, y quince minutos después nos plantamos ante el portón sur de la Casa de Gobierno. Un tipo alto con barba de varios días y ojos casi transparentes nos recibió con un somero *«Very bad New Year»*, hizo que nos registraran meticulosamente y nos condujo por pasillos inundados hasta una diminuta habitación forrada de madera, donde ocho horas después entrevistamos a Gamsajurdia.

Fue una exclusiva, publicada en primera página por *El Mundo* y reproducida por el *Guardian* británico, y en honor a la verdad hay que reconocer que nos salió por casualidad.

Las primicias son una de las facetas mas venturosas de este oficio y una de las razones que hacen tan absorbente el trabajo en un diario.

En un semanario, por mucho que uno se espabile, la noticia es ya vieja cuando llega a la calle y rara vez se experimenta la fugaz sensación de victoria que te embarga cuando superas a tus rivales.

Como la suerte siempre viene a rachas, dos días más tarde, pocas horas antes de que Gamsajurdia saliera huyendo hacia su exilio en Armenia, nos dimos de bruces con un linchamiento.

Nunca había visto matar un hombre a golpes. Había asistido a ejecuciones sumarias en las montañas de Nicaragua, había sido testigo de la lenta asfixia de docenas de mujeres aplastadas por la multitud durante el funeral de monseñor Romero y de la indescriptible agonía de un chico negro de Soweto retorciéndose como una serpiente mientras se consumía la llanta de automóvil rociada de gasolina que habían colgado de su cuello: el espantoso *«necklacing»*.

Posteriormente, algunas veces acudí como espectador al abandonado estadio de fútbol de Kabul, a primera hora de la tarde de los viernes, a ver desde primera fila como amputaban manos y pies a los acusados de robo o como ejecutaban a tiros, los propios familiares de la víctima, al reo de asesinato.

Incluso asistí de cerca a la asquerosa negociación que, de acuerdo con la tradición islámica, tiene lugar antes de hacer efectivo el veredicto y donde los parientes del condenado ofrecen a la otra parte ovejas, caballos y hasta coches o dinero a cambio de la vida del reo, pero nunca había observado a un ser humano perecer ante mis ojos golpeado inmisericordemente por los puños desnudos de una muchedumbre enloquecida.

Ocurrió el viernes 3 de enero de 1992, a primera hora de la tarde, junto a la estación de metro de Didube, en Tbilisi. Gamsajurdia, que era poeta y antes de embeberse en la política fue activista anti-soviético, había difundido la noche anterior por radio un dramático mensaje llamando a sus partidarios a la huelga general.

El nuevo Comité Militar creado por la oposición había advertido esa mañana que la Constitución estaba suspendida y que los mítines quedaban terminantemente prohibidos.

Cuatro días antes los milicianos opositores habían disparado al aire para disolver una nutrida manifestación de «leales» que intentaba marchar hacia los estudios de televisión, pero nada presagiaba la tragedia.

Aunque había nevado en los últimos días en la capital georgiana, cuando la gente empezó a congregarse frente al terraplén del metro lucía un sol radiante. A las dos de la tarde, una directora de cine con aire de profesora de instituto comenzó a hablar con verbo apasionado desde lo alto del talud de la vía.

En la explanada había algo más de dos mil personas. Algunas coreaban intermitentemente «¡Zviad! ¡Zviad!» y un par de incansables entusiastas agitaban pancartas con la foto oficial de Gamsajurdia, en la que parecía todavía mas sombrío y triste que en la realidad.

Todo transcurrió apaciblemente hasta las 14.15 h. A esa hora, cuando la mujer tomaba aliento para lanzar su última diatriba, se oyó el violento chirriar de unos neumáticos. Fue casi vertiginoso.

Vimos como frenaban en seco tres vehículos —un Volga blanco, un todo terreno soviético y un pequeño turismo color crema—, como surgían del interior trece enmascarados empuñando fusiles kalashnikov y se ponían a disparar alocadamente al aire, como figurantes de una mala película de gángsters.

Al escuchar los estampidos, muchos se arrojaron al suelo y apretaron el vientre contra el asfalto. Otros intentaron correr hacia la vía. Lo lógico es que la multitud se hubiera desperdigado en unos segundos, pero alguien gritó «¡No corráis! ¡No corráis!», y la muchedumbre se detuvo.

De repente, como empujada por un resorte invisible, la masa empezó a avanzar en bloque. Primero lentamente y después a zancadas, con una determinación suicida.

Los enmascarados iniciaron la retirada, bajando cada vez más el punto de mira, haciendo silbar las balas por encima de las cabezas de los que se abalanzaban sobre ellos.

En el último instante, cuando estaban ya metiéndose en los coches, uno de los pistoleros tropezó. Cayó aparatosamente de espaldas y, antes de que pudiera incorporarse, lo habían atrapado.

Capturaron a otro unos metros más allá, y cuando estaban a punto de echar mano a un tercero, el enmascarado, presa del pánico, puso el canon del AK-47 paralelo al suelo, apunto directamente a las barrigas de los que venían hacia él, y apretó el gatillo.

Una de las balas penetró por el ojo izquierdo de un viejo gordo y le salió por el cogote, llevándose un enorme pedazo de cráneo con pelos y masa encefálica. Otra alcanzó en pleno pecho a un muchacho con pinta de estudiante. Otra dio en el vientre a un hombre, y el resto de la ráfaga se perdió entre la gente, dejando un rastro de manchones de sangre roja y oscura sobre el húmedo pavimento.

Aprovechando el momento de estupor, el tipo se enganchó a uno de los coches que huía ya marcha atrás y se alejó disparando entre un estrépito de llantas derrapando, pedradas e imprecaciones.

«¡No los matéis! «¡No los matéis! —gritaba desgañitándose un joven de cabello corto y ese color ceniza en la cara que se les pone a soldados y policías cuando se ven impotentes—. ¡Hay que llevarlos a la Casa de Gobierno y que confiesen! ¡Valen más vivos que muertos!»

Entre varios, con premura, arrastraron a uno de los pistoleros a una casa y al otro a una furgoneta azul, formando un cordón humano para evitar el linchamiento. Al de la casa lo evacuaron a la media hora, malherido pero con vida, entre un diluvio de patadas, golpes, insultos y bastonazos. Probablemente esa noche la consumió en el oscuro sótano de la Casa de Gobierno, desnudo, maniatado y tumefacto, preparando su «confesión».

El otro, el que había tropezado, no tuvo siquiera esa suerte. Poco después de que lo metieran en la furgoneta, hombres, mujeres, viejos y niños, armados con pesados cascotes arrancados del terraplén, lapidaron el vehículo azul hasta romper el fino cordón de seguridad.

Introdujeron las manos por las destrozadas ventanillas, asieron por el uniforme al desgraciado e, insensibles a sus lágrimas, a sus heridas, a sus quejidos, comenzaron a golpearle con una furia ciega, inclemente y monótona. Al cabo de diez minutos, cuando cesó el suplicio, el cadáver del hombre no tenia cara. Habían convertido su rostro en pulpa sanguinolenta: en una hamburguesa humana.

En los días posteriores murió más gente en Tbilisi y, antes y después, en Alto Karabaj, Vilna, Alma Ata, Samarcanda, Bakú, Zugdidi, Kishiniov e incluso Moscú; hubo otros despojos, pero por alguna oscura razón, durante los seis meses que estuve deambulando intermitentemente por el ex imperio soviético, siempre tuve la impresión de que nada reflejaba tan ajustadamente la tragedia de los trescientos millones de habitantes de la antigua URSS como la cabeza sin faz de aquel pistolero georgiano.

PERIODISMO Y LITERATURA 36

> La suerte existe, pero solo la que uno busca, la que
> uno provoca y llama hasta que se digna responder.
> Y entonces hay que saber explotarla.

Con esa intención, aunque sin excesivo éxito, sucumbí a la fantasía casi universal entre los periodistas: escribir un libro.

El primero mío se tituló *La comida del tigre*, lo redacté con letra escolar, a mano, en tres cuadernos infantiles que todavía conservo y versaba sobre la vida en el campamento guerrillero que compartí con los sandinistas, antes de que en abril de 1979 cayeran sobre Estelí, fracasaran y yo fuera hecho prisionero por la tropas de Somoza.

Podía haberme limitado a hacer un relato fiel, periodístico, de mis duras vivencias en los cerros, pero quería algo de más enjundia y me equivoqué. Debo confesar, casi con rubor, que en aquellos momentos, cuando andaba con los rebeldes pasando hambre y batallando con los piojos a la espera de lanzar la «ofensiva final», pensé que mi obra primeriza iba a ser el equivalente español de *Los perros de la guerra* y que me consagraría como la versión latina de Frederick Forsyth. La realidad es que la obra, que primero examinó y rechazó la Editorial Planeta y terminó siendo publicada por los entusiastas de Penthalon, pasó sin pena y casi sin gloria.

> Una de las obsesiones de todo reportero es publicar un libro, de lo que sea pero con tapas duras y muchas páginas. Un objeto permanente y susceptible de ser colocado en una estantería.

Probablemente es algo íntimamente relacionado con la fugacidad del trabajo periodístico y de esa ley de hierro de la profesión según la cual la mejor crónica de hoy solo sirve para envolver el pescado de mañana.

No creo que fuera el poco impacto de *La comida del tigre* lo que me retrajera, sino la incesante y vertiginosa actividad como reportero en la que me sumergí tras salir ileso y triunfante de mi captura, sucedáneo de fuga, interrogatorio y deportación en Nicaragua, pero hasta once años después no volví a escribir y publicar otro libro.

Y con un resultado diametralmente opuesto, porque el *Diario de la Guerra* que hice en Irak durante la primera guerra del Golfo, tecleando ya en un ordenador personal y registrando con meticulosidad de entomólogo la peripecia de los cincuenta y cinco días que permanecí bajo las bombas en Bagdad —buena parte de ellos acompañado solamente por Peter Arnett y de mis amigos rusos— fue un éxito de ventas en España y se tradujo al francés, al portugués, al holandés y hasta al griego.

A partir de ahí, cogida la carrerilla y con un contrato primero con Planeta y después con Plaza y Janés, no paré.

En 1992, emulando el viaje de Miguel Strogoff, saqué *Moscú sin brújula* donde describía el derrumbe de la Unión Soviética y trataba de barruntar lo que se nos venía encima.

Ese mismo año, a finales, usando como base el material que había ido mandando a *El Mundo* durante muchos meses, publiqué *Yugoslavia, holocausto en los Balcanes*, cuyo principal error —visto con la perspectiva actual— fue culpar casi en exclusiva a los serbios de la espantosa carnicería que se desató en ese rincón de Europa.

En 1993, tras muchas visitas a Sudáfrica y coincidiendo con el referéndum en el que los blancos aceptaron otorgarle el derecho al voto a la mayoría negra, se acabó el oprobioso Apartheid y justo antes de las primeras elecciones democráticas en las que Nelson Mandela se convirtió en presidente, publiqué *La odisea de la tribu blanca*, donde se relata con perspectiva histórica la trágica y fascinante peripecia de los afrikaners.

Un par de años después, y decidido a cerrar la etapa de corresponsal-escritor y meterme de lleno en la de novelista, hice un texto enfocado sobre todo a los estudiantes de Periodismo y las aulas universitarias titulado *Reportero de guerra*. No me fue mal en ventas y hasta se hizo en edición de «supermercado», aunque debo reseñar que ni un solo profesor español recomendó jamás la obra a sus alumnos, a pesar de que no hay apenas texto alguno sobre la materia.

El texto que tienes entre sus manos recoge muchos de los artículos de aquel libro pero ahora integrados en un manuscrito mucho más completo y estructurado preparado con ayuda de Editorial Kolima. Mi objetivo es que sea una especie de legado vital de toda una vida dedicada al reporterismo de guerra.

Lo de las novelas me atrapó, hasta el punto de que hubo meses en que no podía dar un paso, ver una película o escuchar una conversación sin tomar notas, para usar las ideas o las frases en lo que plasmaría sobre el teclado después.

Todas mis novelas han tenido siempre como protagonistas a hombres perversos, mujeres ligeras de cascos, periodistas maquiavélicos, terroristas desquiciados y policías feroces. En 1996 publiqué *El sonido del cascabel*, al año siguiente, *El ojo ajeno*, en 1998 salió *Instinto animal*, dos años después *Pecado* y en el 2002, *Matar para vivir*.

Y ahí se acabó el trajín, porque tuve una revelación. Retornaba en el avión de Iberia de Argentina, donde el 3 de diciembre de 2001 el gobierno radical de Fernando de la Rúa había impuesto el «corralito» prohibiendo a la ciudadanía sacar sus ahorros de los bancos y, para pasar el tiempo, como la película de a bordo era un tostón, comencé a releer una vieja edición de *La ciudad y los perros* que me había comprado de saldo en una librería de Buenos Aires.

A la altura de Canarias y ya enganchado otra vez por el relato, sirvieron el desayuno, momento en que eché un vistazo a la contraportada. Mario Vargas Llosa había publicado esa obra, que fue Premio Biblioteca Breve y Premio de la Crítica de España, en 1963.

Darme cuenta de que algo así había sido escrito por un tipo de veintisiete años y que yo acababa de cumplir los cincuenta, me convenció de que Dios no me había creado para la Literatura con mayúsculas.

Quizá sí para el reporterismo de guerra, pero no para algo tan sublime como lo que era capaz de hilvanar Vargas Llosa, quien antes de llegar al medio siglo de edad, ya había puesto en también circulación *La casa verde*, *Conversación en La Catedral*, *Pantaleón y las visitadoras*, *La tía Julia y el escribidor*, *La guerra del fin del mundo*, *Historia de Mayta* y *¿Quién mató a Palomino Molero?*

Lacerante. Para echarse a llorar. Nunca he envidiado el dinero o las mujeres de los otros, pero sí el talento. Y Mario, como Gabriel García Márquez, lo tenían a raudales ya en su juventud.

> El Periodismo no es un arte y ninguna de las
> crónicas que escribes jugándote el pellejo y al día
> siguiente te permiten pavonearte discretamente
> ante tus colegas, será leída o tenida en cuenta
> dentro de un siglo. Esa es una gran diferencia con
> los libros, por malos y apresurados que sean.

Y hay otro factor no desdeñable. En el Periodismo compites con tus coetáneos y, como ocurre en el tenis, puedes de mucho en mucho tener un golpe de fortuna que te haga sentirte unos instantes el equivalente de Nadal, Federer o Djokovic. En la Literatura te mides con los grandes de todas las épocas y, como en el atletismo, no hay casualidades que permitan hacer los 100 metros en menos de diez segundos o saltar la barra de altura por encima de los 2,45, como hacía el cubano Sotomayor.

En la actualidad, los buenos escritores solo se aproximan a las páginas de los diarios para redactar columnas o severos artículos de opinión y cobran una fortuna por ello. Hubo un tiempo, sin embargo, en que también se asomaron al vértigo del reportaje como un medio de vida mientras remataban una soberbia novela o una magistral obra de teatro. Alguno de los que han pasado inmerecidamente a la Historia como la quintaesencia del corresponsal de guerra, ni siquiera mostraba un ínfimo interés por la información cotidiana.

A propósito de un fornido joven que cubría la Conferencia de Génova para el *Toronto Star* y de quien hablaremos largo y tendido más adelante, uno de sus colegas escribió en 1922: «Le importa un comino su trabajo, si se exceptúa que le permite sacar algo de dinero y confraternizar con otros escritores». El enviado del *Toronto Star* era un muchacho de veintitrés años y se llamaba Ernest Hemingway.

Volviendo a mi historia, y en el verano de 1979, cuando todavía no me había dado cuenta de que Dios no me había llamado todavía por el camino de Hemingway o Forsyth y todavía en la nube de haber sido portada de muchos periódicos e invitado de *La Clave* que hacía Jose Luis Balbín en TVE, abordé un avión y partí de nuevo hacia Centroamérica.

CUITAS DOMÉSTICAS 37

El decálogo de la «tribu» establece que en la guerra cualquier agujero sirve de trinchera y que vale todo, al menos en lo que a la comida se refiere: «Bien frito, hasta un zapato».

A finales de enero de 1991, durante la guerra del Golfo, era tal el hambre que Ígor Mihalev, sus siete colegas soviéticos, los pocos simpatizantes del régimen que habían quedado atrapados allí y yo soportábamos en Bagdad, que bastó la sugerencia de que los de las cadenas de televisión suelen viajar cargados de provisiones para que a un nazi austro-francés llamado Nicolás Müller, que había llegado a Irak en vísperas de la guerra, para mostrar solidaridad con el tirano y al fotógrafo ruso se les encendieran los ojos de gula.

En menos de tres minutos, mientras nos zampábamos una triste lata de sardinas, el perverso Nicolás elaboró un plan rocambolesco. Y esa tarde, aprovechando la hora en que Peter Arnett estaba en el jardín hurgando en su satélite, él y el ruso le desvalijaron la despensa.

La situación en Bagdad durante la guerra del Golfo no era ni con mucho tan dramática como la de San Petersburgo en tiempos de la contrarrevolución blanca, pero tampoco era envidiable.

El 22 de enero de 1991, inaugurando lo que después sería práctica habitual, realicé en Irak el milagro de afeitarme, lavarme el pelo y ejecutar un simulacro de ducha con una sola botella de agua mineral: la última.

Es curioso como consigue uno ir adaptándose a las circunstancias por adversas que estas sean.

En menos de una semana de penalidades adopté una rutina inflexible, de presidiario.

No funcionaba la lavandería, no había agua corriente y no había manera de asear la ropa, por lo que establecí un turno rotatorio con las camisas, los calzoncillos y los calcetines.

Al desnudarme por la noche colgaba las prendas que había llevado durante el día en un extremo del armario. Por la mañana me encasquetaba las del otro lado, y así iba alternando. Llegué incluso a darle la vuelta a algunas piezas para experimentar cierta sensación de alivio.

En cualquier caso –y aunque el común de la gente ni siguiera lo sospecha– mucho más que la comida, lo que te angustia y mortifica cuando estás como reportero en «territorio comanche», es la ausencia de una de las modernidades que disfrutamos a diario, sin darnos cuenta. Me refiero a ese paradigma de la civilización que es el cuarto de baño.

Como españoles, pertenecemos al 5% privilegiado de la Humanidad. Y no solo porque en nuestra sociedad rigen los derechos humanos, hay democracia y no se deja reventar al menesteroso. También porque habitamos en una zona del planeta donde le das la interruptor y se enciende la luz, giras el grifo y sale agua, o tiras de la cadena y todo se va por el alcantarillado.

Pero imaginen que son periodistas y les pilla el zafarrancho en Kabul, Grozny, Sarajevo o Bagdad, que fue donde yo me doctoré *cum laude* en este delicado asunto.

Todo se inicia con un bombardeo que hace fosfatina las fuentes de energía y los centros de comunicaciones.

Lo del teléfono, ahora que hay iPhone6S y tarjetas 4G, no es un escollo insalvable. Tampoco la electricidad. Ni siquiera el ordenador, porque lo puedes recargar usando el mechero del coche.

Lo serio, lo paralizante, lo estremecedor es que deja de fluir el agua y no funciona ni la cisterna del váter. Y en enero de 1990, en Bagdad, una ciudad plana como un plato y donde todo –desde las cañerías al alcantarillado– funcionaba gracias a equipos de bombeo, nos quedamos a cero.

Ahí, el que es pardillo, cuando llega el apretón usa el inodoro de su habitación y a los tres días comienza a padecer los efluvios letales. Sometido a ese tipo de intoxicación, no hay quien aguante dos semanas.

Yo, advertido por Ígor, que en su etapa de militar en el Ejército Rojo había pasado por situaciones equivalentes, no caí en la trampa.

Una inconfesable alternativa consiste en iniciar una ronda por los cuartos de los colegas, lo que exige cierta maldad. Otra –como hicimos en 1990 en Bagdad durante los cincuenta y cinco días de bombardeo aliado–, atesorar periódicos y usar las hojas como recipiente.

El paquete se lanza después por la ventana. Ventilas el cuarto y difuminas el olor a mierda y a escribir, que son dos días.

Ya no quedan restos en Irak de nuestra tropelía, pero en aquellas fechas había circulando por las casi desiertas calles de la capital por los menos una veintena de taxis con «regalos» malolientes en el techo.

Sobre Price se sabe lo que comía en San Petersburgo, pero se desconoce cómo se las arregló con el vestuario o el cuarto de baño.

Desde el primer instante los comunistas hicieron gala de una de sus grandes obsesiones: el control de los medios de comunicación.

En sus desvelos por evitar informaciones no deseadas, el comisario Maksim Maksímovich Litvínov negó visado de entrada a todo periodista extranjero cuyos puntos de vista no simpatizaran con el nuevo sistema. Durante bastantes meses ningún corresponsal pudo acceder al interior de Rusia.

El que todo el peso de la cobertura informativa de la Revolución bolchevique recayera sobre los hombros de un solo hombre hizo imposible la objetividad, sobre todo cuando comenzaron a brotar los fantasiosos informes que redactaban los corresponsales que acompañaban a las fuerzas expedicionarias.

Price fue constantemente criticado como «aliado objetivo del enemigo» y eso contribuyó a escorar sus artículos a favor de los revolucionarios.

Las crónicas de la época son un repertorio de inexactitudes donde lo más destacado era el inconsistente optimismo sobre la inminente victoria de los contrarrevolucionarios y el habitual rosario de horrores.

Una de las salvajadas más citadas fue que los soldados rojos martilleaban clavos en los hombros de los oficiales blancos... un clavo por cada estrella de las charreteras.

Aunque en el proceloso mundillo periodístico no siempre se reconocen los méritos, Reed, Price y Ransome —los tres únicos reporteros que asumieron su deber profesional— tuvieron su cuota de gloria.

John Reed contrajo el tifus en 1920, falleció en Moscú cuando acababa de cumplir los treinta y tres años, y fue enterrado en el muro del Kremlin, junto al mausoleo de la plaza Roja donde todavía reposa la momia de Lenin.

Su *Diez días que estremecieron al Mundo* figura entre los grandes clásicos del reporterismo.

Arthur Ransome, el hombre del *Daily News*, escribió dos libros sobre sus experiencias, fue contratado por el *Guardian*, se casó con la secretaria de Trotsky y falleció en 1967, a los ochenta y tres arios.

Price salió de Rusia tras el armisticio, se instaló en Berlín como corresponsal del *Daily Herald*, retrasó su regreso a Gran Bretaña a la espera de que se aplacase la animosidad contra él, fue elegido diputado laborista en 1929 y estuvo en el Parlamento casi treinta años. Murió en 1973, totalmente convencido de que siempre había actuado correctamente.

Un fenómeno como el de Price –durante dos años fue el único reportero internacional en el bando ganador de un conflicto de trascendental relevancia– parece irrepetible.

En la actualidad, por culpa del avión a reacción y de instituciones como el Club Mediterráneo, puedes encontrarte cuerpo a tierra en las Chimbambas, aterrorizado por el fuego graneado de los morteros y que surjan como salidos de la nada varios médicos, abogados y expertos fiscales, acompañados por sus respectivas esposas, todos impecablemente embutidos en primorosos chalecos y esmerados pantalones adquiridos con tarjeta de crédito en una de las tiendas de la cadena «Banana Republic».

Tampoco se puede descartar la aparición de un grupo de voluntarios de una organización no gubernamental, entre los que es posible encontrar desde sinceros «objetores de conciencia» hasta caraduras de tomo y lomo.

Chris Lafaille –ahora al servicio de la revista *Paris Match*– y Etienne Montes –que ha postergado la fotografía de guerra para cultivar sus viñas en Perpignan– suelen comentar que siempre será más divertido pasear por Mostar en un coche financiado por la UNESCO, comer filetes de buey a cuenta de la solidaridad internacional y acostarse con rollizas alemanas con la cabeza llena de pájaros, que quemar la juventud estudiando con vistas a los exámenes de septiembre o apretando tornillos como un autómata en una fábrica.

ANÉCDOTAS HILARANTES 38

Entre las anécdotas de gente extraña en medio de una guerra, una de las más hilarantes tuvo como escenario Bagdad en enero de 1991 y como protagonistas a los miembros de un grupo de rock español denominado *Hoy me Siento Italiano y Musical.*

Lo de los rockeros fue un grotesco ejemplo de lo que son capaces de hacer algunos por salir en los papeles.

A finales de 1990, al ver a la exuberante Marta Sánchez partir hacia el Golfo para animar a las tripulaciones de los tres barcos españoles destacados en la zona, los músicos se ofrecieron para algo parecido al Ministerio de Defensa. Los funcionarios remitieron a los rockeros a RTVE, donde solo les dieron largas y buenas palabras.

Fue entonces cuando el avispado *manager* del grupo tuvo una ocurrencia taimada: ponerse a disposición del gobierno de Saddam Hussein para actuar ante sus tropas en las trincheras de Kuwait.

Los iraquíes reaccionaron encantados pero, alegando razones presupuestarias, aconsejaron a los músicos acercarse a la embajada jordana en Madrid y negociar allí un descuento en los pasajes de avión.

Al cabo de dos meses de arduas gestiones llegaron los preceptivos visados, aunque para desgracia del grupo la embajada hizo coincidir su viaje a Bagdad con la fecha del vencimiento del ultimátum aliado. Como de lo que se trataba era de obtener publicidad gratuita y páginas en los periódicos, los rockeros tomaron el avión.

El 14 de enero de 1991 aterrizaban en Bagdad, donde el Ministerio de Información iraquí los dotó de coche oficial, guía oficial, programa oficial y alojamiento a cuerpo de rey en el hotel Meliá Mansur.

El 15 de enero me topé con los componentes de *Hoy me Siento Italiano y Musical* comiendo a dos carrillos en el buffet del hotel, y uno de ellos proclamó sin ruborizarse: «Lo nuestro no es como lo de Marta Sánchez; aunque bajemos a Kuwait, nosotros no vamos a cantar a los soldados sino a las personas; nosotros estamos por la paz».

No bajaron a Kuwait ni a sitio alguno. Esa noche, para que no volvieran a Madrid de vacío, los funcionarios iraquíes concertaron una actuación en la Fiesta de la Victoria del hotel Palestina, que es donde nos alojábamos Juan María Calvo, enviado de la agencia EFE, Ígor Mihalev, los periodistas soviéticos y yo.

A las doce en punto, cuando la gente creía que finalizaba el plazo del ultimátum –que en realidad vencía a las doce de la noche– hora de Nueva York –las ocho de la mañana del día siguiente, hora de Bagdad–, los músicos subieron a un sencillo escenario dominado por la efigie del presidente iraquí en uniforme de mariscal de campo.

Allí, tan panchos, interpretaron *Las bragas náuticas.* Dichosamente para ellos, ninguno de los piadosos musulmanes de la sala –ni siquiera los bigotudos que danzaban por su cuenta dando vivas al «Gran Saddam»– estaba en condiciones de comprender el texto del estribillo: «Vente conmigo al malecón con un par de tías y un porrón».

Durmieron los chavales hasta bien entrada la mañana, se pusieron morados en el buffet de nuevo y arreglaron todo para retornar rápidamente a España. Cuando ya se las prometían tan felices, esa noche y ya muy tarde, estalló la guerra y se les vino el mundo encima.

Pasaron ocho horas afligidos, lagrimeando, implorando un taxi y, si no llega a ser porque el equipo de RTVE del que formaban parte Ángela Rodicio, el cámara José Luis Márquez y Miguel de la Fuente, alquiló una furgoneta por un millón de pesetas y les hizo un hueco, se hubieran quedado en Bagdad una temporada viendo caer bombas y misiles[46].

Cuenta Arturo Pérez Reverte, en su libro *Territorio Comanche*, que Márquez lloraba de rabia agarrado a la cámara «porque la niña Rodicio no quiso quedarse» en Bagdad, cuando lo hicieron Petter Arnett, Alfonso Rojo, John Simpson y una veintena de esforzados.

Para Ángela Rodicio, que había iniciado su relación laboral con Televisión Española en 1989, cubrir la guerra del Golfo —a pesar de esa pifia inicial— fue la rampa de lanzamiento de una notable carrera profesional.

Retornó a Bagdad con los equipos de *BBC*, *ITN* y *France Press*, cuando ya iban tres semanas de bombardeo aliado, y tras el conflicto se convirtió en corresponsal de TVE para el Centro y el Este de Europa, con despacho en Budapest, la capital de Hungría. Desde allí fue siguiendo la guerra de Bosnia, pasando la mayor parte del tiempo en Sarajevo, hasta enero de 1996.

Fue en esa guerra donde coincidió con Arturo Pérez Reverte, reportero de TVE en la zona por aquel entonces.

En *Territorio Comanche*, publicado en 1994, Pérez Reverte dedica un párrafo demoledor a Ángela Rodicio. Comienza recordando la figura del periodista Paco Eguiagaray, a quien se refiere como «el gran especialista» en el Este europeo.

---

46   El largo viaje desde Bagdad a Ruweislhid, en la frontera jordana, venía a costar unos 500 dólares en tiempos normales, pero en la desesperación de la huida, hubo equipos y grupos de periodistas, incluidos los diecisiete españoles, que llegaron a pagar veinticinco veces esa cantidad a los aprovechados y voraces taxistas iraquíes, compinchados siempre con los agentes del Ministerio de Información del sátrapa.

A continuación explica cómo Eguiagaray solía referirse al tema mientras invitaba a champaña helado en Viena, Zagreb o Budapest a los colegas más jóvenes, que recurrían a él en busca de doctrina y experiencia.

«Acudían todos, salvo la niña Rodicio, que después de solo dos años de Periodismo activo se había transformado directamente de modosa becaria en pozo de experiencia y no necesitaba doctrina de nadie, ni siquiera cuando confundía los calibres, hablaba de los B-52 bombardeando en picado, o permitía que Márquez o los cámaras que trabajaban con ella le sacaran las castañas del fuego.

»Quizá por eso —continúa Pérez Reverte— la niña Rodicio hablaba mal de Paco Eguiagaray, de Alfonso Rojo, de Hermann Tertsch y de todo el mundo, y trataba a patadas a la gente de su equipo. Como decían Miguel de la Fuente, Fermín, Álvaro Benavent y los que tuvieron el privilegio de vivir de cerca el asunto, trabajar con ella era igualito que hacerlo con Ava Gardner».

LOS HOTELES Y EL CLUB «TE ACUERDAS CUANDO» 39

Casi todos los conflictos bélicos van íntimamente unidos al recuerdo de un hospedaje mítico, sobre todo en la memoria de ese sector de la «tribu» conocido como el club «te acuerdas cuando».

Los socios de este reservado «club» se distinguen de los novatos por cuatro cosas: una de ellas es que siempre aparentan saber lo que se cuece. Otra que, aunque estén muertos de miedo, no consideran elegante manifestarlo. La tercera es que pasan las horas maquinando cómo van a transmitir los primeros en cuanto empiecen a caer las bombas. La última, y más importante, es que les gusta reunirse a la hora de la cena y malgastar la noche relatando chascarrillos terroríficos e incidentes escalofriantes, que siempre arrancan con la muletilla: «Te acuerdas cuando...»

Cuando la «tribu» desentierra el hacha de guerra y acude al olor de la pólvora, suele coincidir en un mismo sitio.

En el Argel de los paracaidistas franceses, los guerrilleros del FLN y los *pieds noirs* de la OAS, era el hotel Aletti.

En 1994, con los fundamentalistas islámicos rebanando pescuezos a extranjeros, los reporteros extranjeros en Argelia nos alojábamos en el Saint-George, rebautizado como Yassair.

En Chipre fue el Ledra Palace, en la Managua de los sandinistas era el Intercontinental, en cuya última planta había residido largo tiempo el millonario Howard Hughes.

En San Salvador, el Camino Real; en Bucarest, en las Navidades del 89, fue el Intercontinental; en Zagreb, el Esplanade, en el Kabul de los talibanes fue el Club Alemán y cuando llegaron los americanos volvió a ser el Intercontinental, como con los soviéticos...

Cuando se habla de Belfast suele salir a colación el Europa, probablemente el establecimiento hotelero más castigado por las bombas terroristas.

Entre las anécdotas atribuidas al heroico Europa, la más chusca tiene como campeón a Jimmy, el imperturbable irlandés que ejercía de portero-jefe.

En una ocasión en que todos los huéspedes habían sido desalojados y permanecían en la acera de Great Victoria Street aguardando la inminente explosión, un nervioso periodista norteamericano tuvo la osadía de esgrimir su condición de cliente para solicitar a Jimmy que alguien fuera a buscar una carta muy importante que había olvidado en la mesilla de la habitación.

El portero, sin perder la compostura, se limitó a decirle: «No se preocupe, señor, la carta le llegará enseguida... y por correo aéreo».

Del Commodore de Beirut, lo que más citamos todos los que recalamos en el establecimiento durante la década de los ochenta es un loro gris africano que revoloteaba en el bar y era capaz de imitar a la perfección unas notas de la *Quinta Sinfonía* de Beethoven y el silbido de un obús.

El Commodore tenía la ventaja de estar encajonado entre edificios altos del sector oeste de la capital libanesa y de ser propiedad de una astuta familia de palestinos cristianos.

El emplazamiento evitaba los impactos directos de la artillería y la filiación de los dueños aseguraba que las distintas milicias no importunasen mucho a los huéspedes. Por si las moscas, los recepcionistas guardaban bajo el mostrador varios fusiles kalashnikov y unas cuantas granadas.

No tuve el privilegio de pasar por el Continental de Saigón, como hizo el mítico Manu Leguineche, pero debió de ser un lugar fascinante. Los veteranos lo pintan como un hotel colonial, chapado a la antigua y lleno de columnas, que servía como apacible contraste al mal café y la tecnología espacial de los militares norteamericanos. En su lujurioso jardín fue donde Graham Greene escribió buena parte de *El americano impasible*.

Casi todo lo relacionado con el Iraq de Saddam Hussein parece indisolublemente unido al mastodóntico Rachid. El hotel tiene diecisiete plantas y un búnker subterráneo capaz de albergar medio millar de personas y de resistir un ataque nuclear.

Durante la guerra del Golfo el ambiente del restaurante del Rachid recordaba bastante al de aquel lujoso salón del Titanic donde la orquesta vestida de gala seguía tocando mientras la pista de baile se escoraba y las mesas, repletas de canapés de caviar y copas de champaña, iban a estrellarse estrepitosamente contra las paredes.

En lugar de orquesta, en el Rachid tecleaba un solitario pianista egipcio. Era calvo y perdía el compás y el resuello a cada bombazo.

Como alternativa al caviar y al champaña, ofrecían un triste Seven-up, dos alitas de polio y tres mustias zanahorias, pero los camareros indios atendían vestidos de esmoquin y apestando a colonia para atenuar el olor a axila estimulado por la falta de agua corriente.

El penúltimo hotel en sumarse a la lista de honor de la «tribu» fue el Holiday Inn de Sarajevo, donde lo peor siempre fue entrar y salir. El establecimiento quedaba en plena

«Avenida de los Francotiradores» y a cien metros escasos de la línea del frente.

Desde el cementerio judío, los fusileros serbios estaban en condiciones de leer hasta las matrículas de nuestros coches a través de los visores de sus armas y solo Dios sabe por que no nos agujereaban la piel con mayor frecuencia.

Al registrarse era vital gestionar dos cosas: una habitación en la parte de atrás y por debajo de la sexta planta. Entre los huéspedes permanentes del Holiday Inn figuraron entre 1992 y 1994 John Burns, Kurt Schork, François Didier, Miguel Gil, Julio Fuentes y Paul Marchand.

Una de las grandes ventajas del Holiday Inn era contar con un generador eléctrico y con varios clientes dotados de esa maravilla llamada teléfono por satélite. La habitación con pensión completa costaba unos cien dólares diarios, lo mismo que dos minutos de conversación telefónica, pero compensaba.

En estos albergues de lujo, elegidos como cuartel general por los chicos de la prensa, se reproduce un mundillo singular, poblado antes de tipos con el transistor Sony permanentemente pegado a la oreja y cuyo flujo de adrenalina parece responder a los sones de la sintonía de la *BBC* y ahora de adictos al teléfono móvil, el WhatsApp y Twitter.

Todos los enchufes de las zonas comunes suelen tener pegada una batería a medio cargar, los chalecos antibalas cubren los sillones y los cables de los teléfonos por satélite y de los magnetoscopios tapizan el suelo.

El ambiente es casi idéntico en todos los hoteles de la prensa. Los equipos de televisión eligen mesas separadas, los fotógrafos se sientan con la bolsa de material pegada al pie, los de las agencias salen corriendo a cada momento, los *freelance* están a la que salta, los enviados de los rotativos importantes van a gastos pagados y todos recogen facturas como locos.

Siempre se ha dicho que un reportero de guerra es
tan bueno como lo sea la línea de comunicación
con su redacción.

TRUCOS Y TRAMPAS 40

No hay nada que estimule mejor el talento inventivo de un
enviado especial que la posibilidad de entrar a saco en las
cuentas de gastos.

El «mal», que germinó al calor del hambre y la necesidad durante la guerra de Secesión americana, se ha convertido en epidemia con momentos álgidos a lo largo de la
Historia.

Uno, casi fundacional, se produjo durante la conquista
de Abisinia y no precisamente de la mano de los italianos
—que después han demostrado ser los grandes maestros del
género—, sino de los pudibundos periodistas anglosajones.

En el telégrafo se pagaba por palabra y los corresponsales destacados en Addis Abeba elaboraron un complicado

diccionario para engañar al operador del morse. Así, frases como «mientras caía la lluvia», quedaron reducidas a «mienlluv» y «los soldados partieron hacia el frente» era transmitido como «solparfre».

El ingenio de los reporteros les permitió embolsarse algo de dinero con el que ir tirando sobre el terreno, pero se convirtió en un quebradero de cabeza en las redacciones, donde hubo que buscar a toda prisa «expertos decodificadores» y reinventar crónicas íntegras porque muchas eran ininteligibles.

Uno de los que tuvo peor estrella con el telégrafo y las transmisiones fue Evelyn Waugh, quien se enteró de que la invasión italiana era inaplazable y maquinó escribir su despacho en latín para desorientar a sus competidores.

Ninguno de los colegas de Waugh que husmearon en la estafeta etíope descubrió lo que decía aquella extraña nota, pero lo mismo ocurrió en la redacción londinense del *Daily Mail*, donde uno de los editores arrojó furioso la preciosa crónica a la papelera.

> Los trucos y las trampas son tan comunes en Periodismo como en Política.

Proteger una exclusiva se considera un acto de legítima autodefensa profesional. Se admiten cosas que en otras circunstancias serían inaceptables.

Harold King, uno de los pilares de la agencia Reuter durante la Segunda Guerra Mundial, estaba en Moscú cuando Winston Churchill acudió a la capital rusa a entrevistarse en secreto con Joseph Stalin.

Para evitar riesgos al Premier británico, se prohibió taxativamente informar de la visita mientras Churchill estuviera al alcance de la Luftwaffe. A la espera de la luz verde, King despachó dos diligentes secretarias hacia la oficina de correos soviética.

Allí solo había dos taquillas y las muchachas las coparon y empezaron a remitir al unísono y sin tregua complicados telegramas a todos los parajes del mundo. Cada vez que veían asomar la cara de un periodista, las secretarias entregaban un nuevo mensaje.

Pagaban en cada ocasión con un billete de mil rublos, lo que obligaba al funcionario a perder mucho tiempo buscando cambio.

Cuando la embajada británica levantó el embargo sobre la visita de Churchill, el competitivo King lanzó su telegrama y mantuvo bloqueadas las líneas largo rato, lo que le granjeó el odio eterno de sus competidores pero supuso para su agencia una primicia mundial.

Un *scoop* significa poseer en exclusiva una información. Para ello hay que luchar sin tregua contra todo el mundo, especialmente contra los colegas, aunque sean amigos o compatriotas. No hay enemigo pequeño.

Una variedad de competidor aparentemente inocua que florece en los bares de los hoteles y es muy dañina si tiene buena pluma, se caracteriza por cubrir los acontecimientos entrevistando a otros periodistas o canibalizando en las imágenes que captan los equipos de televisión.

Sus antecesores, ya desaparecidos, eran los expertos en descifrar la cinta amarilla del télex. Había picaros capaces de leer a la perfección los agujeros de la banda amarilla que habías dejado tirada al terminar. La estudiaban, «traducían» y te hacían un traje porque contaban lo mismo que tú y a veces mejor.

Hace treinta años, en la era pre-ordenador personal, estos granujas pululaban entre las máquinas de télex husmeando disimuladamente en las papeleras, como hacían los rivales de Waugh en Abisinia.

Laurence Stallings, el norteamericano llegado en moto con sidecar a la guerra de Abisinia, se dedicó en los primeros días de su estancia en Adis Abbeba a colocar carteles por la ciudad en los que se proclamaba textualmente:

«O.K. boys, podéis empezar la guerra porque Stallings ya esta aquí, ya me he gastado mil dólares y todavía no he oído un tiro».

La técnica del cartel-octavilla hizo escuela y se duplica en casi todas las contiendas.

En Sarajevo, durante los meses más terribles del asedio serbio, el francés Paul Marchand solía recorrer a toda velocidad la azarosa «Sniper Alley» –la letal «Avenida de los Francotiradores»– en un desvencijado peugeot blanco sobre el que había rotulado con pintura negra:

«No malgastéis vuestras balas. ¡Soy inmortal!»

El coche de Marchand fue ametrallado a mediados de 1993 cuando cruzaba el aeropuerto de Sarajevo y «el inmortal», con un brazo semiseccionado y el otro hecho astillas, fue evacuado en un avión de la ONU a París.

Dandy, bocazas, muy fanfarrón y amante de los habanos y de una buena copa, tenía horror a los memos y a los mangantes.

Marchant, que se terminó instalando en Canadá y haciendo apariciones explosivas en televisión, se suicidó el 20 de junio de 2009. Era un buen amigo.

Otra de las peculiaridades de la cobertura de la guerra de Abisinia, que después se ha convertido también en pauta general, fue la dependencia de los guías-intérpretes locales. De todos los periodistas extranjeros destacados en Addis Abeba, solo un lituano que trabajaba para la Associated Press hablaba amárico. Durante la Guerra del Golfo, prácticamente ninguno de los corresponsales extranjeros en Bagdad dominábamos el árabe.

Todos estuvimos estrechamente controlados por los *minder* que nos asignaba el Ministerio de Información de Saddam Hussein.

Los *minder* iraquíes configuraban un mundo muy peculiar. Dependían de Naji Sabri Hadizi, viceministro de Información que terminó revelándose como agente de la CIA, y en segunda instancia de Saadoun Al Janabi, el corpulento jefe de Protocolo, pero entre ellos había diversas categorías.

Básicamente se dividían en tres grupos: los intérpretes del Ministerio, los periodistas procedentes del *Bagdad Observer* y los agentes de la Inteligencia.

Llevarse bien con el intérprete-guía-censor no era todo, pero ayudaba bastante. Algo parecido ocurre con el conductor.

Por chocante que suene, lo mismo que el cuarto de baño se convierte en una pieza clave de tu existencia cuando estás en zona de guerra, los taxistas, telefonistas, camareros, peluqueros, médicos y sacerdotes que te cruzas, terminan por ser vitales para tu supervivencia profesional.

«Conseguidores»

> Una de las reglas no escritas de esta profesión es
> no citar nunca en una crónica a un taxista.

Como los chóferes más espabilados que pululan alrededor de los aeropuertos del Tercer Mundo suelen chapurrear idiomas, el recurso de los reporteros novatos que llegan apretados de tiempo a una plaza nueva, es tirar de la lengua al parlanchín piloto camino del hotel y usar sus palabras entrecomilladas en la primera nota. Craso error que se paga habitualmente con la conmiseración de los veteranos y la rechifla de los envidiosos de la redacción.

Otra de las artimañas que se aprende en seguida es que el taxista —a quien no debes citar ni en peligro de muerte— es un personaje esencial en tu operación periodística. Es tan importante como lo eran antes, cuando no había móviles, ni satélites de comunicaciones o Internet, la telefonista o la operadora de télex.

> El éxito o el fracaso de un reportaje depende en
> gran medida del individuo malencarado, cetrino y
> apestoso que va al volante del vehículo.

Además de enhebrar unas palabras de inglés, el taxista ideal de un corresponsal de guerra debe ser a la vez oficina de cambio rodante, un tipo discreto, buen conocedor de edificios oficiales, sedes de movimientos extraños, calles y carreteras, un *fixer* nato y, sobre todo, una fuente inagotable de información sobre lo que hacen y planean los periodistas de la competencia.

El «fixer» es el individuo capaz de solucionarlo todo, desde el envío urgente de un paquete hasta la reparación de un cierre de maleta, pasando por la obtención de gasolina en el mercado negro o de vitales salvoconductos.

En 2001, después de los atentados del 11-S y justo antes de que Estados Unidos atacara a los talibanes por albergar a Bin Laden y a los jefes de Al Qaeda, entré en Afganistán desde el Norte.

Fue un viaje durísimo, que comenzó en Dushanbe, la capital de Tayikistán e incluyó el cruce de las alambradas que antaño marcaban el Telón de Acero y vadear de noche un río para emprender una travesía espeluznante a bordo de un Lada hasta Sarobi, 60 kilómetros al Norte de Kabul.

Fuimos juntos, apretados como sardinas en lata para ahorrar, el ruso Ígor Mihalev, Diego Merry del Val del *ABC*, Ramón Lobo de *El País*, Gervasio Sánchez del *Heraldo de Aragón* y yo.

Tras sortear pasos a más de 5.000 metros de altura, esquivar precipicios escalofriantes y recorrer el Valle de Panjshir, llegamos a nuestro destino y allí, en lo que restaba de una antigua cooperativa soviética, nos pasamos dos meses observando el martilleo aliado sobre las posiciones talibanes.

A la hora de la verdad, hartos y viendo la Navidad casi encima, Ramón Lobo, Gervasio Sánchez y Diego Merry del Val se volvieron a casa. Ocuparon su puesto Evaristo Canete, Miguel de la Fuente, Vicenç San Clemente y Fran Sevilla, los chicos de TVE y RNE con los que entré en Kabul a bordo de una *pick up* justo a los diez días, cuando los que habían «desertado» estarían entrando en casa o en sus respectivas redacciones. Eso fue en 2001. Antes las cosas eran todavía más complejas.

Durante la fase «soviética» de la guerra de Afganistán, que se prolongó toda la década de los ochenta y hasta el asesinato del presidente Najibullá, la única manera de unirse con los grupos guerrilleros islámicos que operaban desde la frontera paquistaní con financiación saudí, apoyo del torvo servicio secreto de Islamabad y misiles Stinger enviados por Ronald Reagan, consistía en conseguir una recomendación de un facineroso local, dejarse barba veinte días, lavarse poco para no desentonar con los nativos, disfrazarse de guerrero pastún y tumbarse en el fondo de una furgoneta con una recua de malolientes mujaidines. En caso de ser descubierto, el embrollo se arreglaba soltando unos billetes a los corrompibles policías tribales o volviendo con el rabo entre las piernas a Peshawar.

En 1989, cuando los veteranos del Ejército Rojo se retiraban del país, tuve la fortuna de encontrar en el hotel Greens de Peshawar a Muhammad Rafiq, un caduco conductor que tenía un truco mágico para atravesar el Paso del Kyber y la media docena de puestos de control anteriores a la frontera afgana. Lo había descubierto Jorge Melgarejo, un reportero de corazón tierno que adoptaba niños afganos y los traía a curarse a España.

El taxista, a contrapelo de lo que parecía lógico, me aconsejaba vestirme de occidental y calzarme gafas de sol. Escondía bajo la rueda de repuesto el turbante, el «chapán» en forma de chaqueta local y los pantalones bombachos que me harían falta después para no desentonar excesivamente con los locales. También las cámaras y se ponía en camino recordando severo que había que mantener la boca cerrada en toda circunstancia y lugar.

Si no te sentías cómodo enturbantado –porque no es tan sencillo ajustarte dignamente en la cabeza tanta tela– se optaba por el *pakul*, esa variedad flexible y redondeada de sombrero masculino afgano, hecho de lana y siempre de color terroso: café, negro, gris...

Cada vez que nos detenían en los controles de la Policía Tribal, el taxista señalaba hacia mí y decía muy serio: «El doctor va a ver al coronel».

A ninguno de aquellos indocumentados bigotudos se le ocurría preguntar quién era el coronel y mucho menos pedir los documentos que me identificaban como médico.

Los que cuidan de la salud ajena en estas zonas deprimidas del mundo son más venerados por la población que los sacerdotes o los catedráticos.

Con las asombrosas características de un fenómeno como Rafiq, mi chófer habitual en Peshawar, solo había dos taxistas en el hotel Rachid de Bagdad durante la Guerra del Golfo y sus prolegómenos: el negro» Mohamed Yauat y Yusef Hasan, alias Alí Babá.

El problema es que ambos, al igual que el resto de buscavidas que acechaban en el aparcamiento, descubrieron muy pronto que se podía «ordeñar» despiadadamente a los equipos de televisión, sobre todo a norteamericanos y japoneses y eso disparó los precios a niveles estratosféricos. Nunca seremos capaces de cuantificar el mal que los pretenciosos de la televisión han hecho al reporterismo de a pie, tirando a manos llenas el dinero y encareciéndolo todo.

El proceso de corrupción comenzó a mediados de noviembre de 1990, cuando el grueso de los periodistas se trasladó al Rachid. Hasta entonces la gente se concentraba en el hotel Sheraton y en el Palestina, y establecía acuerdos razonables con los conductores de la zona.

Lo normal era pagar treinta o cuarenta dinares diarios y tener al chófer disponible de ocho de la mañana a ocho de la tarde. El hombre solía aprovechar las largas horas que tu empleabas en conseguir línea de teléfono, para comer, visitar amigotes, engullir té por litros e incluso dormir la siesta.

Al llegar al Rachid, a cuya puerta ya no aparcaban humildes volkswagen passat sino chevrolets y toyotas supersaloon, las cadenas de televisión adoptaron la costumbre de pagar a su conductor cien dinares diarios, el sueldo mensual de muchos iraquíes.

La prueba evidente de que un taxista estaba en «nómina» de los televisivos era que se ponía corbata y se presentaba cada mañana repeinado como un colegial.

Hasta el 17 de febrero de 1991 las cosas siguieron a ese nivel. Ese día, apenas iniciada la madrugada, corrió la voz de que venían los cazabombarderos aliados, la «tribu» se fundió de miedo y todo se disparó. En el pecho de todo iraquí late un corazón de mercader de bazar, y los taxistas se abalanzaron como buitres sobre la ocasión.

Hasta ese día el viaje a la frontera jordana costaba apenas 250 dólares, pero a alguno de los chóferes se le ocurrió en la mañana posterior al primer bombazo pedir al buen tuntún 1.000 dólares.

Al ver que varios corresponsales aceptaban sumisos, el siguiente dijo 2.000 dólares, el de al lado 2.500, el otro 3.000, su amigo 3.500, y así fueron remontando hasta la astronómica cifra de 11.000 dólares, que fue lo que pagó el equipo de TVE encabezado por Ángela Rodicio por una furgoneta en la que metieron también a los asustados cantantes de *Soy italiano y musical*.

Fue imposible devolver las cosas a su cauce, entre otras razones porque los pocos que quedamos en Irak –inicialmente solo Peter Arnett y yo, con Ígor Mihalev y los rusos de mirones– no teníamos la posibilidad de salir a buscar coches al exterior.

Cierto es que los conductores locales asumían enormes riesgos, incluyendo la posibilidad de perder la vida, pero su voracidad era espantosa.

Durante los cincuenta y cinco días que permanecimos en Irak bajo el permanente bombardeo aliado, el hotel Rachid fue escenario constante de una cacería de zoológico, en la que los taxistas llevaban fusiles de gran calibre y los pocos periodistas que vivíamos en el mastodóntico edificio éramos como fieras enjauladas.

Si uno no pone cuidado, el taxista termina evolucionando al estilo del mayordomo encarnado por Dick Bogarde en *The Servant*, la película de Joseph Losey. Comienza abriendo la puerta, haciendo reverencias y diciendo *«yes, sir»*, pero si no se toman medidas drásticas a tiempo y se fijan las reglas del juego tajantemente, tras los primeros escarceos se monta encima del patrón y termina llevándote por el ronzal como si fueras un borrico.

LOS MILITARES Y LA INFORMACIÓN 41

Sin el apego al alcohol y con mucha mejor voluntad que sus equivalentes británicos de la Segunda Guerra Mundial, los militares de la Dirección de Relaciones Informativas y Sociales de la Defensa del Ejército Español, más conocida por el acrónimo DRISDE, destinados en Medjugorge como parte del contingente de «cascos azules» enviado a Bosnia en 1992, rara vez nos suministraron un dato aprovechable.

En las Fuerzas Armadas españolas hay un montón de oficiales políglotas pero, por un capricho del destino o por incompetencia administrativa, no proliferaban entonces en el organismo ministerial encargado de lidiar con los medios de comunicación.

La lengua franca entre «cascos azules», organizaciones humanitarias, periodistas y funcionarios locales es el inglés, pero durante meses escasearon los militares del DRISDE en la antigua Yugoslavia que lo hablaran con fluidez y corrección.

La prensa internacional, que bautizó a las tropas españolas como el «Salsa Batallion» por la atronadora música que sonaba en los radiocasetes de sus blindados y que acudía a Medjugorge a solicitar transporte cada vez que necesitaba entrar en Mostar, era recibida en la garita de la entrada con un sonoro: «¡Mi sargento! ¡Un guiri!»

Los del DRISDE, aunque fuera por señas, se las arreglaban para empaquetarnos a los hispanos y a los extranjeros en un blindado, lo que te garantizaba cubrir de cerca la guerra sin tener antes que jugarte la vida a la ruleta rusa cruzando líneas enemigas y atravesando el aeropuerto.

En eso fueron estupendos, pero como fuente de información eran realmente mezquinos.

Han evolucionado mucho y para mejor, aunque siempre con el tremendo fardo a la espalda que les cargan los timoratos políticos parapetados en los sillones del Ministerio de Defensa en Madrid.

> Da igual que el ministro sea del PP o del PSOE, porque la norma de hierro siempre es la misma: no decir nada relevante a los periodistas, ni siquiera en peligro de muerte.

A su pesar, porque muchas veces los oficiales destacados sobre el terreno hubieran realizado una labor mucho más útil, sensata y provechosa para la imagen de las tropas españolas que la que terminan dando los chupatintas desde los lejanos despachos.

Entre las experiencias más frustrantes de mi carrera, en lo que se refiere a la relación informativa con las tropas españoles, están las que acumulé en Irak.

La invasión de Mesopotamia, iniciada el 20 de marzo y rematada el 1 de mayo de 2003, fue llevada a cabo por una coalición de países encabezada por los Estados Unidos con Reino Unido y en la que jugaron un papel relevante los británicos.

Otras naciones como España llegaron al escenario semanas más tarde y solo se involucraron en la fase de ocupación posterior. A los españoles, que arribaron sin siquiera anunciar que llegaban a los periodistas nacionales destacados *in situ*, los colocaron en Diwaniya, en una antigua y destartalada base iraquí.

Lo que se bautizó como «Base España» quedaba 160 kilómetros al Sur de Bagdad y contaba con un pequeño pero muy laborioso equipo del DRISDE, que hacía lo imposible por sacar el trabajo adelante y proyectar una imagen positiva.

A las 21.15 h de la noche del miércoles 22 de agosto de 2003 (19.15 horas peninsular española) en Irak, los mil militares de la Brigada Multinacional Plus Ultra que hasta ese momento habían llegado al campamento, pudieron oír una serie de detonaciones en las cercanías de la base.

Inmediatamente se ordenó a todo el contingente que saliera de los barracones y se pusiera el casco y el chaleco antibalas. También se apagaron las luces del recinto.

Una patrulla de marines estadounidenses, del puñado que compartía instalación con los españoles, fue hasta el lugar de los hechos y comprobó que desde la carretera circundante, usando un par de camionetas *pick-up*, milicianos todavía fieles al depuesto Sadan Hussein habían lanzado a toda prisa unos morterazos y habían salido corriendo.

Ni siquiera habían logrado impactar dentro del recinto, pero la noticia de que «Base España» había sido atacada nos revolucionó a los periodistas españoles alojados entonces en el hotel Palestina y el Sheraton de Bagdad. Nos enteramos de madrugada y apenas amanecer, salimos algunos hacia allí en coche.

A toda velocidad, usando la desierta autopista que había construido el dictador de Norte a Sur de Mesopotamia, tardamos apenas dos horas en hacer el trayecto.

La Oficina de Información de la base España estaba dirigida por el entonces teniente coronel Valentín Gamazo, ahora general y director del Museo del Ejército en el Alcázar de Toledo, con la inestimable colaboración del comandante José Luis Martínez Falero, y de otros tres militares.

Lo lógico, lo normal, lo esperable, lo razonable y lo sensato es que Gamazo y los suyos, nada más vernos llegar, nos hubieran informado de que habían sido tres explosiones al Sur de la base, a una distancia de trescientos metros de los cuarteles y que no se habían registrado daños personales ni materiales, ya que los proyectiles impactaron en el exterior del perímetro de seguridad. Aunque las patrullas «intervinieron rápidamente», no se localizó a los autores de los disparos.

Pues nada. Con cara de pena –y creo yo que cierta vergüenza–, lo que nos dijeron es que tenían órdenes estrictas de no soltar prenda, ya que toda la información la facilitaría de forma centralizaba el Ministerio y en Madrid. Nos ofrecieron, como gesto de buena voluntad, utilizar sus teléfonos para hablar con la capital de España.

Duele reseñar que por «orden de Madrid» tenían totalmente prohibido que los reporteros pernoctásemos en la base, lo que te obligaba a retornar casi de noche a Bagdad, con el riesgo que eso entrañaba, o a pelear con mosquitos del tamaño de pollos en la maloliente y pringosa pensión local. Todo por temor a que pudiéramos ver o escuchar algo que disgustara a los jefazos.

Estaba entonces de Presidente del Gobierno de España José María Aznar y era su Ministro de Defensa el luego embajador en Londres Federico Trillo.

Es a todas luces insensato que un burócrata ministerial decida que los reporteros tengamos que telefonear a un despacho situado a 4.300 kilómetros de distancia para recabar datos sobre una explosión que había sucedido a 400 metros del lugar donde nos encontrábamos, pero no hubo manera.

Para mayor «inri», cuando llamabas al periódico para hablar del tema, te salía siempre un listillo comentando que ya estaban perfectamente al tanto, porque desde el Ministerio de Defensa les habían facilitado todos los datos.

Como es habitual en las redacciones de los periódicos, el muy idiota solía remachar la charla con alguna pregunta sarcástica sobre la temperatura del agua de la piscina del hotel o comentando indecente que te habías quedado dormido.

Quedabas mal tú, quedaban pésimamente los esforzados del DRISDE, y quedaban fatal las Fuerzas Armadas españolas. Una pena.

LOPEORYLOMEJORDELAS PERSONAS 42

La primera línea de trincheras ejerce un poder hipnótico sobre todos los reporteros. El problema es que la alharaca de los tiros, el sentirse en el epicentro del conflicto, puede hacer olvidar que la guerra moderna es total y descuartiza civiles, convierte a mujeres en piltrafas, arruina familias, expande la corrupción y pervierte a todos.

> La contienda se nota en todos los sitios y su naturaleza es inimitable: un acontecimiento espantoso que pone al descubierto lo peor, lo más inicuo y lo más degradante de las personas.

Ocasionalmente, también hace aflorar las facetas sublimes y solidarias de la naturaleza humana y saca a la luz retazos de compasión o de heroísmo. Este perfil de la lucha fascinó a bastantes corresponsales en Corea.

«Con un proyectil silbando en dirección a ti no hay mucho tiempo para aparentar y las cualidades de la persona se revelan con toda severidad –escribió Marguerite Higgins–. El haber estado realmente en peligro acerca humanamente a los viejos soldados, a los viejos marinos, a los viejos pilotos e incluso a los viejos corresponsales en un sentido que no es comprensible para los que no han compartido ese sentimiento». Todo el que ha estado bajo el fuego sabe lo que significan esas palabras de la primera mujer a la que le dieron un *Pulitzer* por su valor como reportera de guerra.

En junio de 1992 apenas residíamos en el sitiado Sarajevo media docena de periodistas que solíamos pernoctar, por mera precaución, en el antiguo hospital militar, casi al lado del hotel Holiday Inn y de la línea de separación entre contendientes.

A la caída de la tarde, embutidos en los chalecos antibala y con los fusibles que activan las luces de frenado de los coches desconectados para no dar facilidades a los francotiradores, cruzábamos la capital bosnia y nos refugiábamos en la ultima planta del edificio.

Debido al bombardeo, seis de los doce pisos del hospital habían sido desalojados. Los únicos habitantes del duodécimo nivel eran el melancólico doctor Purisic y un cachorro de gato.

En las horas del crepúsculo aprovechábamos para tomar fotos, filmar la devastación y registrar material sonoro. El panorama era dantesco. Desde la altura se distinguían las trayectorias de los cohetes, los incendios y los fogonazos de las baterías emplazadas en las montañas que circundan la ciudad.

Cuando nos cansábamos del aquelarre, nos replegábamos a una de las habitaciones del fondo, abríamos latas de conserva, cortábamos salchichón, calentábamos sopa de sobre, descorchábamos botellas de tintorro y hablábamos hasta la extenuación.

Estábamos en el centro del cono de fuego de los serbios y a cada explosión, en medio de la vibración, el polvo y el alboroto de cristales, el aristocrático Aernout Van Lynden recitaba lo que estaba cayendo como si fuera un ornitologista identificando pájaros a la orilla de un parque natural.

El corresponsal de la cadena *Skynews* canturreaba «*incoming tank shell*», si los tanquistas habían abierto fuego hacia nosotros; «*rocket*» cuando eran cohetes; «*heavy morter*» si se trataba de morteros pesados y «*out-going*» si los que tiraban eran los musulmanes.

También rememorábamos a los compañeros muertos, charlábamos de mujeres o disertábamos sobre la familia, los hijos o la vida, con la voz opaca por el vino y sin molestarnos en encender luz alguna. Era una forma hechizante de pasar la noche.

En la profesión hay muchos que han llegado a la conclusión de que lo erróneo no está en ellos sino en la institución del matrimonio. Si no les ha ido bien, cualquier colega que diga o aparente llevar una vida sentimental apacible o bromea o miente.

Como en todos los oficios, en este hay gente normal, individuos desbocados y tipos que juegan a todas las barajas. Hay personajes que rehuyen los *affaires* con colegas y otros que los buscan con fruición.

El catecismo particular de los frescales establece que solo es pecado mortal la traición emocional, pero la «tribu» vive mucho más pendiente de los *leads* informativos que del sexo pirata.

Un lema de los viejos crápulas es que «la mujer que hay que pagar es la que resulta más barata», pero el corresponsal putero es cosa del pasado.

> El estampido de los cañonazos, el repiqueteo de la ametralladora, la peste a gasoil quemado, el vaho acre de la cordita y el temor en las entrañas se hacen tan familiares a los reporteros de guerra como el traqueteo de los vagones y el olor de la estación de Metro lo son a los que entran a trabajar cada día a las ocho de la mañana en las oficinas del centro de una gran metrópoli.

Los privilegiados que a finales de la primavera de 1992 convergíamos en la duodécima planta del hospital militar, éramos reporteros endurecidos, acostumbrados al hedor de los cadáveres y al sufrimiento. Y, sin embargo, como pude constatar en los días iniciales del cerco, todavía seguíamos siendo sensibles al sacrificio y vulnerables al dolor ajeno.

Al amanecer del 8 de junio, con una banda de tela negra ceñida a la cabeza y la desesperación centelleando en los ojos, los milicianos musulmanes bosnios se lanzaron al ataque. Fue un derroche de valor y una espantosa carnicería.

De casa en casa, avanzaron rápidamente hacia el estadio de Kosovo, desalojando a los todavía adormilados serbios de sus posiciones.

A las siete de la mañana habían ocupado ya la pista de patinaje sobre hielo, los gimnasios y los edificios construidos para los Juegos Olímpicos de 1984. Hubieran bastado unos centenares de metros y habrían abierto una brecha en el cerco que atenazaba a Sarajevo desde hacia más de dos meses.

Fue entonces cuando entró en acción la artillería. Los militares serbios concentraron sobre la zona centenares de cañones, morteros, rampas lanzacohetes y carros blindados.

Los milicianos musulmanes debieron haber retrocedido y buscado refugio en las bodegas. En lugar de eso, con esa furia suicida que solo confiere el saber que los tuyos agonizan de hambre, prosiguieron la ofensiva.

Como los voluntarios australianos en Galípoli, cuando embistieron hacia las trincheras turcas en la Primera Guerra Mundial, o los jinetes de la Brigada de Caballería Ligera en Balaclava, los muchachos de la cinta en el pelo caminaron impertérritos hacia la muerte.

A la luz lechosa del alba, apostados en nuestra atalaya, habíamos escuchado las primeras salvas y aprovechamos un leve intervalo en el bombardeo para partir hacia la zona.

Íbamos juntos, delante Aernout Van Lynden y el coche de *Skynews* y, detrás de nosotros, el sobrino-nieto de Antoine de Saint-Exupéry que laboraba para *Le Figaro*, el fotografo Gobet de *France Press* y alguno más, apretujados en un vehículo. En medio, los corajudos fotógrafos *freelance*.

Acabábamos de abandonar los coches y corríamos hacia el interior de la clínica de Kosovo cuando estalló en mitad del aparcamiento una granada de mortero convirtiendo en un colador el coche del equipo de *Skynews* y reventando las ruedas al volkswagen Golf de Chris Morris y Steve Connors, los dos fotógrafos.

Los médicos y las enfermeras, con las batas blancas salpicadas de sangre, se afanaban de un lado para otro restañando muslos abiertos hasta el hueso, suturando espantosas heridas en la cabeza, y sujetando paquetes intestinales desgajados.

Cada minuto, con el repicar de fondo de las baterías, mientras silbaban entre los árboles los proyectiles y zumbaban los katiuskas, frenaba ante la puerta un vehículo cargado de heridos. Todos por impactos de metralla.

Hay una palidez especial en la piel de los soldados cuando presienten la muerte, y muchos la traían pintada en el rostro.

Combatientes con barba crecida, los ojos hundidos en las cuencas, los labios resecos y el uniforme manchado de sudor y tierra, bajaban a los heridos en volandas, los depositaban en las camillas y retornaban a la pelea. Unos eran hombres maduros. Otros, simples adolescentes.

Para ahogar los gritos de dolor, mojaban un trapo en slivovitz, el abrasador aguardiente de ciruelas local, y se lo metían entre los dientes a los de las parihuelas. En los refugios subterráneos, las mujeres, los viejos y los niños rezaban.

Esa tarde, cuando retornábamos anonadados a nuestra residencia «oficial» –que era en realidad un chalet gubernamental que después ocuparon como centro los «cascos azules»– en busca de teléfono para pasar las crónicas, Steve citó de memoria una frase del fotógrafo Philip Jones Griffiths que se hizo célebre en Vietnam: «No se puede enfocar con lágrimas en los ojos».

Steve –que fue nueve años soldado profesional, estuvo destinado en Irlanda del Norte y había cubierto desde el principio la catástrofe yugoslava– confesó que había habido momentos en la clínica de Kosovo en los que no tuvo otro remedio que poner su cámara en autofocus. Después nos abrazamos.

BIENVENIDOS AL INFIERNO

43

Aunque el chaleco anti fragmentación, el casco de kevlar y el equipo de transmisión por satélite se han integrado como utensilios imprescindibles en el equipaje de casi todo reportero que se precie, hasta mediada la carnicería yugoslava apenas se utilizaban[47].

La última guerra de los Balcanes fue un conflicto desgarrado y peligroso para la prensa, pero sirvió a la «tribu» para reivindicarse ante la opinión pública española y restañar parcialmente las heridas abiertas por el desairado papel interpretado durante la guerra del Golfo.

La última semana de mayo de 1992, Patrick de Saint-Exupéry, al que había conocido en Bagdad durante la «Tormenta del Desierto», George Gobet, veterano fotógrafo

---

47   La larga y agotadora experiencia balcánica ha servido para desarrollar verdaderos tratados literarios sobre la conducción reporteril y los chalecos antibalas más idóneos para corresponsales de guerra. Sobre la forma de conducir, en lo único que coincide todo el mundo es en que lo mejor es retirar las matrículas, porque si eran de Belgrado te tiroteaban los croatas, si eran de Zagreb lo hacían los serbios y si eran de Sarajevo te disparaba todo el mundo. Al margen de eso, lo más conveniente era agenciarse un coche blindado, como hicieron los de las cadenas de televisión y algunos corresponsales con dinero a partir de 1993. Con respecto al chaleco, el más recomendado ha sido el modelo *Ballistic Combat Jacket* –BCJ–, desarrollado por encargo de la *BBC* británica. Este chaleco es incómodo y pesado, pero cubre la nuca, los costados y los genitales con unas preciosas placas de cerámica capaces de detener la bala de un Magnum 44. Aunque costaban la broma de 150.000 pesetas –algo menos de 1.000 euros–, se hicieron muy populares entre los miembros de la «tribu» destacados en la región. Yo, tras tirar unos meses con uno bastante malo de la Policía española que me pasó Pepe Villarejo, me agencié uno impresionante en Israel, que pesa un quintal y todavía conservo. Está colgado junto al casco de kevlar y fotos del artista en una pared de *Periodista Digital*.

de *France Press* y yo, decidimos en una habitación del hotel Moskva de Belgrado que había que bajar a Sarajevo.

Desde mediados de mes, cuando una granada de mortero se había llevado por delante al fotógrafo español Jordi Pujol, no permanecía en la sitiada capital bosnia más que un arriesgado *freelance* británico con pinta de director de orquesta que pasaba reportajes a *Skynews*.

El viaje desde Belgrado, en el coche que le pagaba *France Press* a Gobet y donde Saint-Exupéry y yo asumíamos el coste del carburante, fue una experiencia alucinante. Íbamos atiborrados de latas de conserva, cartones de Marlboro, chocolate, botellines de whisky y miedo, lo que afloraba aunque disimulásemos en cada control con que nos topábamos.

> Cuando se trata con milicianos es
> importante acordarse de que la mayoría de
> los pistoleros son unos analfabetos infantiloides
> y se lo pasan estupendamente interpretando
> el papel de Rambo.

Cuando se trata con milicianos es importante acordarse de que la mayoría de los pistoleros son unos analfabetos infantiloides y se lo pasan estupendamente interpretando el papel de Rambo.

La mejor manera de lidiar con ellos consiste en sacudirles unos cuantos zambombazos con un F-18, pero a falta de esos aviones lo aconsejable es no discutir, no mostrarse asustado y evitar aparecer servil. Ayuda repartir cigarrillos, tragos y dulces, pero si te ven débil se te montan automáticamente encima.

Hasta la frontera con Bosnia, no hubo sobresaltos y todo era «normal». Desde el río Drina hasta Sarajevo, fuimos dejando atrás casas quemadas y grupos de refugiados que caminaban por los arcenes rumbo al Oeste.

En los pueblos, los vecinos –del bando serbio que era el que vencía en casi todos lados en aquellas fechas– se asomaban para contemplar la «hégira».

En ciertas ocasiones miraban, con extraña pasividad, como si hubieran contemplado la escena muchas veces.

Otras, cuando los que observaban eran patanes armados hasta los dientes o soldados borrachos, lo hacían mofándose, agitando sus fusiles en el aire y abucheando.

Algunos gritaban «¡Volved con Ala!», y todos levantaban el brazo y ejecutaban el saludo chetnik.

Hacían con el dedo índice y el corazón el signo de la victoria y estiraban hacia arriba el pulgar de la mano derecha. Los ortodoxos se santiguan con esos tres dedos para representar a la Santísima Trinidad.

Lo que más llamaba la atención de los grupos de refugiados era la práctica ausencia de hombres. Solo vimos mujeres acongojadas, abrumadas por el peso de los bultos, y niños cuyos ojos brillaban extrañamente al ver las burlas de los belicosos chetniks.

Los serbios siempre han sido un pueblo guerrero, acrisolado en siglos de combate desigual contra los invasores otomanos y propenso a las profesiones de uniforme y a las armas de guerra.

Hasta el 6 de agosto de 1992, cuando la cadena de televisión ITN y el periodista Ed Vulliany del *Guardian* –alertados por un reportaje publicado por el norteamericano Roy Gutman en *Newsday*– entraron en Omarska y filmaron escenas que parecían sacadas de un documental sobre los campos de concentración nazis, con prisioneros tan esqueléticos como los supervivientes del holocausto judío, no supimos todo el espanto que reinaba en aquellos lugares.

> Todos mataron, todos torturaron, todos violaron
> y todos ejecutaron con crueldad la limpieza
> étnica en los Balcanes. Con la perspectiva que
> da el tiempo y a diferencia de lo que contamos
> a bote pronto, uno concluye que croatas y
> musulmanes bosnios fueron tan perversos como
> los serbios, pero al inicio lo que destacaba era la
> brutalidad de estos últimos.

Los testimonios de decenas de refugiados, que no tenían posibilidad alguna de haberse puesto de acuerdo para coordinar sus historias, coincidían en pintar una realidad espeluznante.

La comida era distribuida de forma intermitente y siempre acompañada de palizas. Los guardianes, a menudo ebrios, mataban a palos a los prisioneros. Irregulares serbios, recién llegados de un sangriento rifirrafe y ciegos de ira, ametrallaban racimos de internos para vengar sus bajas.

Centenares de detenidos eran llevados al interrogatorio, a los que nadie volvía a ver con vida. Hombres condenados a morir de sed. Violaciones masivas.

El presidente Slobodan Milosevic, el gobierno de Belgrado, los ultranacionalistas y los generales habían diseñado un mapa étnico y se empleaban a fondo para completarlo, destripando ciudades de mayoría musulmana como Zvornik Bijeljina, Bratunac, Vlasenica, Foca, Banja Luka o Visegrado.

Desde la Segunda Guerra Mundial, y con la excepción del comunista Stalin, no había habido un caso de «ingeniería poblacional» más demoníaco que el que realizaban entusiasmados los dirigentes serbios.

Para entrar o salir de Sarajevo era preciso el permiso de los sitiadores. En Pale, su «capital provisional», tuvimos que aguantar la interminable perorata de Todor Dutina, el director de la recién creada Agencia Serbia de Prensa.

Dutina hablaba un francés exquisito, consideraba a Jean-Marie Le Pen un liberaloide y propugnaba un racismo delirante, pero gracias a él conseguimos los salvoconductos en caracteres cirílicos que permitían salvar los últimos y estrictos puestos de control.

La carretera general hasta Sarajevo estaba cortada. Para abastecer a sus tropas, los serbios habían abierto a golpe de *bulldozer* una senda en las montañas.

El camino atravesaba bosques de pinos, partía en dos las pistas de esquí de los Juegos Olímpicos de Invierno de 1984 y terminaba en el inmenso cuartel de Lukavica. Allí tuvimos que negociar a brazo partido con los militares para cruzar el aeropuerto y seguir hasta Ilidza. El último tramo era como jugar a la ruleta rusa.

Era imprescindible cruzar de un lado a otro del frente, la maniobra más desaconsejable en una guerra[48], y allí nos quedamos los tres, vacilantes, dudando entre dos pecados, el del

---

48   En la guerra la única norma de tráfico inalterable es que los blindados siempre tienen preferencia. Otra ordenanza, bastante recomendable, es no circular por una carretera por la que no transite nadie. Existen dos técnicas de conducir. La primera consiste en ir tan deprisa que el vehículo vuele por encima de los baches. La segunda es avanzar muy despacio. Ninguna de las fórmulas evita el desastre, como comprueban desde hace veinte años Avis, Hertz y las agencias de alquiler de coches situadas en países limítrofes con una zona en conflicto.

miedo y el del orgullo. Al final se impuso la vanidad, pero por casualidad.

Oía yo una voz en mi mente, la misma que debía sonar dentro del cráneo de mis dos colegas franceses, diciéndome que estaba actuando como un adolescente desquiciado, pero presentir a aquellos dos gabachos tan aterrorizados como yo, infundía cierta tranquilidad.

En esa dudas existenciales estábamos cuando, de repente, vimos cruzar como una exhalación el coche de Aernoud Van Lynden, que venía a sustituir al agotado reportero de *Skynews* y había salido de Belgrado un día después que nosotros.

Bajamos los cristales de las ventanillas para oír bien si sonaban disparos o voces de alto. Nos subimos hasta las orejas los chalecos antibalas, nos encogimos en los asientos y recorrimos —a 150 kilómetros por hora, con el corazón en la boca y la canción *Road to Hell* de Chris Rea tronando en el radiocasete— los cuatrocientos metros que separaban el último parapeto serbio de la primera trinchera bosnia. Era temprano y quizá por eso no disparó nadie.

Lo primero que encontramos fue un graffiti con las palabras: *«Welcome to hell»*.

La nota, escrita en inglés y dando la bienvenida al infierno, lucía al final una calavera con dos tibias.

Los muchachos de las boinas verdes lo habían puesto allí como un aviso a los serbios, pero les hubiera resultado imposible encontrar una frase más adecuada para describir la situación en la capital de Bosnia-Herzegovina.

Desde la noche del 5 de abril de 1992, los chetniks y los restos del antiguo Ejército federal yugoslavo, metamorfoseados de súbito merced al veneno perverso del nacionalismo en «Ejército de la República Srpska», bombardeaban esporádicamente la población.

Escaseaba el agua, se habían agotado los alimentos, los heridos de metralla saturaban los hospitales, los enfermos de diabetes agonizaban por falta de insulina y crecía la lista de fallecidos.

En los suburbios la gente apuraba las horas de la mañana, cuando la bruma dificultaba la visibilidad de los francotiradores, para recoger ortigas con las que complementar la magra dieta cotidiana.

La ciudad presentaba un aspecto siniestro. Las aceras estaban tapizadas de agujas de cristal, había ramas de árbol desgajadas, carcasas de automóvil calcinadas y los cables eléctricos colgaban como lianas sobre el asfalto.

En las paredes seguían pegados los adhesivos de la Olimpiada de 1984, pero no restaba una fachada sin la marca negruzca de las bombas o un escaparate intacto.

Los únicos negocios que funcionaban eran dos panaderías, una peluquería llamada *Frizer Faid*, algún que otro cafetín clandestino, un bar donde tomaban copas los borrachos impenitentes y el periódico *Oslobodenje*.

Una parte de la redacción, en la que había croatas, musulmanes y algún serbio, vivía acantonada día y noche en los talleres. La otra trabajaba en los bajos del centro de prensa y, además de escribir los artículos, vendía los ejemplares por las casas.

Todas las calles transversales eran peligrosas, lo mismo que las intersecciones de las avenidas, debido a los francotiradores.

La gente los llamaba *sneperski* o «dormilones», porque tenían la mala costumbre de iniciar su repugnante tarea a primera hora de la tarde.

Algunos disparaban con fusiles de mira telescópica desde las colinas. Otros estaban escondidos en los apartamentos y solo apretaban el gatillo esporádicamente. Apuntaban siempre a la cabeza.

En la *Guía de Supervivencia* publicada en octubre de 1994 por *Reporteros sin Fronteras* se advierte que los francotiradores pueden hacer blanco a 600 metros de distancia y que el sonido se propaga a 330 metros por segundo, mientras la bala lo hace a 1.000 metros por segundo, por lo que no sirve de mucho tirarse en plancha cuando se escucha la detonación.

La guía –que no está nada mal– aconseja llevar el grupo sanguíneo anotado en lugar visible, no discutir en los controles, pedir hablar con el jefe en caso de duda, y hacerse el muerto en caso de que te hieran. Además, aclara que solo el compartimento del motor del vehículo ofrece una protección efectiva contra los balazos.

Todo eso está muy bien, pero en Sarajevo, en la primavera de 1992, los sitiadores se divertían cazando coches con mortero. Desde las montañas, con los binoculares de campaña localizaban el vehículo y calculaban el tiempo que iba a tardar en llegar a una determinada intersección.

Entonces abrían fuego, tratando de hacer coincidir el impacto de la granada en el pavimento con la llegada del automóvil. Así fue como mataron al catalán Jordi Pujol Puente.

Jordi tenía reservado su pasaje para la mañana del lunes 18 de mayo. Quería marcharse. Diez minutos después del mediodía del domingo un proyectil cayó del cielo y lo mató.

Tenia veinticinco años, estudiaba quinto de Periodismo en Barcelona, no llevaba chaleco antibalas y Sarajevo era su primera experiencia profesional.

Los francotiradores

Los cazadores furtivos se apostan cerca de las fuentes, convencidos de que la presa termina flaqueando y se acerca a beber.

Los *sneperski* también tenían sus zonas de caza favoritas. Una de ellas era el paseo que corre por la ribera del Miljeka, el mismo donde el terrorista Gavrilo Princip le descerrajó un tiro al archiduque Francisco Fernando de Austria y encendió la mecha de la Primera Guerra Mundial. Allí, a la orilla del río, fue donde «cazaron» a Jordi.

Cuando Saint-Exupéry, Gobet, Aernoud Van Lynden y yo alcanzamos por el fin el centro de Sarajevo, junto al chamuscado edificio del Parlamento, muy cerca del hotel Holiday Inn, había un Renault-5 rojo con un neumático reventado y churretones de sangre en la tapicería.

Contaba la gente que a su propietario le habían atinado con un balazo en el cuello. Que perdió el control y fue a estrellarse contra una farola. Y que estuvo allí, agonizando, haciendo sonar el claxon con el peso de su cuerpo más de tres horas, sin que nadie se atreviera a acercarse a rescatarlo.

Digerida esa historieta a modo de recibimiento, nos instalamos en la antigua hostería de los gerifaltes de la Liga de los Comunistas, que después serviría como residencia al comandante de los «cascos azules» de la ONU.

Era una mansión blanca, de amplios ventanales, con numerosas alfombras, falsos muebles de época, lámparas pretenciosas y un esplendido jardín. En ese lugar todavía servían sopa y había pan. Poseía además una inapreciable ventaja para los periodistas y un gravísimo inconveniente. La ventaja era que funcionaba el teléfono y por lo tanto existía la posibilidad de enviar crónicas al extranjero. Y encima por la cara.

El inconveniente era que tenía a un costado un cuartel de la policía bosnia, al otro un centro de mando de la defensa territorial, y encima un tejado de chapa de zinc, de esos que la metralla perfora como si fuera papel de fumar.

El edificio era bonito pero apenas ofrecía protección, como pudimos comprobar la noche inicial. La primera granada solo provocó una invisible ola de inquietud y un furtivo intercambio de miradas.

Alguien comentó «no ha caído lejos», en el tono educado y distante que solía emplear David Niven cuando encamaba oficiales británicos en sus películas de acción. Nos limitamos a apurar el ritmo de las cucharadas de sopa.

Entonces se produjo la segunda explosión y la desbandada general. Fue como un monstruoso soplido acompañado de un tintinear de cristales y del tumulto de una veintena de personas precipitándose hacia la cocina y el cuarto de calderas.

«¡Están barriendo la zona con los morteros! —gritó Van Lynden—. ¡Disparan al azar! ¡Vamos a esperar que pase y salimos!»

No es fácil conciliar el sueño cuando palpita, en el fondo del cerebro, la idea de que la vida depende únicamente de la macabra lotería a la que se dedican unos artilleros perturbados y, apenas se alejó el estampido de los bombazos, saltamos a los coches y partimos como alma que lleva el diablo.

Delante, con un casco de marine traído de la guerra del Golfo calado hasta los ojos y el acelerador pisado hasta el fondo, iba Christopher Morris, el fotógrafo de *Time Magazine*, acompañado por Steve Connors.

En medio, Gobet, Patrick y yo. Cerrando la comitiva, Van Lynden y sus muchachos. Desde esa fecha dormimos todas las noches en la planta duodécima del perforado pero sólido edificio del hospital militar.

Fueron días intensos, de Periodismo puro y duro. Una de las piezas que ha quedado para siempre grabada en mi memoria, y no solo porque fuera portada del diario británico *The Guardian*, fue la historia de un joven teniente al que habían dejado ciego de un balazo en la sien y sobrevivía a oscuras en uno de los pisos altos del hospital.

Otro, igual de dramático y todavía más impactante, fue el de los niños del colegio de minusválidos.

Estaban en un profundo y húmedo búnker, varios pisos por debajo de los dos edificios gemelos que ardieron como teas aquellos días. Eran chavales a los que no habían recogido sus padres y a los que una profesora serbia se había llevado hasta aquel blindado agujero para preservarlos vivos.

Permanecían los críos recluidos como ratas, y cuando le pregunté a uno de los mayores qué pasaba, que por qué se disparaban unos a otros arriba, se limitó a torcer la boca, abrir mucho los ojos y musitar: «Se han vuelto locos». Tenía razón.

Los recorridos motorizados por Sarajevo eran algo disparatado. Había que conducir derrapando, esquivando cascotes, eludiendo la maraña de cables de tranvía y debatiéndose en la duda de cruzar a toda velocidad, arriesgándose a chocar de frente con otro asustado automovilista o aminorar la marcha y exponerse al fuego de los *sniperi*.

El 10 de junio de 1992, surcando a todo trapo la «Avenida de los Francotiradores», impactamos de frente con otro vehículo a cuyo conductor acababan de empotrar una bala en el cerebro.

Gobet cojeará para siempre a resultas del accidente y yo permanecí conmocionado cuatro horas, pasé dos días en el hospital, salí en pijama de la sección de neurocirugía porque me fue a buscar Pepe Macca, que acababa de entrar en Sarajevo con Gervasio Sánchez y Hermann Tertsch, y unas horas después fui evacuado en un blindado francés que me llevó hasta Belgrado. La recepción que me dieron en el aeropuerto de Barajas, fue casi de cantante de rock.

LAS ACREDITACIONES 44

Tras la maquiavélica y exitosa jugada del portavoz de la Casa Blanca, Marlin Fitzwater, que desató el pánico entre los miembros de la «tribu» enviados a la guerra del Golfo y generó una desbandada general en Bagdad, las cosas se pusieron crudas para los reporteros en general.

A partir de ese instante, con el arma del *pool* en sus manos, el Pentágono controló la situación y el flujo de información, con la excepción de lo que emanaba a retazos desde la capital iraquí.

Durante la guerra de Vietnam los periodistas bautizaron las ruedas de prensa militares como la «juerga de las cinco en punto», en clara alusión a la falta de datos sobre la contienda.

En Arabía Saudí –y mientras los únicos que estábamos en Bagdad éramos Peter Arnett y yo escoltados por Ígor Mihalev y otros siete «soviéticos» a los que los iraquíes no dejaban hacer nada– se podía haber repescado la broma, porque solo se filtraba a los corresponsales destacados en la zona, donde EEUU y sus aliados acumulaban fuerzas y desde donde comenzó la ofensiva terrestre, lo que deseaban los generales aliados.

La información llegaba con cuentagotas y la falta de datos concretos sobre la efectividad de los ataques, los objetivos destruidos, el estado del enemigo o el número real de bajas se soslayaba con la presencia en las pantallas de televisión de portavoces cargados de medallas que, en España o en Estados Unidos, sabían tanto de lo que estaba sucediendo como los adormilados telespectadores: nada.

Arnett y yo no teníamos libertad de movimientos. Saddam nos escamoteaba sus soldados muertos o heridos, pero al menos podíamos husmear en la trastienda de su vapuleado Ejército y trasladar nuestras impresiones al público occidental.

A partir del 30 de enero de 1991, el apaleado régimen iraquí permitió entrar desde la vecina Jordania a otros periodistas del enorme contingente que aguardaba anhelante en Amán, pero el grupo nunca rebasó la treintena.

Si hubiéramos sido más numerosos habríamos estado en condiciones de desbordar a los censores iraquíes e indagar por todos lados. No fue así. Con contadas excepciones, vimos lo que nos dejaron ver.

> Una de las lecciones que se puede extraer de la guerra del Golfo es que la presencia masiva de periodistas juega en favor de la cantidad y calidad del flujo informativo.

A Vietnam acudieron todo tipo de corresponsales y de toda clase de publicaciones. En los años sesenta, con los Estados Unidos involucrados hasta las ingles en el conflicto, no había otro lugar más adecuado que el Sudeste asiático para que un joven reportero pusiera un poco de lustre en su incipiente carrera o un redactor veterano intentase revitalizar la suya.

La mecánica de las acreditaciones era sencillísima. Bastaba con acercarse a la embajada sud-vietnamita más próxima, solicitar un visado, y presentarse en Saigón con una carta en la que se decía que el periódico —el que fuera— se responsabilizaba del portador de la misiva.

En el caso de los *freelances* era suficiente con aportar un par de mensajes en los que dos medios distintos certificaran su deseo de adquirir el material que les remitiese el solicitante. Imagino —como ha ocurrido siempre— que quien no contaba con amigos en condiciones de redactar esas misivas, se las escribía él mismo en casa.

Las autoridades norteamericanas suministraban al corresponsal una tarjeta de identificación en la que decía: «El portador de este carnet debe recibir total cooperación y asistencia en su misión; está autorizado a percibir raciones sobre la base de su posterior reembolso; con la presentación de esta tarjeta, su portador tiene derecho a transporte aéreo, terrestre o marítimo con prioridad 3...»

El reportero firmaba un documento comprometiéndose a respetar las reglas —casi todas encaminadas a preservar la seguridad militar—, buscaba un casco militar en el mercado negro y se ponía en camino, habitualmente tras una visita al sastre para hacerse a medida lo que los modistos saigoneses denominaban el «CBS Jacket»[49].

---

49   En Vietnam fue donde se pusieron de moda esos chalecos repletos de bolsillos y cremalleras, a medio camino entre la indumentaria del cazador de safari y el pescador de caña, que se han convertido en el uniforme de

El único conflicto bélico al que han podido acudir los aspirantes a corresponsal tan libremente como lo hicieron en Vietnam fue el iniciado en 1990 en los Balcanes, que se prolongó hasta 2006, con la independencia de Kosovo y la separación de Serbia y Montenegro.

Para acreditarse ante los «cascos azules» y obtener la tarjeta plastificada que permitía encaramarse a los aviones de la ONU bastaban una carta de un medio de comunicación y un par de fotografías tamaño carnet.

Posteriormente, para limitar el intrusismo, se implantó como requisito adicional la exigencia de que el diario, la revista o la emisora enviase un fax a Zagreb, la capital de Croacia, asumiendo íntegramente la responsabilidad por el uso que se hiciera de la acreditación de la ONU.

El sistema, como ocurrió en Vietnam, facilitó que confluyeran en el infierno yugoslavo desde profesionales de renombre hasta aventureros sin entrañas que se forraron bajo el camuflaje de una ONG o traficaron en todo, pasando por muchachos con legítima madera de reportero a «cantamañanas» desorientados.

Entre los genuinos con los que mayor relación personal tuve ocupan un lugar de excepción el cordobés de origen Gervasio Sánchez, el californiano Joel Brand, el catalán Enric F. Martí, el madrileño Javier Espinosa –uno de los grandes de esta profesión–, el gallego Fernando Quintela y un joven abogado barcelonés llamado Miguel Gil, a quien todos añoramos.

---

campaña de todos los fotógrafos y de la inmensa mayoría de los reporteros de guerra.

OTROS VALIENTES REPORTEROS 45

Joel Brand es la personificación periodística del sueño americano. A los veintiún años, harto de suspender en la universidad californiana de Santa Bárbara, se vino a Europa, adquirió un pase de Eurorail y se puso a recorrer el Viejo Continente.

Tuvo la fortuna de atravesar una porción de la antigua Yugoslavia en el momento en que se desintegraba la federación y empezaban a despellejarse serbios y croatas, telefoneó a cobro revertido a la redacción neoyorquina de *Newsweek*, colocó su primera historia y, desde entonces, no ha cesado de trabajar.

En 1994, con más experiencia bélica a la espalda que bastantes comandantes de los «cascos azules», comenzó a escribir como *stringer*[50] para el *Washington Post*, a colaborar con la CNN, a desplazarse en coche blindado, a usar su propio teléfono por satélite y a sumar ganancias anuales por encima de los cien mil dólares.

Enric Martí aterrizó en Sarajevo procedente de Centroamérica, donde aprendió los rudimentos del oficio de fotógrafo de guerra.

Se estrenó en Yugoslavia laborando para *France Press*, pasó a *Reuters*, fichó por la EPA y concluyó en AP. Ha sido autor de algunas de las fotos mas dramáticas de la tragedia yugoslava y de todos los conflictos que han ensangrentado Oriente Próximo en las últimas dos décadas.

---

50   El *stringer* cobra por pieza publicada.

Fernando Quintela, que aunaba sus estudios de Periodismo con turnos de fotógrafo en la redacción madrileña de *El Mundo*, se encontraba en Split con un convoy de ayuda en el momento en que la OTAN dio un ultimátum a los serbios conminándolos a retirar sus armas pesadas de los alrededores de Sarajevo.

Además de ser el primer español en entrar en la capital bosnia en febrero de 1994, tuvo el mérito de «dárselas con queso» a las mafias locales.

Cuando el voraz taxista y su compinche musulmán le exigieron trescientos dólares por llevarlo hasta al hotel Holiday Inn alegando que la gasolina costaba treinta dólares, Quintela preguntó el precio del kilo de queso.

Le dijeron que seiscientos dólares. Llevaba en la mochila un queso manchego, regalo de los «cascos azules» españoles, y, ni corto ni perezoso, al llegar al hotel partió en dos el queso, entregó la mitad a los mafiosos y dio por pagada la carrera.

Antes de bajar el pistón como reportero y dedicarse a los negocios televisivos e informáticos con resultados mercuriales, Quintela hizo reportajes de enjundia.

Entre todos, por los enormes riesgos que asumió, me llamó dramáticamente la atención la crónica de las dieciséis horas que pasó a la deriva en el Atlántico, emitido en un frágil cayuco con cuarenta inmigrantes ilegales, en el verano de 2006, culminado en un reportaje emitido en la televisión autonómica canaria.

Miguel Gil, que se presentó en Bosnia en una moto de trial y empujado por la curiosidad humanística, consiguió ser temporalmente, y muy en precario, corresponsal en la zona de *El Mundo* para ir ascendiendo a fuerza de tesón y talento hasta convertirse en una de las estrellas de *Reuters TV*.

En la «fase de iniciación», Gil perdió la motocicleta y varios dientes, víctima de la codicia de los milicianos croatas ubicados en los puestos de control de los alrededores de Mostar.

Parte del éxito profesional de personajes como Espinosa, Gil, Gervasio, Joel o Enric, estribó en el descomunal riesgo que conllevaba cubrir asiduamente el conflicto balcánico.

La cifra será mucho más alta, pero repasando notas, me sale que en la zona de los Balcanes, en apenas una década, murieron al menos cuarenta y cuatro periodistas, entre los cuales hay desde *freelances* hasta *stringers*, pasando por estrellas plenamente consagradas.

Javier Espinosa, el español tranquilo

Hace ya algún tiempo que germina en las redes sociales un foro de reporteros conocido como el «Club de los Buitres».

Deben ese extraño y chocante nombre a Joao Silva, el fotógrafo de *The New York Times* que perdió las piernas alcanzado por una mina en Afganistán en 2010 y que a propósito de la percepción que mucha gente tiene de los reporteros de guerra como tipos prestos a aprovecharse del dolor ajeno a cambio de dinero, fama o reconocimiento profesional, escribió dolido:

«Desde fuera es fácil que nos tomes por buitres, cuando nos ves caminando entre charcos de sangre y cadáveres para captar esa imagen perfecta... No es así».

¿Dinero? Algunas crónicas desde el frente se pagan estos días a setenta euros frente a los 70.000 que puede reportar agazaparse frente al apartamento de un famoso a la espera de su amante secreta.

¿Celebridad? Lejos quedan los tiempos en los que se podía buscar en guerras que cada vez importan menos, durante menos tiempo, a menos gente.

¿El simple afán de reconocimiento profesional, entonces? Tampoco. Y el ejemplo vivo es Javier Espinosa, quien 2013 era ya un reportero consagrado, padre de familia y con un puesto espléndido en *El Mundo,* y regresó una y otra vez a Siria porque consideraba una obligación moral informar de lo que ocurría en aquel infierno.

Fue secuestrado por fanáticos del DAESH en la localidad de Tel Abyad, ubicada en la provincia de Raqqa, mientras se dirigía a la frontera con Turquía para abandonar el país.

Junto a él fue capturado el fotógrafo *freelance* Ricardo García Vilanova y ambos permanecieron 194 días en manos de los fanáticos islámicos, que decapitaron a alguno de lo reporteros extranjeros a los que tenían prisioneros con ellos.

De un periodista, como escribe Enric González,
se esperan honestidad e información rigurosa.
En ciertas situaciones cumplir con ambos
requisitos resulta muy difícil porque exige riesgo,
penuria y una capacidad extraordinaria para
digerir tragedias.

Esa es la especialidad de Javier Espinosa, que nació en Málaga en 1964, pero ha vivido en Madrid, los pocos ratos que no ha estado dando tumbos por el mundo.

La frialdad de Espinosa ante el peligro puede resultar asombrosa, pero su gran mérito ha consistido, a lo largo de tres décadas, en atenerse a las reglas del oficio: estar donde ocurre la noticia, observar, preguntar, comprender y relatar. Siempre tranquilo y a menudo silencioso.

Yo coincidí con él por primera vez en Sudáfrica en abril de 1994. Fue con motivo de las elecciones por sufragio universal que consolidaron el fin del régimen del *apartheid* y el ascenso al poder de Nelson Mandela.

Me llamó la atención que –a diferencia de la inmensa mayoría de los enviados especiales españoles– era capaz de trabajar en solitario y de aventurarse en lugares y con gentes a los que otros ni se aproximarían.

Por entonces, Espinosa se había establecido temporalmente en Johannesburgo y tenía ya carrera a sus espaldas, pero a duras penas y por cuatro perras lograba publicar reportajes en *El Mundo*.

Se había licenciado en Periodismo en la Universidad Complutense de Madrid, colaborado en diarios de Tenerife, la isla donde vivió su infancia y su juventud, pasado casi un año en Londres para aprender inglés, y cubierto, para *El Independiente* y *Época,* la guerra del Golfo y la guerra de los Balcanes.

En vacaciones viajaba a lugares en conflicto como Angola o Mozambique. Tras su experiencia africana, en la que marcó ya diferencias, logró que Pedrojota Ramírez –que en *El Mundo*, como había hecho antes en *Diario 16* y hace ahora en el *online El Español*, lo decidía todo, hasta lo más mínimo– accediera a enviarlo a México, desde donde informó sobre el fenómeno zapatista y realizó viajes a Haití, durante la intervención estadounidense, y al enésimo conflicto fronterizo entre Ecuador y Perú.

Luego se estableció en Marruecos como corresponsal de *El Mundo*, para encargarse de África. Acudió a la atroz guerra civil en Sierra Leona y, en enero de 1999, fue secuestrado por una de las bandas.

Su relato personal de aquellos tres días de cautiverio fue muy típico de él: contó que el coronel Mosquito le ofrecía cerveza y porros de marihuana.

A su regreso, en las entrevistas, hablando de su labor, se limitó a decir que su tarea como reportero consistía en «provocar la indigestión en las conciencias bien alimentadas de Occidente».

Y hablando del reguero de cadáveres de adolescentes, mujeres y niños mutilados en las cunetas de Sierra Leona, a la pregunta de si el horror podía todavía aumentar, sentenció rotundo: «Hasta el infinito».

Lo siguiente fue Oriente Próximo como corresponsal en Jerusalén. Más tarde se instaló en Beirut, con toda la familia.

Espinosa estaba en el improvisado centro de prensa de la localidad de Homs, bajo los bombardeos del Ejército sirio, el 22 de febrero de 2012, cuando un obús disparado por las fuerzas del presidente Bashar Asad acabó con la vida de Marie Colvin, una veteranísima corresponsal de guerra británico-norteamericana, y de Remi Ochlik, fotógrafo francés.

El proyectil no mató a Javier porque este no había cruzado aún el umbral. Un muro salvó su vida.

Logró escapar de Homs en una larga carrera nocturna, bajo intensos tiroteos y volvió una y otra vez a Siria, hasta que los fanáticos islámicos lo pusieron en su punto de mira y lo secuestraron.

En su vesanía, los facinerosos del Estado Islámico llegaron en aquellas fechas a atrapar y meter en sus siniestras mazmorras a periodistas y miembros de organizaciones humanitarias de once nacionalidades diferentes.

Fue un plan orquestado por yihadistas europeos entre los que destacaron tres criminales británicos apodados «The Beatles», por el cual los fanáticos atraparon a reporteros desde EEUU a Rusia, Francia, Inglaterra o España, en provincias como Alepo, Latakia, Hama y Raqqa, para concentrarlos en una prisión que pretendían que fuera un remedo del polémico penal estadounidense de Guantánamo.

El secuestro masivo concluyó con la decapitación de seis de los cautivos y la muerte en un supuesto bombardeo –según anunció el propio IS– de otra rehén, la estadounidense Kayla Mueller.

La joven cooperante, que falleció tras pasar un año y medio secuestrada, fue violada en repetidas ocasiones por el máximo líder de la organización terrorista islámica, Abu Bakr al-Baghdadi, durante su cautiverio.

Carl y Marsha Mueller, sus padres, confirmaron en agosto de 2015 a la cadena estadounidense *ABC News* que funcionarios estadounidenses dedicados a la lucha antiterrorista les habían dicho que su hija –que habría cumplido veintisiete años– fue víctima de reiteradas agresiones sexuales por parte del líder de Estado Islámico.

«Se nos dijo que Kayla fue torturada y que era propiedad de al-Baghdadi».

Abu Bakr al-Baghdadi violaba repetidamente a la muchacha, llegada a Siria con la ilusión de ayudar a los refugiados de la guerra: «Ayudaba a todos, sin importar su raza o religión».

Al-Baghdadi llevó personalmente a la trabajadora de ayuda humanitaria secuestrada a la casa de Abu Sayyaf, un tunecino que se encuentra a cargo de los ingresos del grupo yihadista derivados del petróleo y del gas[51].

El líder terrorista visitó regularmente la casa de Sayyaf y agredió sexualmente en varias ocasiones a Mueller[52]. El Estado Islámico anunció la muerte de Mueller a principios de febrero de 2015.

Según informó la milicia, la cooperante norteamericana perdió la vida por un bombardeo de la aviación jordana, que colabora junto a Estados Unidos en la coalición militar creada para combatir el terrorismo yihadista.

La versión no parece cierta y todo indica que la chica falleció víctima del maltrato.

Además de Espinosa, otros catorce periodistas fueron liberados, incluidos dos cautivos españoles: Marc Marginedas, de *El Periódico de Cataluña* y el fotógrafo Ricardo García Vilanova.

Recuperada la libertad y un años después, Javier Espinosa publicó en *El Mundo* un relato escalofriante en cuatro entregas cuya lectura estremece.

En julio de 2015, se repitió la pesadilla. Tres jóvenes periodistas españoles –Antonio Pampliega, José Manuel López, y Ángel Sastre– «desaparecieron» en Siria.

La última vez que se tuvo contacto con ellos fue el 12 de julio. Se encontraban en la ciudad de Alepo, al Norte del país, bajo control del Frente Al Nusra, la filial siria de Al Qaeda.

El Ministerio de Asuntos Exteriores y Cooperación no quiso hacer ningún comentario y se limitó a señalar que estaba «al corriente de la situación» y «trabajando en el asunto». Los tres reporteros, que trabajaban como *freelances*, habían entrado dos días antes al país procedentes de Turquía.

---

51   El «EI» aseguró que llenará, como ha hecho, «las calles de París de cadáveres» en un nuevo y espeluznante vídeo.

52   El vídeo que «demuestra» que las ejecuciones del EI... ¡son montajes grabados en un estudio de cine!

Casi diez meses después y gracias a las gestiones del CNI y al pago de un rescate –del que el Ministerio de Exteriores nunca ha dado la menor explicación– fueron liberados.

Un avión Falcón 900 de la Fuerza Aérea española los trajo de vuelta y ellos, como parte del acuerdo cerrado entre los agentes secretos españoles y los facinerosos islamistas, nunca han dado detalles de lo ocurrido.

Javier Espinosa ha recibido numerosos premios a su trabajo, y todos merecidos. La organización británica *Action on Armed Violence* le ha incluido en su lista de los cien periodistas que cubren zonas de conflicto más influyentes del planeta.

Hay dos españoles en esa lista. El otro es Marc Marginedas, reportero bélico de *El Periódico de Catalunya*, quien también estuvo secuestrado durante cerca de seis meses en Siria.

LOS DILEMAS DEL OFICIO 46

Arnett aterrizó en Vietnam en 1962 con veintisiete años de edad y no se marchó hasta cumplir los cuarenta, trece años más tarde y cuando concluyó el conflicto armado.

Fue el periodista que más tiempo pasó en aquel pudridero. Treinta años después estaba en Irak y cincuenta más tarde reapareció en la antigua Yugoslavia.

Su lema hace medio siglo, y supongo que ahora también, es meridiano:

«Es esencial para un reportero ver con sus propios ojos esos cientos de pequeñas batallas a bajo nivel sin las que no se comprende lo que ocurre en realidad; empezar generalizando es encaminarse de cabeza al error».

En palabras de algunos colegas, a fuerza de tanto estampido Arnett se endureció como «un huevo de piedra chino».

En *Live from the Battlefield*, su libro de memorias, Arnett describe detalladamente como vio en una ocasión a un monje budista acuclillarse en el pavimento, rociarse de gasolina, sacar un mechero del bolsillo, prenderse fuego y perecer asado vivo.

«Podría haber evitado la inmolación corriendo hacia él y dando una patada al recipiente de gasolina, y como ser humano deseaba hacerlo, pero como reportero no debía».

En consecuencia, enfocó su cámara, captó una serie de fotos, luchó a brazo partido con los policías sud-vietnamitas para que no le arrebatasen el carrete, galopó hasta la oficina de *Associated Press* y envió las imágenes para que las publicaran periódicos de medio mundo.

A Javier Nart, que es abogado y, antes de ser elegido en 2015 eurodiputado por el partido político *Ciudadanos*, se hartó de participar en tertulias y de visitar zonas de guerra, la actitud de Arnett le parece vomitiva.

«Siempre rechacé la imagen del periodista internacional frío y distante. Detesto esa idea del reportero-turista convertido en monstruoso observador del dolor y la muerte ajenos».

Tras el rifirrafe de 1991, cuando no solo se negó a dejarme utilizar el teléfono por satélite de la CNN sino que intentó presentarse como «el único corresponsal occidental presente en Bagdad», no profeso ni un gramo de simpatía a Arnett, pero es necesario reconocer que al corresponsal de la CNN le sobran tesón, pelotas, instinto e intrepidez. Y que, además, tiene la gallardía de sostener abiertamente y en público una tesis con la que otros comulgan en secreto sin decir ni mu.

Philip Jones Griffiths, cuyos retratos de los sufrientes civiles vietnamitas son un documento estremecedor, solía decir:

«Tu oficio consiste en registrar la Historia;
es imposible no sentirse implicado pero debes
endurecerte para hacer bien el trabajo; es para eso
por lo que estás allí y no tiene sentido llorar,
porque no se puede enfocar con lágrimas en los
ojos; si te vas a desmoronar, es mejor que lo hagas
después, cuando estás en el laboratorio o en la
habitación del hotel».

Las tesis de Arnett y las palabras de Griffiths dan pie a un litigio que se reproduce en todas las guerras y que me han planteado indefectiblemente los estudiantes cada vez que he acudido a pronunciar una conferencia en una facultad universitaria o un colegio mayor: «¿Que haría usted si tuviera que elegir entre cubrir una información o salvar una vida?»

No existe una respuesta adecuada. En primer lugar porque el dilema no se suele presentar en esos términos.

En marzo de 1980, durante el funeral de monseñor Óscar Arnulfo Romero, me ocurrió algo que no se borrará de mi memoria mientras viva.

En la plaza central de San Salvador se concentraban varios cientos de miles de personas decididas a dar un último adiós al arzobispo asesinado pocos días antes por la ultraderecha. El ambiente estaba caldeado.

La multitud era compacta. Había muchos jóvenes fanatizados procedentes de los suburbios donde la guerrilla del Frente Farabundo Martí acumulaba seguidores. Algunos estaban armados y presentí que podía desatarse la tragedia.

Como medida de precaución, aconsejado por Étienne Montes –amigo del alma que ahora hace vino y antes hacía fotos de guerra– me encaramé a la verja de la catedral para disponer de un buen ángulo y quedar a cubierto si se producía una estampida.

Mediada la misa detonó al fondo una bomba, se escucharon varias ráfagas y el gentío se desparramó despavorido. Eran tantos los que intentaban refugiarse en el templo, cerrado porque estaba ya repleto de gente, que los barrotes metálicos exteriores se doblaban bajo el peso de la carne humana.

Los más débiles perecían asfixiados, boqueando como peces. En medio del jaleo alcancé a oír la voz del holandés Ian Schmeitz, entonces reportero de una cadena de televisión y ahora activista humanitario y dueño de un primoroso *resort* en la costa caribeña de México. Ian estaba atrapado entre la masa.

Ian siempre trató de dar cierta dignidad a esta profesión –no conocida especialmente por su honorabilidad– pero la muchedumbre lo forzaba a comportarse como un salvaje, a empujar con codos y hombros en un desesperado esfuerzo por liberarse de la tenaza.

El holandés tiene un corpachón respetable, pero apenas pudo ganar unos centímetros, y entonces, con un rayo de miedo en las pupilas, me pidió ayuda. Estiré la mano, aferré su grabadora y, poco a poco, logramos que se aproximara a la verja y saltara por encima.

Retorné febrilmente a lo que había estado haciendo hasta entonces: tomar fotos. Al otro lado de la valla, decenas de desesperados, casi todos mujeres y viejos, agonizaban aplastados por la multitud. Tenía un angular de 24 milímetros en la cámara.

A la izquierda, en un montón informe, permanecía un grupo de mujeres. Parecían muertas. Me acerqué todo lo que pude y en ese instante, cuando enfocaba el rostro de una de las más jóvenes, movió los labios y musitó: «¡No me haga fotos! ¡Ayúdeme!»

En su rostro había una expresión extraña. Una mezcla de dolor, miedo y perplejidad, y debajo de todo aquello un matiz de desaprobación. Tiré de su brazo con todas mis fuerzas pero no pude sacarla.

Nunca supe si aquella muchacha sobrevivió o si fue uno de los cuarenta cadáveres que se alineaban en el pavimento de la catedral el 30 de marzo de 1980.

No conozco ningún reportero que no auxilie a sus colegas o a su prójimo si puede hacerlo, pero carece de sentido para un periodista enviado a un conflicto ponerse a argumentar si este es bueno o malo, correcto o incorrecto. Lo único claro es que estás allí para informar de lo que ocurre y los hechos tienen su propio peso.

El morbo y los focos de interés

Aunque muchos corresponsales vemos nuestro papel en términos poco complicados y damos por supuesto que vas a los sitios a informar y que carece de sentido ponerse a divagar sobre si es bueno o malo, correcto o incorrecto, bastantes tienen serios problemas de conciencia y agonizan en el pantano de la ética, preguntándose si es legítimo o moral cubrir una guerra.

Entre este sector, una de las reacciones más frecuentes consiste en denigrar al orbe capitalista y responsabilizarlo de todos los males que afligen al Tercer Mundo.

Algo de culpa del desastre universal tienen los países ricos pero, como proclamaba a cada paso en 1985 el entonces reportero de *Interviú* Pedro Arnuero cuando languidecíamos en la depauperada Malabo esperando que nos recibiera el dictador guineano Obiang N'Guema: «No se puede olvidar que la denominada civilización occidental, tal como se practica en casi toda Europa, en buena parte de América y en algunos rincones de Asia, es bastante mejor que lo que se estila en el resto del planeta».

La cruda realidad es que nuestra «civilización» no solo ofrece un buena vida, su pizca de libertad y bastante justicia, sino que además es la única en la que la gente corriente puede esperar algo.

> La guerra es una experiencia terrible, pero la opinión dominante entre los miembros de la «tribu» es que hay momentos que compensan de todo el horror y las dudas.

El mítico Ernest Hemingway decía que el peligro es un afrodisíaco. Es innegable que el riesgo hace segregar chorros de adrenalina y, una vez superado, va seguido de una inconmensurable satisfacción.

Además de eso está el pérfido embrujo ligado a la guerra. Es sintomático que baste poner una pistola en la mano de un hombre para que empiece a sentirse más grande y fuerte.

La fascinación por la violencia y la muerte entra en conflicto con la aversión que cualquier persona normal siente por asomarse desvergonzadamente al sufrimiento ajeno, pero resulta innegable que los verdaderos reporteros se sienten brutalmente atraídos por lo que hacen.

Como ha comentado en alguna ocasión David Beriain —uno de los reporteros españoles que viene empujando y que me hizo sentirme viejo en la localidad iraquí de Diwaniya, en 2004, cuando yo retornaba a la placidez de mi hotel en Bagdad y vi que él optaba por quedarse a dormir en una infecta pensión local, con mosquitos como pollos y cucarachas tamaño motocicleta para estar a la mañana siguiente más cerca de la acción—, nadie mejor que el que se acerca rutinariamente a los infortunados sabe que la pobreza solo resulta pintoresca desde dentro de un coche climatizado y que ver a los hombres matarse es un espanto.

> Esta es un profesión vocacional, que solo ejerces si te sientes dotado para ello y te gusta hacerlo.

A diferencia de la participación directa en los combates o de la caza mayor, el reporterismo de guerra es la única actividad que resta en la que se puede flirtear con el diablo, prosperar en medio del dolor y cortejar a la muerte con total aprobación social.

Cuando se adquiere veteranía –lo que no está necesariamente relacionado con la edad sino con la experiencia–, se establece con ciertos colegas –como decía la premio *Pulitzer* Marguerite Higgins– esa camaradería de vestuario que solo tiene parangón en el Ejército, en el cuerpo de bomberos o entre los marineros.

En esas memorables ocasiones en que se coincide para cenar, bromear y perder el tiempo, la charla es mucho menos una conversación que un concurso: una serie de monólogos sucesivos cuyo objeto es dejar patente quién ha visto las escenas más horrorosas o asumido los mayores riesgos.

Aunque suene muy fuerte, para los corresponsales la guerra es un infierno pero bastante divertido. El reportero vive en un mundo donde los hombres y algunas mujeres –porque las hay de armas tomar– actúan, y el genuino corresponsal no suele pertenecer a esa especie que continuamente somete su psique al microscopio, se obsesiona con su estado emocional y se preocupa con el mínimo latido irregular de su corazón.

Hay cierto paralelismo con los mercenarios, pero no con todos los soldados. Prueba de ello es el resentimiento que los militares suelen profesar a los periodistas.

Ven morir a sus compañeros, observan la llegada de los «buitres de la prensa» y llegan al convencimiento de que los de las cámaras y las libretas capitalizan su sufrimiento.

A medida que se alargan las guerras y a la gente se le pudre el alma, los reporteros caen menos simpáticos.

> Desde Vietnam, el medio más entrometido y
> menos respetuoso con el mal ajeno es la televisión.
> Las exigencias del público y las batallas por la
> audiencia han hecho que ya no baste enseñar
> muertos; ahora es imprescindible mostrar gente
> muriendo, y los productores de las grandes
> cadenas hacen todo para conseguirlo.

En Belfast, de 1968 a 1998 —período que los británicos denominan *«The Troubles»*— hubo equipos de televisión que repartían monedas entre los chavales católicos de Falls Road para animarlos a apedrear a los soldados británicos, y en Beirut o Bangladesh han ejecutado a infelices estimulados por la presencia de las cámaras.

El 3 de octubre de 1990 el liberiano Prince Johnson invitó a su despacho a Mark Huband, corresponsal del *Guardian*, y a otros periodistas occidentales para deleitarlos con el vídeo de la ejecución del presidente Samuel Doe.

El psicópata hizo poner sillas, sirvió latas de cerveza Budweiser y fue comentando las escenas en las que se veía a Doe en calzoncillos, con las manos atadas a la espalda, escuchando aterrorizado como Prince ordenaba a sus hombres que le rebanaran las orejas.

Consumada la mutilación, se oía decir: «Ahora te estamos preguntando de forma educada: ¿qué hiciste con el dinero del pueblo liberiano?»

Doe respondió que poseía una cuenta con quinientos dólares. Huband escribió en el *Guardian* que el corrupto ex presidente liberiano estuvo aullando toda la noche y murió desangrado pasadas las tres y media de la madrugada.

Hay quien sostiene que la posibilidad de contemplar desde la sala de estar familiar secuencias de horror crea en el público un rechazo visceral a la guerra.

El ejemplo típico al que se recurre es la resistencia a la guerra de Vietnam en Estados Unidos, estimulada aparentemente por las espantosas imágenes que pasaban a diario los noticieros de las cadenas de televisión.

Las encuestas indican algo muy diferente: la visión reiterada de escenas brutales conduce al público a aceptar la violencia como algo natural.

El tamaño de la pantalla, así como la edición del material que obliga a comprimir en tres minutos media hora de filmación, sumado a la necesidad de embutir los documentales entre culebrones y espacios publicitarios, quita realismo a las batallas.

A ese falseamiento contribuye el hecho de que los combatientes tiendan a actuar en cuanto atisban una cámara y que se asista al drama sentado cómodamente en un sillón y masticando patatas fritas o cacahuetes.

Cuando la *NBC* lanzó al aire la famosa secuencia en que se ve al general Nguyen Ngoc Loan pegar un tiro a la cabeza a un cuadro dirigente del Viet Cong capturado prisionero, adoptó la prudente medida de dejar en negro la pantalla durante los tres segundos posteriores a la ejecución para no contaminar la publicidad contratada a continuación.

No es mucho lo que puede hacer un corresponsal de televisión frente a eso, porque se trata de algo inherente al medio y a su proclividad a la superficialidad.

Un preocupante ejemplo podría ser lo que ocurrió con la guerra de Bosnia en 1994, cuando la opinión publica dejó de preocuparse por el conflicto, harta de ver masacres en mercados, macilentos prisioneros en campos de concentración y niños acribillados.

Otro caso, también llamativo, es la forma en que fueron acogidas las imágenes de la guerra del Golfo que transmitió la *CNN* las primeras noches de ataque aéreo. En lugar de observar lo que ocurría como uno de los bombardeos más masivos y certeros de la Historia de la Humanidad, la gente tendió a reaccionar ante la avalancha de rayos verdes, fogonazos y estallidos como lo hubiera hecho después de introducir una moneda de veinte duros en la máquina de «marcianitos» del bar de la esquina: con simple curiosidad.

Cuarenta años de declaraciones rimbombantes sobre el Holocausto no sirvieron para evitar la carnicería yugoslava.

Suponíamos habernos vacunado en la Segunda Guerra Mundial contra la barbarie y descubrimos de repente que, al borde del siglo XXI y en un país relativamente próspero, gentes de raza blanca y educación esmerada eran capaces de recrear el espanto de los campos nazis, de ametrallar autobuses atestados de niños y de desatar una «orgía étnica».

El que el hombre —no solo el amarillo, el negro o el mestizo— puede ser un lobo para el hombre y una hiena para las mujeres, los niños y los ancianos indefensos, no es el único pecado puesto en evidencia por la tragedia yugoslava.

Desde la Conferencia de Múnich de 1938, cuando Arthur Neville Chamberlain y Édouard Daladier entregaron a Hitler los Sudetes checoslovacos, las potencias democráticas no habían sufrido un revés tan devastador y humillante.

Cuando Churchill y Roosevelt se resignaron en la Conferencia de Yalta al dominio de Stalin sobre Europa del Este, su claudicación fue el mero reconocimiento de una hegemonía regional soviética que ya no estaban en condiciones de alterar.

El fracaso de Estados Unidos y sus aliados en 1961 al no impedir la construcción del Muro de Berlín, o su pasividad frente a la invasión de Hungría en 1956 o ante la ocupación de Checoslovaquia en 1968, fueron la desabrida consecuencia de las leyes de la Guerra Fría: intervenir militarmente para detener al Ejército Rojo implicaba el riesgo de desembocar en un apocalipsis nuclear.

El caso de la antigua Yugoslavia ha sido muy distinto. Desde que se inició la crisis en 1990, los occidentales mantuvieron una apariencia de unidad, coincidieron en las condenas verbales y en las recomendaciones piadosas a los beligerantes, pero no fueron capaces de adoptar una resolución susceptible de detener la carnicería en un lugar tan cercano que se puede ir en coche desde Barcelona y que fue cristianizado diez siglos antes de que Cristóbal Colón llegara a América. No por falta de carros blindados, aviones, barcos, artillería o soldados entrenados para acallar a los contendientes, sino de valor y voluntad.

A la vista de infortunios así, uno, que siempre ha sospechado de las emociones suaves y ha tratado de no perder el autodominio, ha de poner mucho empeño para no hundirse en la melancolía.

En tierra hostil

Debido al gran número de reporteros que se encontraban sobre el terreno en julio de 1994, dio la impresión de que el drama ruandés había sido perfectamente cubierto y difundido por los medios de comunicación.

En realidad, el programa de exterminio organizado por el poder «legal» en Ruanda, al que no debía sobrevivir opositor alguno, no se llegó a filmar ni a fotografiar. Al menos en vivo.

El inicio de las matanzas tuvo lugar el 6 de abril de 1994. Apenas una hora después de que fuese derribado el avión Falcon presidencial y falleciera el general Juvénal Habyarimana, las milicias hutus ya habían bloqueado la carretera que conduce al aeropuerto y ocupado la capital.

«En el barrio de Gikongo, en Kigali, en un solo día la calle se cubrió de cadáveres de tutsis sobre una extensión de un kilómetro», escribe Rony Brauman, antiguo presidente de *Médicos sin Fronteras*, en *Devant le Mal: un genocide en direct*, su libro sobre la tragedia ruandesa.

Por aquel entonces Ruanda todavía no era considerada un «tema» por los medios de comunicación.

Los únicos fotógrafos enviados expresamente a la zona fueron Patrick Robert, de la agencia *Sygma*, y el extraordinario Luc Delahaye, de *Magnum*, quienes llegaron a la bella capital ruandesa el 9 de abril con un convoy de la Cruz Roja procedente de Bujumbura.

En el hotel de las Mil Colinas estaban en aquel momento seis periodistas norteamericanos, pero sus redacciones les ordenaron regresar.

Menos de un año después, a finales de enero de 1995, cuando coincidimos en Grosny para cubrir la devastadora ofensiva del Ejército ruso contra los independentistas chechenos fieles al presidente Dudayev, Luc Delahaye me contó que la conversación entre los reporteros estadounidenses y sus jefes, donde se les explicaba la razón por la que eran retirados del terreno, contenía fragmentos como: *«too dangerous... not enough interest... deep Africa you know... middle of nowhere»*: «demasiado peligroso... no despierta el suficiente interés... África profunda... en medio de la nada».

La otra cara de la moneda norteamericana la pusieron unas semanas más tarde fotógrafos como el veterano James Nachtwey[53], autor de algunas de las imágenes más impactantes del genocidio, incluida la del chaval con la cabeza marcada por las cicatrices de los machetazos, que ha quedado como el símbolo del horror que se vivió en Ruanda.

El 16 de abril de 1994, cuando Fabián Ortiz –por aquel entonces delegado de la Agencia EFE en Sudáfrica– y yo llegamos por aire a Kigali, tan solo permanecían en la ciudad Patrick Robert, Luc Delahaye y tres redactores extranjeros.

Uno de ellos era Alfonso Armada, ahora en *ABC* pero por aquel entonces enviado especial de *El País*.

Armada había entrado el día anterior en un helicóptero de nuestras Fuerzas Aéreas despachado desde Kenia para evacuar sacerdotes españoles.

Consiguió, apenas tocar tierra, fotografiar en primicia el resultado de una de las carnicerías y se atrincheró en la fantasmal terminal del aeropuerto, como hicimos nosotros.

En los días posteriores hubo quien pudo –asumiendo un enorme peligro– tomar imágenes de decenas de cadáveres abandonados en granjas, de tutsis de todas las edades

---

53   Nacido en Syracuse y criado en Massachusetts, licenciado en Historia del Arte y en Ciencias Políticas, Nachtwey es un tipo muy por encima de lo corriente. Desde 1976 –que fue cuando comenzó a hacer fotos de verdad– se ha dedicado a documentar guerras, conflictos y situaciones sociales precarias, con una elegancia, maestría, profesionalidad y solidaridad que obligan a quitarse el sombrero. Trabaja para la revista *Time* y tiene dos libros notables *Deeds of War e Inferno*, ambos sobre esta profesión.

masacrados a machetazos y mutilados, pero nadie llegó a presenciar una matanza en directo.

Los testimonios de las monjas y misioneros europeos –sobre todo de los españoles– eran espeluznantes, pero tardaron en conmover a la opinión pública.

Del 6 de abril al 15 de mayo, mientras se llevó a cabo de forma silenciosa y sistemática el genocidio –calculado por Bernard Kouchner entre doscientos mil y quinientos mil muertos–, Ruanda estuvo relegada casi siempre a las páginas interiores de los diarios.

Desde mediados de mayo de 1994 en adelante, coincidiendo con la «Operación Turquesa» y el aluvión de organizaciones internacionales, la cobertura se incrementó desaforadamente.

No fue por tanto la guerra civil local –la masacre planificada de cientos de miles de tutsis y de opositores hutus– lo que inspiró a fotógrafos, redactores y camarógrafos, sino la liturgia humanitaria montada por los occidentales: refugiados, sacos de arroz, huérfanos, dispensarios y almas caritativas de piel blanca y mirada dulce en acción.

Escapaban los desventurados en todas direcciones y el punto culminante del éxodo se alcanzó entre el 14 y el 20 de julio en Zaire, adonde huyeron en cuestión de horas cerca de un millón de personas.

El cólera, seguido de la disentería, junto con las oportunidades visuales que ofrece el desplazamiento masivo de población y una concentración incontrolable de desesperados, fueron el verdadero detonante de la expedición de los medios de comunicación. Fue como un imán.

Aprovechando los recursos de la logística militar y humanitaria, todos los cazadores de imágenes del planeta, del más inhibido al más decidido, desde los más sensibles hasta los más cínicos, acudieron precipitadamente al lugar.

«Los hoteles, los campings y el aeropuerto estaban abarrotados de fotógrafos y equipos de televisión –recuerda Javier Espinosa, que residía en Sudáfrica y fue el reportero enviado por *El Mundo*–. En Goma había cadáveres y moribundos por lodos lados y una densidad de periodistas similar a la que solo se da en los grandes acontecimientos».

El triángulo alrededor de Goma, una ciudad de la República Democrática del Congo situada al Oeste del Gran Valle del Rift, en la frontera con Ruanda, que la ONU calificó de «zona humanitaria segura», se convirtió en lo que los fotógrafos encallecidos denominan «hipermercado de imágenes impactantes».

«Masas anónimas avanzando en medio del polvo, bellos cuerpos enfermos, grandes ojos suplicantes, niños enganchados a la teta vacía de su madre, peleas en la distribución de alimentos y blancos buenos, robustos y de mirada clara dispuestos a ayudar, sin preocuparse por la aspereza del terreno o la hostilidad del entorno».

Edgard Roskis –que falleció en 2003 y por tanto no pudo ser testigo del vodevil mediático de Goma pero escribió mucho sobre periodistas y medios de comunicación– subraya en un texto publicado por *Le Monde Diplomatique* que esos «moribundos chocantes» no nos quitan el sueño ni impiden que ganen premios los que los retratan.

«¿Qué se hubiera dicho de un *Pulitzer* ganado en Auschwitz? ¿Es acaso un sacrilegio hacer semejante comparación?» No es un sacrilegio formular esa pregunta, pero plantear así el baño de sangre ruandés supone culpabilizar al mensajero y obviar la raíz del problema.

Los periodistas llegaron a Ruanda tarde y al rebufo de la campaña humanitaria, pero su presencia temprana no hubiera podido atemperar la carnicería ni exime un ápice a los verdaderos responsables de la misma: los dirigentes negros locales.

Esta profesión da de todo. Provoca cierto desasosiego recordar que el fascista Benito Mussolini fue editor de *Il Popolo d'Italia* y se destacó como cronista antes de marchar sobre Roma en 1922 al frente de sus «camisas negras».

Adolf Hitler —que también era un pájaro de cuenta— publicaba un periódico llamado *Voelkischer Beobachter* (en español, *El Observador Popular*, que fue el diario oficial del Partido Nacionalsocialista Alemán de los Trabajadores —NSDAP— desde 1920 hasta el final de la Segunda Guerra Mundial, en 1945).

En la lista de periodistas «ilustres» hay que incluir desde Lenin hasta uno de los ayudantes de Abimael Guzmán —el tenebroso «camarada Gonzalo» jefe de los salvajes de Sendero Luminoso ahora enjaulado en Perú—, pasando por algún miembro de la camarilla del fatídico Pol Pot, líder de los fanáticos *khmeres* rojos camboyanos.

Con todo, teniendo que cargar con semejantes «colegas» y a pesar de la creciente cuota de impopularidad que recae sobre la profesión, de lo que no cabe duda es de que los reporteros no se cuentan entre los responsables de las desventuras mundiales.

> Se paga a menudo un alto precio por ejercer el Periodismo, con mayúscula, porque ya no hay lugar seguro en el planeta.

Lo expresa de una forma muy peculiar uno de los más notables caricaturistas del semanario satírico *Charlie Hebdo*, Laurent Sourisseau, alias «Riss»: «Casi nunca enviamos periodistas a zonas de guerra (...) El 7 de enero de 2015 fue la guerra la que vino a nosotros».

En el 2014 dos tercios de los reporteros asesinados en el mundo estaban en zonas de conflicto, según *Reporteros Sin Fronteras*.

La proporción se invirtió en 2015: dos tercios de las víctimas (64%) trabajaban en países que no están oficialmente en guerra, como Francia, India, México y Filipinas.

Y esa tasa enorme en sangre, vertida de forma indiscriminada, nos cae encima justo cuando la profesión está en una encrucijada diabólica y comienza a asentarse la idea, entre los gerentes y jefes de personal de las empresas periodísticas, de que el enviado especial, el reportero de guerra, el tipo audaz que viaja para asistir en directo a la tragedia y contarla en primera persona a los lectores, cuesta un potosí y es prescindible.

EL DOLOR DE LA RETIRADA 47

Un síntoma de lo parroquiano que sigue siendo el Periodismo español es lo poco que perseveran como reporteros los notables de la «tribu».

En cuanto llegan a cierta edad o a un nivel de prestigio conveniente, por voluntad propia o seducidos por sus empresas, muchos renuncian a las excursiones por «territorio comanche» y se asientan en los despachos a lidiar con los cierres de edición, los días de libranza de los subalternos, las pesadillas administrativas y los mal llamados «almuerzos de trabajo».

Es raro encontrar en los campos de batalla del mundo un corresponsal español cincuentón. El reportaje de acción requiere cualidades juveniles, pero entre los anglosajones la corresponsalía en zona caliente no parece incompatible con peinar canas, echar kilos y haber rebasado la barrera del medio siglo.

Un ejemplo refulgente es Peter Arnett –calvo, enano, sesentón y con un poco de panza–, quien triunfó arrolladoramente con la *CNN* en Irak durante la guerra del Golfo, veinte años después de impartir una lección profesional y ganar un *Pulitzer* en Vietnam como reportero de AP.

Una década después reapareció en lo que restaba de la antigua Yugoslavia, ahora con la *Cadena Fox* y creo que sigue dando la lata.

No es el único caso. El corresponsal más relevante de la revolución cubana fue Herbert Lionel Matthews, quien había cumplido los cincuenta y siete años cuando subió a Sierra Maestra y entrevistó en exclusiva mundial a Fidel Castro[54].

---

54   En el momento que Matthews encontró a Fidel, el comandante solo contaba con dieciocho «barbudos». La diminuta pandilla de revolucionarios estaba rodeada y parecía al borde de la extinción. El «*scoop*» fue publicado el 17 de febrero de 1957, cuando el entonces «piadoso» guerrillero andaba a trompicones por los montes y la manigua. La entrevista comenzaba así: «Fidel Castro, el líder rebelde de la juventud cubana, está vivo y peleando con éxito en la intrincada Sierra Maestra, en el extremo sur de la isla».
El gobierno de Fulgencio Batista declaró que la entrevista era falsa y que Fidel Castro se encontraba muerto. El *New York Times* respondió publicando una foto de Matthews con Fidel Castro en su campamento de Sierra Maestra. «Fidel Castro, el líder rebelde de la juventud cubana, está vivo y luchando con éxito en la impenetrable jungla de Sierra Maestra, en el extremo sur de la isla –decía Matthews en su crónica–. El presidente Fulgencio Batista tiene la élite de sus tropas alrededor del área, pero el Ejército parece incapaz de destruir al enemigo más peligroso que el general Batista ha afrontado en su larga y azarosa carrera como dictador». El tono épico y el romanticismo insertado por el veterano reportero en sus crónicas encandiló a la opinión pública norteamericana. Washington abandonó a su suerte a Batista, y en la noche del 31 de diciembre de 1958, las columnas guerrilleras entraron en La Habana. «Esta no es una revolución comunista y no hay comunistas en puestos de

En la era de la especialización, el reportero de
guerra es un maestro en la especialidad de cubrir
calamidades causadas por el ser humano. Como
todos los expertos, se suele sentir enormemente
orgulloso de su extraña habilidad.

Una de las pesadillas de todo veterano es que te llegue
de sopetón un aviso de la empresa comunicándote que han
llegado a la conclusión de que lo mejor para ti y para tu medio de comunicación es que vuelvas a casa y te conviertas en
un redactor «normal».

El talento periodístico, como el valor, tiene que ser
reafirmado diariamente. En el Ejército, el héroe de
ayer puede ser el cobarde de hoy; en la
información, el mejor reportaje de hoy solo sirve
para envolver el pescado de mañana.

El aforismo es muy viejo pero se atribuye al gran Walter
Lippmann. En cualquier caso, por muy bien que te vayan las
cosas, a veces te preguntas si resistirás en la carrera nómada

---

control... el premier Castro no solo no es comunista sino un decidido anticomunista», escribió Matthews en la edición del New York Times del 16 de
julio de 1959. Andaba algo despistado y tardó en comprender la idiosincrasia
del movimiento guerrillero, de la misma manera que una década después, en
otro continente y otras selvas, sus colegas tampoco captaron inicialmente la
naturaleza brutal de la revolución que se incubaba en Vietnam.

hasta el fin y hasta cuándo podrás aguantar la tensión y seguir compitiendo.

Lippmann, que obtuvo el Premio Pulitzer en 1958 y 1962, intentaba con tan rotunda frase que las nuevas generaciones no olvidaran que la gloria del Periodismo apenas dura un día y que el reconocimiento profesional siempre es a largo plazo.

La sentencia era válida en tiempos de Russell y sigue siendo válida hoy (aunque nadie envuelve una lubina en papel de diario, entre otras razones porque podría ser multado acusado de contaminador de alimentos).

El retiro a un despacho –lo que en el argot de la «tribu» se conoce como «patada hacia arriba»– puede ser aceptable, pero cuando es forzoso e incluye una insulsa tarea burocrática te sientes insultado hasta la humillación; es como si a un ingeniero electrónico de una fábrica de cohetes espaciales le ordenan un día que baje a los lavabos de hombres y arregle el enchufe contiguo al wáter.

Para ahorrar brutalidades, los que asumen la decisión suelen revestir la jubilación anticipada con hermosas palabras y diseminar cortinas de humo.

Una de las más habituales consiste en alabar al reportero y sugerirle que ha llegado el momento de asentarse, analizar y hablar con políticos.

Como casi todos los de la banda, yo he pasado también por esa penosa experiencia. Fue en el año 1984, recién retornado de Nueva York y cuando todavía el *Grupo 16* intentaba seguir a flote.

Pedrojota, arropado por su éxito en el diario, ganaba peso y convenció a Juan Tomás de Salas para que pusiera en sus manos también la revista *Cambio 16*.

El semanario, al que le habían salido competidores ágiles como *Tiempo* o *Interviú* y sufría además los embates del suplemento dominical de *El País*, era una dorada ruina.

Se había ido ya Pepe Oneto, veteranos como Rafael Cid, Pedro Páramo, Manuel Arija o José Díaz Herrera eran ninguneados, nadie tomaba decisiones, se curraba muy poco y el panorama de la redacción, sobre la que sobrevolaban los dos periquitos que dejaba sueltos Bárbara Chaplin, la poderosa esposa del editor, parecía el purgatorio.

Para no darle todo el poder a Pedrojota, el agobiado Juan Tomás de Salas impuso como director —aunque con las alas cortadas— al siempre sensato Fernando González Urbaneja.

En la gerencia seguía Alfonso de Salas, en publicidad Balbino Fraga y enredando por todos lados José Luis Gutiérrez «El Guti» pero eso no bastaba y, para colmo, Pedrojota intrigaba sin parar.

Fui un pardillo, porque cuando me sugirió melifluo que había pensado en mí para *Cambio 16* y me doró la píldora diciendo que con una experiencia tan enriquecedora como la americana, aquello sería «pan comido» para mí, piqué.

Cierto es que en casa me calentaban la oreja repitiendo que no iba a ser un saltimbanqui toda la vida y que quizá había llegado el momento de asentar la cabeza, pero visto con perspectiva, no tengo excusa.

Acepté el encargo de ir de «número 2» a la revista con el señuelo de que aquello era solo un «escalón» y los seis meses que estuve en el cargo fueron lo más lamentable que recuerdo de mi larguísima experiencia profesional. Aquello fue una mezcla entre el intento de vaciar el mar con una cuchara y escupir hacia el cielo.

Lo único que saqué en limpio, antes de salir pitando hacia Londres, donde Margaret Thatcher iba a la reelección, fue la amistad de gente como Julio Fuentes o Miguel Ángel Liso, y bastantes claves de lo marrulleros, cabrones y ciegos que pueden ser los redactores de las secciones con el aventurero enviado especial que se la juega allende los mares.

A diferencia de lo que ocurre en España, en el mundo anglosajón no se jubila por sistema a quienes son buenos sobre el terreno y abundan los reporteros que llevan décadas en la brecha. Incluso medio siglo, como el gran John Simpson de la *BBC* que tan caballeroso y cortés ha sido siempre conmigo, o el insufrible Peter Arnett, a quien tanto maldije en Bagdad durante la guerra del Golfo.

Y... AL BORDE DEL ABISMO 48

No hace mucho, para ser exactos hasta finales de 2004, yo era un periodista realmente privilegiado.

Para empezar, pasaba los días en países distantes y peligrosos, con nombres como Chechenia, Irak o Afganistán, cubriendo guerras y desastres ocasionados por el ser humano y a menudo contemplaba de cerca esas escenas que solo se ven en el cine y en películas de Steven Spielberg.

A primera hora de la tarde de algunos viernes, en el Kabul de los talibanes, bajaba al destartalado estadio de fútbol a observar con ojos espantados como cortaban manos a los ladrones o como la viuda del asesinado ejecutaba personalmente al homicida de su marido, pero todos los meses —con regularidad de metrónomo— me ingresaban en la cuenta del banco, en Madrid, un espléndido sueldo.

Y tres veces al año, justo a finales de julio, antes de Navidades y en febrero, me caía como una bendición una paga extraordinaria.

Tenía también vacaciones: en verano, Navidades y Semana Santa, que rara vez disfrutaba en familia, porque en aquella época lo que primaba era el Periodismo y me echaba el petate al hombro y salía corriendo en cuanto saltaba la noticia.

Además de todo eso y por mi condición de fundador del diario *El Mundo*, mi cargo de adjunto al director y mi actividad como audaz enviado especial, solía ingresar en forma de talón un *bonus* anual.

Nunca me puse enfermo. Aunque en una ocasión resulté herido en Sarajevo, en otra salté de un camión donde me llevaban amarrado y al menos un par de veces fui a parar con mis huesos en la cárcel por meterme donde no me llamaban, no recuerdo haber estado de baja ni un solo día en casi tres décadas como corresponsal audaz.

Pero si lo hubiera estado, si me hubiera fallado el físico, abrasado por la fiebre o por algo más serio que una mala gripe o una paralizante indigestión, el Servicio Médico de la Asociación de la Prensa de Madrid —vinculado al Sistema Nacional de Salud— se hubiera hecho cargo de este cuerpo serrano y habría seguido cobrando regularmente mi copioso estipendio sin angustias, sobresaltos o contratiempos.

A lo largo de mi vida he estado en muchas situaciones de peligro. Y mentiría si no confesara que en ocasiones he pasado un miedo atroz.

Cada vez que había que atravesar las líneas serbias para entrar en Sarajevo cruzando el aeropuerto; en Grozny cuando los artilleros rusos machacaban inmisericordemente con su artillería a los chechenos; en Ruanda durante las matanzas tribales o en Bagdad, cuando los terroristas islámicos comenzaron a secuestrar occidentales y a cortarles el pescuezo mientras grababan la escena en vídeo, he sentido temor, pero la convicción de que todo se había acabado, de que había llegado al final de mis días e iba a morir, solo ha embargado mi corazón una vez en tres décadas de reportero.

Como ya he contado, en uno de los primeros capítulos de este largo relato, fue en 1979, en Nicaragua.

¿Y qué te pasa en ese momento por la cabeza? ¿En qué piensa un ser humano en esa tesitura? Pues aunque a alguno le extrañe, juro que me acordé de que no estaba asegurado[55].

Ahora, echando la vista atrás y pensando en las tres décadas que estuve dando tumbos por el planeta primero como *freelance,* y después para *Diario 16* y finalmente para *El Mundo,* no puedo imaginar una vida más divertida, palpitante y hasta rejuvenecedora que la que he disfrutado.

Todo me iba de cine, pero de repente, en el verano de 2004, a la vuelta de una larga estancia en Irak, noté que algo raro pasaba en mi periódico.

Fue unos meses después de los atentados islamistas del 11-M, cuando ya estaba el socialista José Luis Rodríguez Zapatero en La Moncloa.

Antonio Fernández-Galiano, que entonces era consejero delegado y desde 2011 es presidente de Unidad Editorial, me dejó caer que a «la dirección» no le parecería mal que yo cambiara de aires. Añadió, para animarme, que seguro me llovían las ofertas.

La realidad es que mi relación con Pedrojota –de quien nunca fui amigo de verdad porque es un personaje inmune a

---

55   Yo, por mi cargo y como el resto del *staff* del periódico, siempre gocé de un seguro fastuoso que hubiera hecho las delicias de mis herederos caso de haberme estampado contra un árbol o caerme de la moto, bajando desde mi casa a la redacción por la Cuesta de las Perdices, pero si me degollaban los moros, me cocían a fuego lento los zulúes o me hacía fosfatina la metralla rusa, nada de nada. Creo que desde la muerte de Julio Fuentes en Afganistán y las de José Couso y Julio Anguita en Bagdad, las cosas ya no son así, pero antes –porque elevada demasiado los costes– los reporteros españoles íbamos sin seguro de vida a las guerras. Sin seguro de vida y sin seguro de nada.

sentimientos de esa naturaleza pero con quien sintonizaba profesionalmente de maravilla y al que había acompañado en la fundación de *El Mundo* incluso como pequeño accionista– se había deteriorado por motivos personales y un reportero de postín poco puede hacer sin contar con la confianza plena y el apoyo entusiasta de su director. Así que comencé a preparar la emigración...

Debo confesar que me daba vértigo, entre otras razones porque alternativas con sueldo fijo había pocas y malas, pero no quedaba otro remedio, así que negocié la salida, y tras varios meses, durante los cuales le eché más cara que espalda y el periódico no me encargó labor alguna, firmamos el finiquito.

No voy a decir que quedamos tan amigos, porque cuando sales de un trabajo siempre tienes la sensación de que has dejado tu vida allí y ellos, la empresa, queda convencida de que te ha pagado por tus servicios, esfuerzos y sudores mucho más de lo que merecías, pero zanjamos civilizadamente el asunto y con una más que respetable cantidad de dinero de por medio.

Podía haber invertido aquel «pastón» en un piso o en un apartamento en la playa, que es lo que seguía haciendo la gente (aunque se perfilaba ya el fin del «boom» del ladrillo), pero no lo hice.

Podía haberlo metido en la Bolsa, en bonos del Tesoro o a plazo fijo, pero no. En lugar de eso, monté una empresa y creé puestos de trabajo.

La empresa, por pura lógica, está en el sector de los medios de comunicación, se llama *Periodista Digital* y es un periódico en Internet.

Fue una decisión arriesgada, porque así como creo que Dios me ha dado mucho talento para el Periodismo, estoy convencido de que no me ha llamado para el mundo de los negocios, pero respondía a la lógica por variadas razones:

siempre he sido periodista, tengo una larga y profunda experiencia en el sector, y la seducción de la tecnología es difícil de resistir.

En la era de la información instantánea, los beneficios de un periódico *online* sobre el tradicional periódico en papel son evidentes. Parecía y todavía parece evidente que el camino del éxito pasa por Internet.

Compramos un local precioso cerca de la madrileña Plaza de Castilla, instalamos tecnología punta, desarrollamos nuestro propio editor de contenidos, y sin arrastrar ciertos vicios del Periodismo tradicional, saltando por encima de conceptos como la división en secciones o el afán generalista, pusimos en marcha una redacción que funciona sin secretarias, telefonistas, porteros, recepcionistas, mensajeros o conserjes. También sin almuerzos de trabajo, dietas, móviles de empresa, taxis o puentes.

Un equipo de unas veinte personas que nos ha permitido colocar a *Periodista Digital* entre las webs de información en castellano más leídas de España.

Y, a pesar de todo, del tráfico que tenemos –que supera los tres millones de usuarios únicos al mes–, de que no arrastramos deudas con los bancos, que no estamos gravados por costosas licencias ni tenemos una plantilla envejecida y cara, estamos como se describe en el título de esta última entrega del serial «al borde del abismo».

Menos al borde que otros, con mucho más nombre, tamaño e historia. No me apetece cerrar este larguísimo relato sobre los reporteros de guerra y sus secretos subrayando los pecados de otros, porque todo es muy volátil.

De la misma manera que Pedrojota, después de recolectar dieciséis millones de euros, no ha sido capaz todavía de hacer despegar o convertir en relevante a *El Español*, hay casos de éxito tan espectacular como el de José Antonio Sánchez «Totoyo» con *El Confidencial*. Y muchos por el medio, casi tantos como los que se han quedado en el camino.

Pues estando como está *Periodista Digital* entre los mejores y más influyentes, sobrevivimos en el alambre. En lo que a economía se refiere, el nuestro no es un caso aislado.

El Periodismo, como negocio y como actividad, anda sumido en un «cataclismo» de cuidado. Utilizo la palabra «cataclismo» y no «problema» con toda intención. Y por una razón: los problemas tienen soluciones, los «cataclismos» tienen consecuencias.

Un problema, por ejemplo, es que se te pinche una rueda del coche el día que sales de vacaciones con tu familia. Lo solucionas poniendo tú mismo la de repuesto, llamando al servicio de ayuda en carretera para que lo haga o parcheando el neumático en una gasolinera, con lo que retornas a la situación original y sigues viaje. Puede que manchado de grasa, con cierto retraso y malhumorado, pero sigues ruta.

Un «cataclismo», por ejemplo, es envejecer. Puedes encontrar una respuesta o asumirlo con dignidad, puedes dedicarte al golf, irte de cruceros o hartarte de Viagra, pero nunca solucionarlo y volver a la situación original.

Uno de los errores que se están cometiendo ahora con respecto a los medios de comunicación es ver lo que ocurre como una crisis, cuando es un «cataclismo» y de órdago.

¿Qué ha pasado? ¿Dónde se ha ido el dinero que antes afluía a raudales y permitía tener corresponsales por medio mundo y despachar reporteros a todos los conflictos? ¿Nos recobraremos? En mi opinión, nuestro drama no se soluciona reparando unas cuantas cosas y volviendo al estado anterior.

> Una diabólica convergencia de factores hacen literalmente imposible la supervivencia de las empresas periodísticas tal como han existido hasta ahora.

Para empezar, los periodistas y los medios de comunicación tenemos mucho menos control sobre la comunicación que nunca antes en la Historia.

Hasta la llegada de Internet el coste de recabar información, jerarquizarla y distribuirla, limitaba el número de operadores. La escasez de noticias elevaba su valor y la dificultad para transmitirlas restringía el número de emisores.

Con la ayuda de una tecnología, cada día más barata y sencilla de manejar, cualquiera, con dos dedos de frente y un mínimo sentido gramatical, puede recabar información, jerarquizarla y transmitirla de forma efectiva a grandes masas de público sin necesidad de tener detrás una empresa periodística.

A eso se suma que la gente lee cada día de forma más superficial, soporta peor textos que superen en extensión el tiempo que un ciudadano sano pasa sentado en el cuarto de baño, se nutre esencialmente de titulares, y tiene delante una oferta tan variada y enorme que no va a pagar por lo que puede obtener gratis y moviendo solo un dedo. El periodista no decide ya lo que es publicable y lo que no.

Lo mismo pasa con las empresas, cuyo papel como guardabarreras de la información se ha erosionado tanto que apenas se nota.

Antes, en una ciudad como La Coruña, lo que no salía en *La Voz de Galicia* no existía. Daba igual que te casases o fallecieras.

Si la reseña o la esquela no aparecía en ecos de sociedad o en obituarios, la mayor parte de la vecindad no se enteraba. O tardaba tanto en hacerlo, que ni se inmutaba con la noticia.

Ahora, un listo con un ordenador y una conexión 4G, puede poner patas arriba a un presidente, como le hizo el impulsor del *Drudge Report* a Bill Clinton a cuenta de la becaria Mónica Lewinsky.

No es oro todo lo que reluce, como subraya con malicia Arturo Pérez Reverte:

«Una característica de Internet es que ahí todos corremos el riesgo de opinar, basándonos en frases leídas al azar, fuera de contexto, o en mensajes mil veces rebotados y que se deforman y desnaturalizan por el camino, sobre cuanto la amistad, el entusiasmo, el rencor, la ideología, la simple estupidez, hacen decir a unos tras leer de otros lo que, a su vez, estos aseguran que alguien dijo. Luego, ese despelote salta a ciertos medios informativos siempre ávidos de titulares, de etiquetas fáciles y de agua a su molino; notoriamente, en esta triste, cobarde y demagógica España, donde tantos paniaguados rascatertulias a sueldo de sus amos, de esos que nunca pierden ningún tren porque corren delante de cualquier locomotora, se ganan el jornal. De tal modo, una maraña de información insustancial, hecha de comentarios inexactos, cuando no falsos o malintencionados, acaba suplantando el hecho real y los argumentos originales. Y al cabo es lo que queda».

Yo añadiría al sombrío panorama que pinta Pérez-Reverte que la mayoría de los contenidos que se intercambian en la Red son pornográficos.

Y, para colmo de males, se ha volatilizado la publicidad, sin cuyos ingresos las empresas periodísticas no pueden subsistir. Los anuncios no son algo que necesite ineludiblemente ir pegado a las noticias. Van o quieren ir donde hay audiencia.

Un *Gran Hermano* televisivo o una bronca entre dos flamencas genera mucha más audiencia que el más acerado editorial de *El País*. Y la cadena de marras puede pagar a sus chillones colaboradores mucho mejor que el diario del Grupo PRISA a sus sesudos analistas o a sus arriesgados reporteros.

> El drama, lo que convierte a esto en un «cataclismo» y no en un problema, es que no es un contratiempo temporal.

Inditex, el paradigma mundial del éxito comercial, funciona y triunfa sin que Amancio Ortega se gaste un euro en publicidad. Invierte todo lo que otros meten en promoción, en adquirir locales con carga simbólica, estratégicamente situados, y hace así sus propias campañas de imagen. No me extrañaría que cundiera el ejemplo.

Llegados a este punto la pregunta es evidente: ¿Qué hacer?

En lo que a mí respecta, se ha acabado para siempre la posibilidad de encaramarse a un avión y salir pitando hacia la guerra, porque es un actividad enormemente cara y están extinguiéndose a toda prisa los medios dispuestos a pagarla.

Con respecto a *Periodista Digital*, donde me juego el honor, el prestigio profesional, la salud y hasta las pestañas, pues... cuerpo a tierra, barriga al suelo y a apretar el culo con la esperanza de que la economía tenga un respiro, se revitalice un poco el consumo y las empresas decidan gastar algo en marketing.

Contamos con un núcleo duro que encabeza como redactor jefe Luis Balcarce y donde son primeros espadas Juan Antonio Alonso Velarde, Roberto Marbán, Jose Pablo González Nicolás y los televisivos Sergio Espí y Marián García.

Con *Religión Digital*, el veterano José Manuel Vidal y Jesús Bastante han conseguido ser líderes mundiales de su sector.

En marketing y publicidad tenemos como estrellas a Ana Rojo y Lucía Pró. El departamento técnico está dirigido por Javier Fernández y en la gerencia gobierna David Rojo.

Hemos hecho de todo, desde congresos hasta radio en directo, y nuestro pequeño estudio de televisión es un sin vivir y un sin parar.

Con esos mimbres tan bien entrelazados y siendo como somo austeros como monjes, mantendremos los veinte puestos de trabajo, tenemos garantizada la supervivencia en 2016 y la esperanza fundada de dar un nuevo salto adelante.

Habrá alguno, sobre todo entre los «grandes», que busque consuelo financiero en el BOE y chalanee para pillar subvención oficial –con la excusa de que está en juego el interés general–, lo que aliviará temporalmente sus dolencias, pero no evitará el fatal desenlace.

Nosotros no nos apuntamos a eso, ni vamos a entrar en ese terreno pantanoso.

> Los periodistas tendemos a ver nuestro trabajo
> en términos morales, casi como algo sagrado.
> Con más arrogancia que sentido común, damos
> por supuesto que nuestra labor enriquece la
> democracia, porque en teoría llevamos alivio al
> afligido y controlamos los excesos del poder,
> y que esa actividad no tiene que estar sujeta a las
> exigencias de un negocio normal.

Sobre lo que no reflexionamos nunca es si lo que hacemos aporta realmente valor y cómo se pagan las facturas. Aunque he soltado ocasionalmente que el negocio periodístico va camino de convertirse en una mezcla entre la orden mendicante y el asaltante de caminos, creo que algo digno se puede hacer.

Nos tenemos que ir preparando –algunos lo estamos haciendo ya– para una nueva era. Como sostiene el filósofo y escritor Rüdiger Safranski, la revolución digital ha cambiado las bases de la vida entera y por lógica ha modificado las del Periodismo.

La primera de las novedades que ha traído es la instantaneidad en la transmisión de la información. La publicación instantánea y la constante actualización alteran las rutinas y los ritmos a los que están acostumbrados los diarios, las radios y las cadenas de televisión.

La segunda novedad es que no hay limitación de espacio. En un medio editado en Internet cabe prácticamente todo lo que queramos meter y sin alterar los costes de producción ni preocuparnos por el precio del papel.

Hasta el momento, en España, los medios tradicionales, usando sus cabeceras como reclamo, han conseguido mantener la preeminencia y siguen siendo las más leídas, especialmente cuando sucede algo de gran importancia mediática, como unas elecciones, una catástrofe o un torbellino financiero.

Las empresas que están detrás de *El País*, *El Mundo* o *ABC* han optado por «volcar» a la Red sus versiones impresas, ofrecen «servicios» que no podían dar en el soporte papel, y por el momento conservan el liderazgo informativo.

> Es difícil saber cuánto tiempo tardaremos los medios que carecemos de edición en papel de igualar o superar a los tradicionales. Lo que tengo meridianamente claro es que no somos profesionalmente diferentes.

Es una frivolidad hablar –despectivamente a menudo–, de «Periodismo digital» y «periodistas digitales». Hay «Periodismo» y «Periodistas».

Debemos tener muy claro que «Periodismo» o «periodista» son términos que definen una profesión, mientras que el término «digital» define un soporte.

Solo hay un Periodismo, con mayúscula, y, por lo tanto, un Periodista, también con mayúscula. Olvidando algo tan elemental, corremos el riesgo de confundir medio o profesión con soporte.

Como miembro de una generación privilegiada, que vivió la etapa más dorada del Periodismo español, duele asistir a este espectáculo de confusión, miseria y retroceso.

Hace daño comprobar que desaparecen las corresponsalías y se elimina el presupuesto para reporteros y que parte de la culpa reside precisamente en Internet, que ha eliminado las distancias y hace que cualquiera, en todo punto del planeta, pueda «subir» la foto, el vídeo o la noticia, incluso antes de que tú hayas sido capaz de saber qué vuelos de avión hay a esa zona.

La frustración que eso genera en cualquiera que sueñe con ser reportero de guerra, es evidente. Salvando las distancias, es algo así como si te pasaras la vida soñando con ser ingeniero aeronáutico y el día que terminas la carrera se generaliza el teletransporte. Más o menos, lo mismo.

Dicho esto y sin confundir deseos con realidades, consciente de que a mí no me tocará otra vez la breva, quiero defender el Periodismo como profesión y al reportero de guerra como la quintaesencia de este oficio.

La clave de esto, lo que distingue a los buenos de los otros, es saber comunicar. Para no perecer, el periodista solo tiene que hacer lo que mejor sabe hacer: escoger los temas, seleccionar las fuentes, escribir, hablar, explicarse, analizar, corregir, filtrar y poner negro sobre blanco una historia.

Y siempre hará falta, dentro de la atribulada nación de los periodistas, una «tribu» de guerreros. Unos tipos más aventados que el resto, con una pizca de sensibilidad, con algo de sentido común, con enorme curiosidad. Gente con afán de aventura, preocupada por otros seres humanos, con cierta vanidad y mucho talento, que vaya a los sitios, vea el horror y lo cuente. Son los reporteros de guerra.

FIN

Alfonso Rojo López (Ponferrada, 4 de diciembre de 1951) es periodista, escritor y tertuliano de radio y televisión. Ha publicado once libros, seis de ellos novelas.

Durante la mayor parte de las más de cuatro décadas que lleva en la profesión, se dedicó en cuerpo y alma a la corresponsalía de guerra.

Suele decir Rojo que no imagina una actividad profesional más intensa, apasionante, apasionada, divertida y cautivadora que la de periodista. Parafraseando a los más veteranos y encallecidos representantes de esta profesión, repite con frecuencia que «ser periodista no es un medio de vida, sino un modo de vida bastante mejor que trabajar».

El actual director de Periodista Digital es licenciado en Derecho y en Ciencias de la Información. Comenzó su trayectoria profesional en 1976 como fotógrafo en los inicios de Diario 16.

9 788416 994083